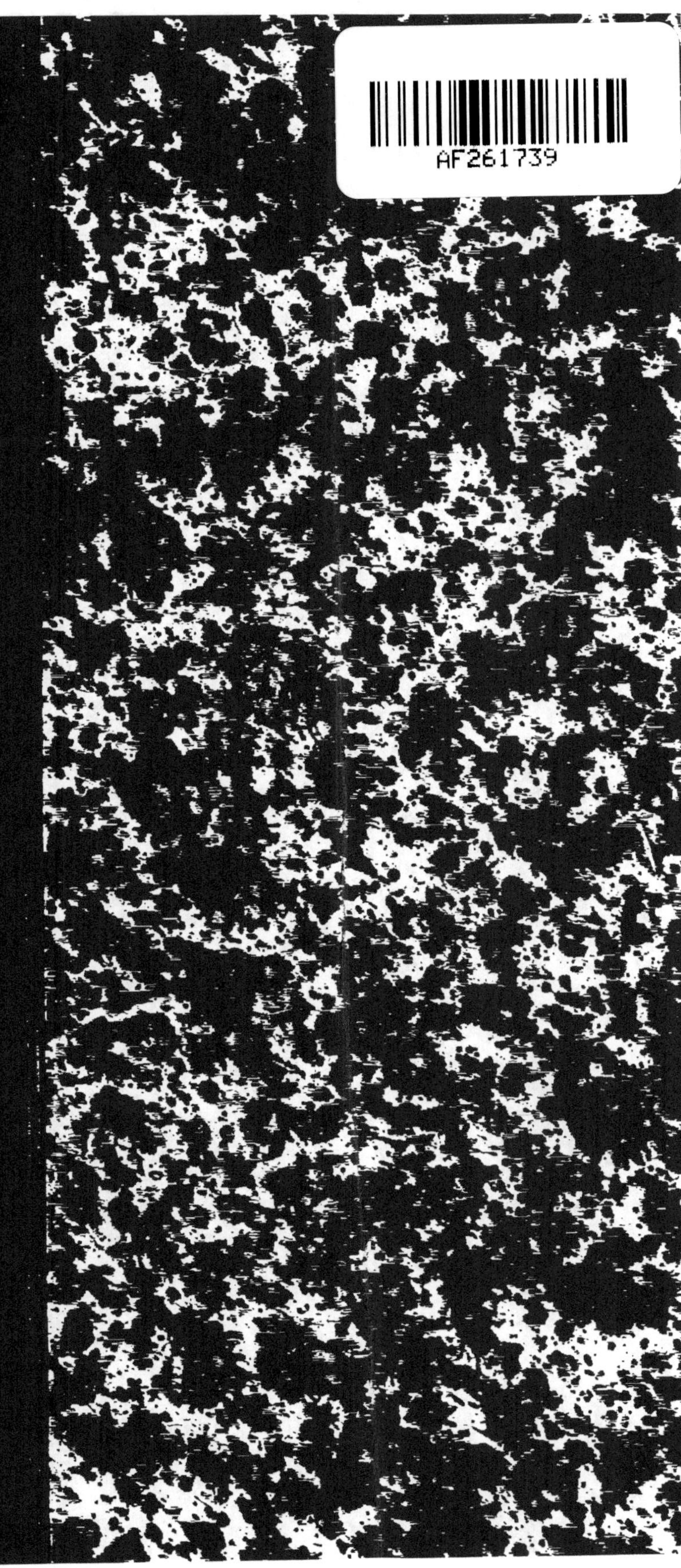
AF261739

CÉLESTIN BOSC

Ancien archiviste d'Ajaccio

La conspiration d'Ajaccio
contre la France en 1809

D'APRÈS LA CORRESPONDANCE OFFICIELLE

INÉDITE

« Lucet in tenebris veritas ! »

1905

PARIS

LOUIS RISTORY, ÉDITEUR

36, RUE BEAUREGARD, 36

Tous droits réservés

LA CONSPIRATION D'AJACCIO

DU MÊME AUTEUR :

EN PRÉPARATION :

La Restauration en Corse.
Gènes-Ajaccio-Napoléon (étude ethnographique).

CÉLESTIN BOSC

La conspiration d'Ajaccio

contre la France en 1809

D'APRÈS LA CORRESPONDANCE OFFICIELLE

« La gloire n'est jamais où la vertu n'est pas ! »

DE POMPIGNAN

1905

PARIS

LOUIS RISTORY, ÉDITEUR

36, RUE BEAUREGARD, 36

Tous droits réservés

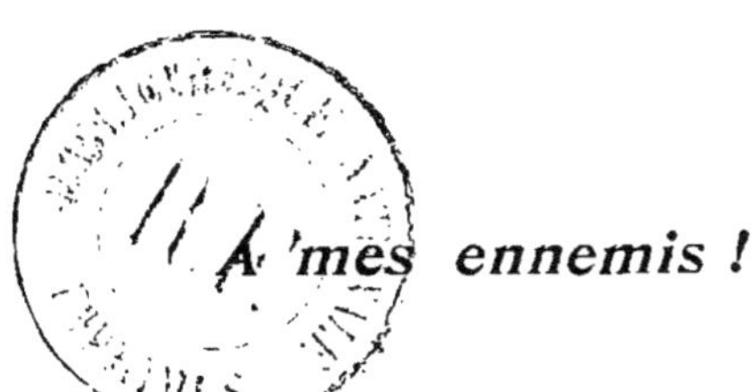

À mes ennemis !

Je dédie cette œuvre d'histoire à mes arrière-cousins Roland Bonaparte et Victor Napoléon ; à tous ceux que la passion de quelques ajacciens a égarés contre moi. Je fais des vœux pour qu'il leur suggère la volonté de me connaître, afin qu'ils me jugent avec les yeux de la raison et de la vérité.

CÉLESTIN BOSC.

PRÉFACE

<blockquote>
« S'il est vrai que la vertu donne le
bonheur à l'individu, il est bien plus vrai
qu'elle l'assure à la cité ; car un individu
peut échapper par la mort au mal qu'il
a fait tandis que la cité, qui a une durée
plus grande, y échappe plus rarement. »

ISOCRATE.
</blockquote>

Au siècle dernier, les regards du monde se tournèrent
vers la petite ville qui lui avait mis Napoléon sur les bras.
En même temps que les murs d'Ajaccio se pavoisaient
avec orgueil, des auteurs se mirent à chanter sa gloire. Ce
fut un concert qui attira les généalogistes. Justement ils
étaient désœuvrés. La monarchie ne leur donnait plus de
princes de sang. Ils prirent place alors au concert d'Ajaccio.
Quand il fut terminé on jugea de leur participation. Ils
avaient fait descendre Napoléon des Paléologues et remonter Ajaccio aux héros d'Homère. Ces compères avaient dû
entendre parler déjà du tapis de Letizia ! Comme on
n'avait pu l'employer à la maison Bonaparte ils ont
entendu l'introduire dans l'histoire de la cité. On sait avec
quelle hauteur Napoléon se lava des Paléologues. Il ne
voulut d'autre origine que Brumaire. Mais Ajaccio resta
séduite des entreprises d'Ajax. On eut beau la raisonner
elle ne voulut rien savoir ! Son orgueil souffre horriblement

quand on lui montre, preuves en main, qu'elle est née en 1492 d'une touffe de ronces fécondée d'une déjection ligure. Elle soutient que son origine est « antique » et qu'elle a pris la suite d'une cité qui, pour sûr, a eu quelque chose de divin ! Toute sa confiance repose en un document apostolique qui date à peine du septième siècle et où il est parlé en effet d'*Adjacium*. Mais allez donc lui dire que ce n'est pas le nom primitif d'Ajaccio ! Elle vous répondra que c'est un dérivatif de : *ad jaceo*, qu'elle traduit : je *me repose là*. Donc nous tenons l'origine des ajacciens. Celui qui s'est reposé là c'est, sans conteste, Ajax ; et ils descendent tous de lui. Voilà qui est péremptoire !

Or rien n'est moins prouvé : d'abord que la ville d'*Adjacium* ait existé, et ensuite que l'*Ajaccio* moderne en ait été la continuation. Le document dont il est parlé plus haut est une lettre adressée par le pape Saint-Grégoire-le-Grand à un sieur Boniface, son représentant en Corse vers l'an 600. Il lui prescrit de faire élire par le clergé et le peuple réunis les évêques d' « Adjacium » et d'Aléria. Il y avait à cette époque, en Corse, six évêchés, ce qui était évidemment beaucoup. A cette heure il n'y en a qu'un et l'on trouve que c'est bien assez ! Mais il faut croire qu'au septième siècle les corses étaient plus « catholiques » qu'aujourd'hui, à moins que l'orgueil national ne leur ait déjà fait considérer les évêchés comme des titres de civilisation ! Que dût être l'évêché d'Adjacium à ce temps ? L'histoire ne nous le dit pas. Il ne nous en est resté que le souvenir, plutôt vague. Cet évêché, on le cherche en vain sur les lieux mêmes.

Ce n'est généralement pas le sort des villes que de mourir ainsi, obscurément. Les plus modestes de l'antiquité ont fait parler d'elles. Née d'un héros, *Adjacium* se devait de mourir héroïquement. Elle ne l'a pas fait. Tous ses habitants se sont laissé mourir lâchement « décimés par le mauvais

air » ou les « incursions ennemies. » C'est la seule indication que nous en donne l'histoire par l'acte des Gênois qui
confère, au xvi⁰ siècle, des armoiries à la nouvelle Ajaccio
dite : « Aiazzo. » De sorte que lorsque celle-ci fut bâtie par
Gênes, il y avait bel âge que l'ancienne n'existait plus. Les
notes recueillies sur ce point sont d'accord pour attester
qu'il n'y a eu ni substitution, ni transfèrement. Il y a eu création nouvelle, avec des éléments nouveaux. La preuve en
est que les habitants d'Aiazzo furent raccolés sur tout le
littoral de la Rivière parmi les vagabonds qui l'infestaient.
L'histoire nous dit que des gens qui n'avaient ni famille ni
état-civil, furent admis dans la nouvelle cité avec l'appella-
tion de *Pugliesi* rappelant leur pays d'origine qui était les
Pouilles. Elle nous dit aussi que les corses en furent exclus.

Quand on observe le néant des vestiges laissés par ce
qu'on a appelé l' «antique cité, » on ne peut s'empêcher de
nier son existence. Ou bien elle dût être peu de chose,
quelques douzaines de pauvres gens groupés autour d'une
pauvre église qui se décorait du titre d'évêché. On se
demande ce qu'ont dù représenter les évêchés d'Accia, de
Sagone, de Nebbio, d'Aléria et d'Ajaccio par rapport à nos
jours. Chacun peut en juger par les ruines que certains
d'eux nous ont laissées de leur temple. Je ne parle pas des
habitations. Elles se sont volatilisées ! La « cathédrale »
étant le seul édifice qui nous ait été conservé, — du moins
à Sagone et à Accia, — force nous est de juger par elle de
l'importance du tout. Or ce qui nous reste de Sagone est
bien mince ! J'ai été de ceux que ce nom a séduits et intéressés, et qui ont voulu voir de leurs yeux les ruines de ce
qui fut «un évêché corse. » Quelle déception ne fut pas la
mienne lorsque je me trouvai en présence d'une humble
construction, d'aspect moderne, sans style et sans origi-
nalité, dont beaucoup de villages ne voudraient pas aujour-

d'hui comme paroisse. Robiquet en donne la description : « Cette église est très-petite. Elle n'a que 14 mètres de longueur et 10 de largeur, sa façade et le toit n'existent plus. (Le toit a été refait depuis.) Ses murs ont été construits en moellons et briques concassées et ils ont été revêtus de briques. » Cette pauvre « cathédrale » est restée ouverte au culte au même titre qu'aux vents. Un vicaire de Vico y descend tous les dimanches dire la messe pour les quelques gens qui habitent cette plage insalubre. Il se paie de la satisfaction, toute morale, de succéder en officiant « aux évêques de Sagone ! » Il faut parfois peu de chose pour faire le bonheur d'un homme !

Mais d'*Adjacium* il ne reste rien. Pas une pierre, pas un clou ! On a parlé de Saint-Euphrase qui aurait été le vocable de l'ancienne cathédrale. Mais on a dit aussi que la cathédrale d'Ajaccio se serait édifiée avec les matériaux tirés de la première. Ainsi s'expliquerait cette disparition. Elle a été si radicale que les fondations même de Saint-Euphrase n'ont pas laissé de traces Les villes du moyen-âge avaient des enceintes, des murailles, des bastions. *Adjacium* n'avait rien de tout cela. Pas même de rues, aucun édifice, nulle ombre de citadelle. Et cependant on lui prête une histoire ! Elle aurait soutenu un siège, été prise par le roi d'Aragon Alphonse V, en 1420, été le siège du représentant de la compagnie génoise la Maona, au xve siècle, puis celui de la compagnie de Saint-Georges en 1453. Vous voyez bien que l'histoire parle d'*Adjacium*. Donc celle d'Ajax n'a rien d'invraisemblable ! Ce pays est celui de la mystification. « Nous l'allons montrer tout à l'heure ! »

Il n'y a pas, dans quelque coin du monde où l'on se transporte, une parcelle de terre qui n'ait été habitée. L'antiquité recule devant nous de tous côtés : âge de fer, âge de bronze, âge de pierre; par de là ce seuil s'ouvrent les époques géologiques comme un infini palpable qui est : *la création*. Que devenons-nous au milieu de ces assises de siècles qui se rangent autour de nous ? Depuis que nous jouons avec l'éternité, dans le moindre caillou, que ferons-nous de l'homme ? » (1).

Or, il serait possible que le territoire d'Ajaccio ait, comme tous les autres, depuis la création, reçu des habitants. Infatués de l' « antiquité » de leur ville certains ajacciens ont alors songé à se donner la noblesse des découvertes. Cependant personne d'entre eux n'a songé à faire des recherches. C'eut été trop pénible ! Robiquet dit « que lorsque l'ajaccien rencontre sur sa route un obstacle mobile il ne l'écarte pas, il le contourne ! » Mais il lui en coûte peu de recourir à l'imagination. Celle des ajacciens est fertile. L'orgueil local y a trouvé plus d'une satisfaction. C'est ainsi que la tradition des urnes funéraires est née. Elles existeraient en grand nombre à *Castel-vecchio*, emplacement fixé à l' « antique » cité ! Il n'y a qu'à se baisser pour en cueillir. Mais on sait que les ajacciens ne se baissent pas ! Ils aiment mieux indiquer les gisements à autrui. Quant à eux, ils surveilleront !

Les découvertes auraient été nombreuses. Les urnes sortaient toutes seules de terre ; et toutes contenaient un squelette et une *clef*. Plusieurs mêmes recélaient du métal précieux, de l'or, de l'argent. Mais cela ne décida pas encore les ajacciens à se baisser ! Aucun d'eux ne prit une urne. Bien mieux, tous refusèrent l'or et l'argent qui étaient dedans. Quant à la clef, elle est demeurée celle du mystère ! Aucune de ces trouvailles n'est restée entre les mains des indigènes. Si elles avaient été réelles, quelle

---

(1) Ed. Quinet : *La création*.

charge accablante ne constitueraient-elles pas pour leur intellect! Je connais des gens, — de Paris, bien entendu — qui donneraient volontiers mille francs d'une de ces urnes funéraires; les ajacciens les auraient dédaignés! Quel désintéressement! Ou quelle stupidité! Mais pas le moindre fragment d'urne!

Mérimée a été lui-même dupe de ces allégations fallacieuses. Dans son livre *Notes d'un voyageur* il conte volontiers la mystification dont il aurait été l'objet de la part d'un ajaccien, E. Conti, qu'il qualifie assez bénévolement « de littérateur distingué et d'avocat de talent. » Cet E. Conti fut plus tard secrétaire particulier de Napoléon III. Ce fut une place qui lui donna les moyens de répandre beaucoup de bien. Or, on n'a jamais connu un corse qui lui dut un service. En 1871 il défendit son souverain déchu, à l'Assemblée Nationale de Bordeaux, mais on a pu justement dire que cette défense ne partait nullement d'un bon sentiment: Conti regrettait sa place et essayait de la reconquérir. Mérimée n'a sans doute pas demandé à son interlocuteur quelle cause célèbre il avait gagnée, ou quel livre de littérature il avait publié. L'auteur de *Colomba* croyait volontiers sur parole. Il l'a bien prouvé. Outre les titres de Conti il a encore accueilli ses assertions en ce qui concerne les urnes funéraires :

« On a trouvé dans les vignes de Saint-Jean, près d'Ajaccio, de grands vases en terre rouge, mal cuits qui contenaient des ossements humains emmaillotés de bandes d'étoffe, des espèces de momie. *Je n'ai pu examiner moi-même aucune de ces trouvailles.* Je m'en rapporte aux dires d'un témoin. »

Après avoir fait le recit de ces trouvailles imaginaires, Mérimée a l'intuition de la question qui lui sera posée par le lecteur. Elle pèse sur son esprit et visiblement, pour se décharger de ce poids, il ajoute, non sans quelque embarras :

« Probablement on désirera savoir ce que sont devenus ces vases, ces bracelets, ces résilles, ces clefs. Les vases ont été mis en pièces, les résilles et les bracelets fondus. Quant aux clefs, un des propriétaires des vignes de Saint-Jean en avait formé un trousseau complet, *si considérable* qu'il en fut embarrassé et s'en défit *sans se rappeler comment* ; sans doute elles se trouvent parmi de vieilles ferrailles chez un maréchal d'Ajaccio. »

Quand on connaît l'avidité des ajacciens pour tout ce qui peut augmenter leur richesse personnelle ou constituer un titre de noblesse à leur famille, on ne conçoit pas, on ne peut pas concevoir que les trésors sortis des fouilles de Castelvecchio s'en soient allés mourir lentement et misérablement chez un « marchand de ferrailles ». M. Conti, lui-même, surtout s'il avait été réellement « un littérateur distingué », n'eut pas laissé s'égarer ces précieux objets qui eussent ajouté à sa collection une valeur incomparable et fourni à ses lettres un sujet inépuisable de pensées.

D'ailleurs Mérimée se charge de nous dissuader lui-même de l'existence de ces trouvailles, car il nous rapporte, plus loin, que « l'avis qu'il avait donné au ministre pour qu'il ordonnât des fouilles à Castelvecchio n'a pas été pris en considération ! »

Force est donc aux ajacciens de revenir à la réalité et de croire que leur ville n'a pas d'autre origine que celle que lui ont donné les Gênois de 1492. On ne peut considérer la tradition qui les ferait descendre du grec Ajax que comme une flèche empoisonnée décochée à leur orgueil et à leur sotte vanité. On sait en effet qu'Ajax est devenu fou de douleur après avoir été vaincu par Ulysse. Un jour, même, il aurait égorgé les troupeaux des Grecs en croyant anéantir ses propres ennemis. Or, c'est juste au retour de Troie et dans l'accablement de la défaite qu'Ajax aurait échoué sur les rives de Cyrnos et y aurait fondé Ajaccio. Il ne faudrait pas voir sous cette forme l'origine de la station d'hiver ! On risquerait de se tromper. C'est simplement une intention maligne qui a fait conduire Ajax dément sur la côte où devait s'élever un jour Ajaccio Un auteur méchant, non moins qu'inconnu, a vengé dans cette imposture, ses déceptions ajacciennes. Il importait de relever ici une calomnie qui a trop longtemps fait la joie des ennemis d'Ajaccio la *blanche* ! (1)

Dans son cours de Sorbonne M. Aulard ne se fait pas faute d'enseigner « qu'il n'y a pas, qu'il ne peut pas y avoir d'historien impartial. » C'est la vérité même. Tous les écrivains obéissent — et M. Aulard le premier — à cette tentation si humaine de glorifier ce qu'ils aiment au détriment de ce qu'ils n'aiment pas ; en un mot de faire triompher leur sentiment.

C'est pourquoi j'avais longtemps hésité à écrire ce livre. J'ai craint que l'opinion ne me le reprochât comme une manifestation de ma haine pour la cité qui m'a ménagé tant de souffrances, tant de cruelles perfidies. Mais l'opinion de M. Aulard m'a dégagé de tout scrupule. Oui, j'ai souffert et il est certain qu'au bout de ma plume je ne pourrai retenir l'amertume qui perlera du fond de mon cœur. Cette œuvre sera même pour elle une occasion d'épanchement. Je ne me défends donc pas de la note acrimonieuse que chacun relèvera dans ces pages. Elle est juste, elle est logique et naturelle. Mais ce qu'on ne pourra

---

(1) Il y a, à Ajaccio, une multitude de comtes. Ils sortent tous de la chancellerie de Saint-Pierre. Ni Gênes, ni le roi, ni l'empereur, pas même Théodore Neuoff n'ont trouvé un titre à donner aux citoyens de cette ville affamés de noblesse. Le pape, lui, accommode volontiers sa miséricorde avec les espèces !...

attaquer, c'est l'authenticité des faits que je rapporte. C'est là,
seulement que réside la cause exposée à l'opinion. Le com-
mentaire sera libre, mais le fait inattaquable. J'ai pu faire
ailleurs de la fantaisie. J'entends faire ici de l'histoire.
Voilà deux mois que je vis au milieu de la Corse de
Morand. J'ai vu du général tous les papiers, les rapports,
sa justification. J'ai pénétré les intentions de l'empereur à
l'égard de ses compatriotes et de ses concitoyens. Je sais
tout, je dirai tout, dans l'intention bien évidente de découvrir la vérité si tenacement tenue sous terre par ceux dont
elle doit révéler la honte. Morand, que j'ai entendu, dans
mon enfance, tant maudire, Morand que tant d'historiens
ocaux ont flétri les uns par passion, les autrse sur des
notes erronées, Morand est innocent, c'est un brave guerrier, un bon Français, un serviteur incorruptible de l'empereur. Il a sacrifié sa carrière pour accepter en Corse un
poste obscur, cent fois plus dangereux qu'un poste à la
grande armée, et ce sacrifice ne lui a valu que la haine
corse avec ses tourments, ses amertumes et la flétrissure
de la postérité. Je jure de lui donner ici la réhabilitation
perpétuelle en perçant la mystification dont l'empereur et
lui ont été victimes, un temps, devant l'opinion.

Au récit qu'on va lire, beaucoup excuseront Ajaccio.
Philosophiquement ils diront: « Bah ! les hommes sont là-
bas ce qu'ils sont partout ailleurs, tributaires de l'erreur,
de l'ingratitude et de l'intérêt personnel. » Mais si indulgent qu'il soit, ce jugement est déjà bien accablant pour
Ajaccio. Assimiler la « ville sacrée » aux autres villes de la
terre, elle qui s'offre en exemple à l'univers « par sa fidélité
au souvenir, dans son orgueil et son amour. » Justes cieux,
quelle hérésie !

Ce n'est pourtant point assez. Devant Napoléon, Ajaccio
n'est pas l'égale des autres villes. Elle leur est même infé-

rieure ; elle s'efface derrière elles, précisément pour sa fidélité au souvenir !

Brienne, Auxonne, Valence, n'ont pas vu naître l'empereur. Elles ne l'ont retenu que pour un temps de sa carrière. Or ces trois cités, sans ostentation, sans faux orgueil, sans intention spéculatrice surtout, ont pieusement recueilli et conservé la mémoire Napoléonienne. Malgré le temps, malgré les évènements, Bonaparte a conservé parmi elles cette place que le sort lui a fait occuper durant les quelques jours qu'il y passa. Son image est restée intacte et vénérée parmi les choses qu'elle illustra. Elles y sont jalousement conservées, entretenues, vénérées.

Cherbourg, aussi, ne fut pas ingrat. La statue de l'empereur parle encore à la postérité du haut de la digue où elle fut érigée en mémoire des jours héroïques où Cherbourg a vu ses destinées fixées par le génie.

Mais il importe de signaler au monde la piété de Porto-Ferrajo qui fait véritablement honte à sa voisine Ajaccio. L'ancienne capitale de son petit royaume a élevé à Napoléon un véritable sanctuaire. La *casa degli Mulini* est un lieu de pélerinage que le voyageur n'a garde d'oublier. C'est en visitant cette maison, foyer d'un culte si attendri, qu'un jour le prince Demidoff exécuta le projet d'édifier à cet endroit, de préférence à Ajaccio, un monument destiné à servir de musée napoléonien.

Que nous sommes loin du « berceau ! » Combien Porto-Ferrajo ne console-t-il pas de la maison d'Ajaccio, délaissée et entourée d'immondices, de cette grotte du *Casone* que la tradition donne comme scène aux premiers battements d'ailes de l'aiglon, et qui est souillée aussi du mépris ajaccien.

Un soir, dans une de ces réunions électorales qui marquèrent mon calvaire parisien, je fis la rencontre d'un ancien soldat de l'empire. Quand je lui eus dit que j'étais natif d'Ajaccio, ce brave ne put retenir une boutade : « Oh ! la salle ville, s'écria-t-il avec véhémence. J'y ai tenu garnison en 1867. J'étais tambour. Or, quand nous allions à l'école, là-bas, près de la grotte de Napoléon, c'était mes camarades et moi qui faisions la police contre les gens qui venaient y déposer leurs ordures. Dès que l'un d'eux nous montrait... son derrière, nous fonçions dessus en battant la charge et le mettions en fuite. Ces gaillards-là nous insultaient. Ils nous jetaient des figues de barbarie !... Mais ils n'approchaient plus de leur *cacatojo*. Ainsi c'est nous qui donnions des leçons de décence aux concitoyens de Napoléon, à la grotte même de l'empereur. C'était, après tout, notre rôle, puisqu'il nous a appartenu plus qu'à eux !... »

Cette citation est typique. Ce qu'elle nous montre à la grotte nous le voyons à la maison de la ville, puis à celle de la campagne, à la chapelle impériale, et partout où plane l'auguste souvenir.

Désastreuse par bien des endroits la politique a cependant, dans Ajaccio, l'avantage d'entretenir, au moins périodiquement la mémoire — non le culte — de Napoléon. En effet tous les quatre ans ont lieu des élections municipales. A cette occasion deux listes de candidats sont en présence. L'une est en partie composée de vils commerçants qui, sous forme de fournitures diverses, se partagent méthodiquement la caisse municipale. C'est la liste *bonapartiste*. (1)

----

(1) Il est curieux d'observer avec quelle sérénité d'âme les soi-disant bonapartistes exploitent la crédulité du peuple : Un ancien maire a nommé son gendre, qui n'était pourtant ni ajaccien ni bonapartiste, à une *honorable* sinécure. Un autre ancien maire a la fourniture exclusive de tous les objets de consommation courante de l'hôtel-de-ville tels que bougies, instruments de musique, vins de champagne pour les fêtes, et « autres articles » ; un troisième ancien maire exploite pour une durée

L'autre est faite de tous les amis du pouvoir qui, sans détours, s'offrent à gérer les affaires de la ville avec l'appui du gouvernement. C'est la liste *républicaine*.

Je n'ai pas besoin de dire que depuis un quart de siècle, (depuis 1884) la victoire se fixe sur la liste bonapartiste. A la veille de la lutte, les couplets de l'*Ajaccienne* invoquent « Lannes, Murat, l'état-major ! » Et ces fameux guerriers accourent. Ils ne prennent pas garde à la nature de l'opération pour laquelle ils sont requis. Ils ne se donnent pas la peine de reconnaître le temple qu'on leur propose de défendre et que leur devoir serait plutôt d'expurger de tous les marchands qui s'y sont lucrativement installés. Non ! ils sabrent les républicains comme au temps de brumaire et assurent ainsi la victoire à ceux qui savent la mettre à profit.

Mais le profit ne saurait s'étendre à la reconnaissance envers de si précieux auxiliaires. Leur besogne accomplie, « Lannes, Murat, l'état-major » rentrent au tombeau. Ils ne participent point aux dépouilles ennemies. Napoléon lui-même est tenu à l'écart du butin. L'idole est reléguée dans sa niche, comme un simple Saint-Janvier qui ne sert que juste pour le jour où on a besoin de lui. Après la lutte le peuple ajaccien a repris ses habitudes de nonchalance et d'inertie. C'est un silence profond qui succède à l'agitation électorale. Et dans la monotonie de la vie courante, c'est à peine si on entend les mandibules bonapartistes dévorer

---

de cent ans une magnifique propriété communale dont les eaux sulfureuses sont très courues: à côté de ces gros rentiers, il en est d'autres qui rongent des os dans l'obscurité et qui n'entendent pas quitter le conseil municipal pour être plus sûrs de garder leur proie: l'un a le monopole des imprimés et des registres communaux; un autre écoule les récoltes de ses propriétés au collège communal; un troisième a l'entreprise de tous les travaux communaux. Et la ville paie sans contrôle. On juge si les notes sont grasses !

paisiblement le budget communal, tandis que les ventres se relâchent sur les souvenirs napoléoniens... afin de les fumer !

Il ne faut pas qu'on nous parle des monuments qui ornent les places de la « ville sacrée », et qu'on nous les représente comme des témoignages de la piété ajaccienne. On commettrait une grossière erreur. Ils n'émanent nullement d'elle. La statue du 1er Consul, érigée sur la place de la mairie, est un don du Cardinal Fesch. Le groupe de la place du Diamant est le produit d'une souscription nationale, à laquelle Ajaccio n'a pris aucune part, la presque totalité des fonds qui lui ont été destinés ayant été recueillis dans l'entourage de Napoléon III. (1)

Il resterait donc la couronne en or qui fut déposée à la maison Bonaparte lors du centenaire du Consulat. Il convient d'en parler ici. Elle a coûté environ sept mille francs. Le conseil municipal n'a concouru en aucune manière à la fabrication de cet objet d'art. C'est à peine si les bourses privées d'Ajaccio se sont déliées pour un dixième à peine, de sa valeur. Et encore ce dixième a-t-il été souscrit, en majeure partie, par le promoteur de cette commémoration et dans la crainte seulement de la voir misérablement avorter. En effet, les fêtes qui furent organisées à cette occasion soulevèrent un si mince enthousiasme que beaucoup en furent attristés. La preuve de cet échec on la trouve dans l'élection municipale qui suivit immédiatement le centenaire. Le centenaire est du 29 décembre 1899. L'élection municipale fut faite le 4 mai 1900. Or, à cette occasion, la liste bonapartiste fut outrageusement secouée. C'est à

---

(1) Pendant toute la durée du 1er et du 2e empire, la municipalité d'Ajaccio fit des projets et vota des fonds pour élever divers monuments à Napoléon Ier et à Napoléon III. Sous le préfet Jourdan, même, en 1830, il fut fait une souscription dont le produit disparut ! Mais ces projets n'étaient que des manœuvres. Ils ne furent jamais exécutés.

peine si elle obtint une majorité de *trois voix* seulement.
Et encore dut-elle laisser beaucoup de ses membres sur le
carreau et recevoir dans son sein *douze* membres de la
liste républicaine. Ce fut un désastre qui n'était vraiment
pas à prévoir au lendemain des fêtes du centenaire du
Consulat ! Il fut la cause qu'on abandonna l'idée d'une
autre commémoration, celle du centenaire du Sacre qui
coïncidait aussi, en 1904, avec le renouvellement de la
municipalité si mal venue. Après le *Consulat*, le *Sacre* eut
été fatal. On l'écarta.

On a assez parlé de la gloire d'Ajaccio comme vouée au
culte de Napoléon. C'est une de ces réputations imméritées
qui révoltent la conscience. Il importait au nom de la vérité,
de la démolir à coups de canon. Napoléon lui-même, qui
eut tant à souffrir des Ajacciens, nous aidera dans notre
tâche. S'il pouvait revenir parmi nous et déposer au procès, nous l'entendrions répéter les termes qu'un jour la
haine ajaccienne arracha à son cœur ulcéré : « Il n'y a dans
Ajaccio que de mauvais citoyens ; on ne peut imaginer leur
méchanceté et leur folie ! » (1)

C'est l'indélébile flétrissure infligée par le demi-dieu à
ceux qui ont contrarié ses premiers pas. Il réservait, à
Sainte-Hélène, le mépris à ceux qui ont attristé ses derniers.
En effet à la veille de comparaître devant le « Roi des rois »
l'empereur eut une pensée émue pour le pays natal. Il se
rappela « ses ancêtres qui reposaient dans la cathédrale
d'Ajaccio et auprès desquels il désirait que reposassent
ses cendres, si elles ne devaient trouver asile sur les bords
de la Seine ! » Il oubliait cependant qu'il avait négligé de
ramener lui-même son père à ce tombeau de famille qu'il
fixait conditionnellement à son propre repos. Mais arrivé

---

(1) A. Chuquet: *Jeunesse de Napoléon*, t. II, p. 135.

à la distribution de ses souvenirs et de ses libéralités, on cherche en vain la trace de son affection pour le berceau. Tous défilent devant sa mémoire ; hommes et villes participent à ses largesses. Pour Ajaccio pas un mot, pas un sou. Combien son cœur n'a-t-il pas dû se gonfler de tristesse à la pensée que là-bas, dans ce coin de terre qui l'a maudit et d'où il s'était échappé magnifiquement, vers la gloire, il n'y avait plus place pour lui ; qu'il y était même renié, vendu, flétri. La « ville sacrée » qu'il avait immortalisée de son nom se prosternait bassement aux pieds goutteux de Louis XVIII, et par la voix de ses représentants officiels proclamait « qu'elle entendait être *la première* à se réjouir de la chute de l'usurpateur et à arborer le cher drapeau des rois légitimes ! »

O Morand, viens nous consoler de cette honte ! Dis-nous tes tourments, tes travaux, ton dévouement à la France et à l'empereur ; montre tes déceptions et ton triomphe. Le sort, qui te réservait une si acerbe carrière t'a du moins apporté une fin glorieuse. Tu es mort au champ d'honneur, face aux ennemis de ta patrie et de ton souverain. Il a fallu un coup de canon pour abattre cette énergie dont n'avait pu triompher toute la calomnie ajaccienne. Et après que tu es tombé, en plein soleil de la gloire, on a vu tes calomniateurs lâchement ramper dans les ténèbres de la Restauration, pour désavouer cet empereur et roi que tu as servi, toi, ainsi que tu l'avais juré, jusqu'à la mort, et qu'ils ont à nouveau trahi, eux, qui, pour te combattre, n'ont cessé de protester de leur « amour et de leur fidélité».

Ah ! si l'histoire pouvait jamais comporter des enseignements, combien utile ne serait donc pas celle qui touche à la conspiration d'Ajaccio !

Célestin BOSC.

15 Août 1905.

I

LA CORSE AVANT MORAND

> « Jamais la vénalité, la bassesse et l'in-
> trigue n'ont eu plus d'empire sur les
> corses qu'au temps de l'occupation
> anglaise. »
> L¹-Général Franceschi.

Avant d'entreprendre le récit que nous nous sommes
proposé il importe de dire quelques mots de la situation
de la Corse au moment où le général Morand fut appelé
à exercer son commandement.

On a souvent dit que Napoléon était un grand connais-
seur d'hommes. C'est un don qu'on lui pourrait contester.
En effet, Talleyrand, Fouché, Marmont, ne sont-ils pas des
protestations terribles ? Mais enfin on peut nous répondre
que l'empereur a fait une si prodigieuse consommation
d'hommes que les quelques traîtres qu'il a employés ne
sauraient faire oublier les légions de braves gens dont
il a su découvrir et utiliser les moyens. Si, donc, l'empereur a connu les hommes, il a dû aussi bien, connaître les
pays. Le sien lui était parfaitement familier. Il savait
combien les passions y sont vives et en quel mépris on y

tient la justice qui ne s'appuie pas sur la force. Il se rappela toujours les souffrances que lui, sa mère, ses sœurs, sa famille avaient endurées lorsque le sort ne paraissait pas encore les favoriser. Qu'avaient-ils fait pour mériter tant de haine ? Rien. On les jalousait. Leurs concitoyens n'avaient pu souffrir que les Bonaparte eussent obtenus tant de faveurs du roi. La malveillance à leur égard avait été d'abord sourde. Elle éclata lorsque les circonstances eurent amené des divisions politiques. Tout le pays se prononça un jour pour les Anglais. Les Bonaparte furent à peu près les seuls qui se prononcèrent ouvertement pour la France. On a dit fort justement que la différence engendre la haine. Il y a ici un exemple de plus pour confirmer cette observation philosophique. Les Bonaparte ne pensèrent pas comme tous les ajacciens et tous les ajacciens se jetèrent contre eux. Que pouvait alors une seule famille, chargée d'enfants, contre tant de forcenés ? Elle ne pouvait que s'expatrier C'est ce qu'elle fit. Ce ne fut que la fuite qui assura son salut. Dans son livre sur *Madame Mère*, le baron Larrey a conté les phases apitoyantes de cette cruelle infortune qui s'appelle dans l'histoire nationale « La fuite de Corse ». Seul, de tous ceux qui ont narré la prodigieuse carrière, Larrey n'a pas tu les infamies ajacciennes qui s'efforcèrent de la faire avorter. Il a fait éclater la pieuse intention de l'empereur lorsqu'il proclamait à Sainte-Hélène « Que sa mère était digne de toutes les vénérations ». C'est que la haine locale n'avait pas épargné, dans ses lâches fureurs, la femme incomparable qui porta dans son sein l'orgueil du genre humain.

« Des femmes corses, prétendues amies de la signora Letizia, mais en réalité jalouses de celle qui les éclipsait de sa beauté, cherchèrent à l'atteindre par la médisance.

De là l'origine de méchants propos accrédités par les
gazettes du pays et plus tard reproduits par les pam-
phlets ».

Il m'arrivera souvent, dans cette œuvre, d'ajouter un
témoignage nouveau à tous ceux que l'on connaît. Je veux
parler de ma grand'mère Ramolino (1) dont j'ai, adoles-
cent, entendu et retenu les discours. Elle m'assurait que
l'opinion du temps donnait aux enfants Bonaparte des
pères différents. On lui en voulait beaucoup, à Madame
Mère, du rang qu'elle avait acquis dans la cité du fait de
son mari qui était le plus remuant des hommes. Sa maison était la plus fréquentée du monde continental. Aussi
fut-elle attaquée par la calomnie. Quant à « Nabulioni » on
ne le connaissait que sous le sobriquet de « bastardoni » (2).
Il faisait beaucoup parler de lui tant par son tempérament
belliqueux qui lui attirait beaucoup de disputes que par sa
nature distinguée lui valut une réputation d'immoralité.

En 1809, quelques jours avant la conspiration d'Ajaccio, le général Morand devait faire saisir un placard manuscrit collé aux murs de la ville et où on lisait que
l'empereur était un « bâtard » et un « cornard » (3).

Ces propos concordent bien avec ce que nous savons
déjà de la malveillance où la population le tenait. On se
rappelle que la maison Bonaparte fut pillée et dévastée en

---

(1) Nicolette Ramolino, née à Ajaccio en 1785 décédée en 1878. Elle
était fille de Marie-Eléonore Costa et de Nicolo Ramolino, parente par
conséquent deux fois de Madame Mère qui l'honorait de son amitié.
(*Les Bonaparte et leurs Alliances*, de Bretonne, pages 59 et 69,
2ᵉ édition).

(2) En 1812, lors de son coup de main, le général Malet lança une
proclamation où il était dit : « La France est gouvernée par un
bâtard ». Il est vrai que parmi les conjurés de Malet se trouvait un
corse nommé Boccheciampe !

(3) Cette pièce invraisemblable, portant encore les pains à cacheter
qui l'ont fixée au mur, se trouve aux Archives. — F7-8764.

1793. Beaucoup d'écrivains ont attribué ce pillage aux partisans de Paoli venus de l'intérieur. Ce n'est qu'une partie de la vérité. Certes, les gens de l'intérieur ont été pour quelque chose dans ce crime. Mais la part la plus lourde en revient aux ajacciens. Eux aussi étaient Paolistes. En ruinant les Bonaparte ils entendaient donner un gage de leur amour au « Père de la Patrie » qui devait les vendre aux Anglais. Comme preuve de la haine des ajacciens à l'égard de Napoléon il est aisé de s'en rapporter au fait suivant, plus éloquent que tous les textes : un jour que Bonaparte, lieutenant d'artillerie, se trouvait en congé à Ajaccio, une procession vint à défiler devant lui. L'officier prit-il où ne prit-il pas une attitude suffisamment respectueuse, on ne sait (car si Bonaparte était républicain il n'en était pas moins issu d'une famille très pieuse), mais un groupe de pénitents en cagoule se ruèrent sur lui, le frappèrent et l'eussent infailliblement tué si un protecteur de hasard, nommé Trentacosti ne s'était présenté pour le sauver en lui conseillant la fuite. C'est un incident qui, survenu dans une petite ville de moins de 4.000 âmes, où les Bonaparte étaient connus et où un officier, surtout à ce temps, devait être un objet d'estime et de respect, prouve jusqu'à l'évidence que l'animosité des habitants contre Napoléon était déjà un fait acquis. (1)

De sorte qu'on peut dire que si les Bonaparte n'avaient pas été mis par le destin dans la voie de la gloire il n'est pas sûr que la haine d'Ajaccio ne les eut pas jetés dans celle de la misère et du déshonneur.

Ces souvenirs de jeunesse resteront profondément gravés dans l'esprit de l'empereur. Il ne pourra les chasser. Ils y resteront toute sa vie, dictant à l'égard de ses conci-

---

(1) A. Chuquet : *Jeunesse de Napoléon.*

toyens une réserve qui apparaît à tous les moments de sa carrière.

Les corses en général, les ajacciens en particulier, ne pourront parvenir à trouver devant ses yeux, un rang égal aux autres hommes nés sur le continent. Il ne pourra leur accorder cette confiance qu'il prodiguera à tous ceux que l'origine corse n'entâchera pas. D'autres que nous n'ont pas manqué de remarquer que pas un corse, que pas un ajaccien surtout, n'est parvenu à faire partie de la cour impériale. Aucun pour les emplois innombrables de ministres, de secrétaires, de chambellans, aucun pour la dignité de maréchal ! Il ne fit exception que pour son parent Arrighi, de Corte ; et encore ne le voulut-il pas comme maréchal.

« L'interdit qu'on le voit infliger à ses compatriotes est donc clairement volontaire et de parti-pris. Il tient en belle estime les mérites de Saliceti (Saliceti est de ceux qui réussissent toujours, écrit-il au roi Joseph), mais ces mérites si estimables qu'ils soient, il entend ne les utiliser que par l'exportation (1) ».

Dès 1796 il esquisse déjà les sentiments qu'il nourrit pour les corses. A ce moment les Anglais avaient évacué l'île. Miot est nommé par le Directoire pour y aller organiser les services. Comme il se renseigne auprès de Bonaparte sur la nature de sa mission il en obtient cette courte réponse que Miot (2) lui-même a trouvée plutôt déconcertante :

---

(1) Maurice Jollivet : *Napoléon et ses compatriotes* (Revue de la France Moderne de 1900).

(2) Miot fut envoyé en Corse deux fois. La première comme envoyé du Directoire. Il arriva en Corse le 22 décembre 1796 et la quitta le 29 novembre 1797. La seconde, comme délégué des Consuls ou pour mieux dire de Bonaparte. Il arriva à Calvi le 25 mars 1801 et partit d'Ajaccio le 24 octobre 1802. Après le premier voyage Miot avait placé la Corse sous l'empire de la Constitution de l'an III ; après le second sous un régime d'exception.

« La mission que vous allez remplir est *extrêmement* difficile. La Corse est un peuple *extrêmement* difficile à connaître, ayant l'imagination et les passions *extrême-ment* actives. »

Nous avons intentionnellement souligné l'adverbe. Répété trois fois dans quelques lignes, il semble trahir toute la rancœur qui anime la plume de l'écrivain. On y a comme l'impression d'une lutte qui se livre dans son âme, au moment où il écrit, et qui la partage entre la vengeance et l'oubli. La vengeance l'eût porté à laisser la Corse anglaise. Ce fut l'oubli qui l'emporta et c'est pourquoi il la reconquit.

Il ne pouvait en être autrement chez un homme aussi puissamment organisé, qui n'avait pas de temps à consacrer aux vengeances personnelles et auquel le ciel réservait des épreuves plus douloureuses encore que celles éprouvées, au début, dans son pays.

Mais si Bonaparte oubliait, il n'entendait pas encourager le vice. Il ne pouvait permettre que d'autres que lui souffrissent du mal qui régnait dans son pays et qui le mettait au ban des contrées civilisées.

Dès sa campagne d'Italie, il s'intéresse à son pays. Il veut l'arracher d'abord au pouvoir des Anglais. Plus tard, il verra ce qu'il conviendra d'y faire pour y établir des coutumes avouables. Mais, dès maintenant, ses résolutions semblent prises à l'égard de ce peuple « extrêmement difficile » à gouverner. L'obstacle a toujours séduit Bonaparte. Il semble impatient de réduire celui qui réside en Corse. Il saura bien y porter la civilisation « au pas de charge ».

Il renversera, s'il le faut, tous les édifices élevés par une tradition millénaire et qui font la honte de son pays; il s'attirera la haine de tous les corses, provoquera leurs poignards, mais il triomphera.

Or la Corse était anglaise (1) depuis deux ans (1794-96). C'était la trahison de Paoli et de ses partisans qui l'avait livrée à Georges III. Mais le pays, malgré qu'il n'eût pas été consulté pour ce changement de domination, ne se plaignait pas de son sort. Il n'est point téméraire même de dire qu'il s'en trouvait fort bien. Si les agents de Bonaparte, après la campagne d'Italie, lui avaient proposé pacifiquement de retourner à la France, il est très probable qu'il eût répondu non. On pourra chicaner sur ce point, il reste pour nous indéniable. Comparativement aux temps qui précédèrent ou suivirent le gouvernement du vice-roi Elliot, la Corse goûtait sous lui un sensible bonheur. Certes, les troubles ne manquèrent pas d'agiter son repos. Mais, en ce temps, ils y étaient à l'état chronique. Cependant on ne peut contester que les Anglais les ont réduits à leur minimum d'intensité. Et encore ceux qu'on enregistre durant cette époque ne furent-ils provoqués que dans un but de chantage ! Les chefs de clans insulaires ne tardèrent pas, en effet, à soupeser tout ce qu'ils pouvaient tirer de l'administration débonnaire du représentant britannique, et dès lors ils se firent des armes une source de revenus. Pour gagner les bonnes grâces du vice-roi, rien ne leur parut supérieur à des simulacres de révoltes.

Un jour que les communes de Bocognano et de Bistuglio s'étaient révoltées, le gouvernement avait envoyé sur les lieux des troupes placées sous le commandement des majors North, de Roll et de Dürler. Un conflit sanglant était résulté de la prise de contact des rebelles avec la force

---

(1) La Corse avait été remise aux Anglais le 21 mai 1794, en vertu d'une capitulation conclue avec l'amiral Hood et signée par Etienne Monti, président du département du Golo ; Jean-Baptiste Galeazzini, maire de Bastia ; Charles Coutheaud, et Jean-Baptiste Franceschi, adjudants généraux de l'armée française..

armée. Cernés et accablés, les Corses se rendent. Que va-t-il se passer ? Va-t-on fusiller les coupables ? Va-t-on arrêter et juger les complices ? Nullement. Après que les Corses eurent capitulé, le pouvoir anglais capitule à son tour. Elliot s'est souvenu d'une vieille formule monarchique « qu'on attrape plus de mouches avec une cuillerée de miel qu'avec un tonneau de vinaigre », et il accorde aux révoltés toutes sortes de douceurs. Les coupables ne sont point fusillés, ils ne sont même pas inquiétés. On leur fait, au contraire, des excuses :

« On donna aux chefs, c'est-à-dire aux plus coupables, l'assurance qu'on ne les oublierait pas dans la distribution des prochaines faveurs et que les premiers emplois vacants leur seraient réservés. Victorieuse, la sédition eût-elle poussé plus loin ses prétentions ? » (1)

Ainsi fut châtiée la révolte de Bocognano et de Bistuglio. C'était un exemple à suivre pour les insulaires. On ne peut soutenir qu'un régime qui s'accommode de ces sortes de transactions soit un régime d'intolérance. Aussi les Corses ne se plaignaient-ils pas. Ils avaient même trouvé le gouvernement de leurs rêves, celui qui favorisait l'exercice de leurs mauvais instincts, la paresse et la cupidité. On est surpris de voir que ce système administratif n'ait pas motivé de plus fréquentes insurrections. N'est-il pas permis de croire qu'il avait fini par anéantir pacifiquement le parti des mécontents ? Tout le monde était heureux. Paoli dut être béni ! Grâce à lui, la Corse ne connaissait plus le régime des exécutions et des bannissements. Il avait fait mentir son anathème proféré dans un jour d'exaspération : « *O Corsica non avrai mai bene.* » Elle en avait, maintenant, du bien ! Paoli avait aussi sa part, de ce bien ; il en jouis-

---

(1) Maurice Jollivet « *Les Anglais dans la Méditerranée* », p. 249.

sait discrètement sous le couvert des brouillards de la
Tamise où il semblait s'être dérobé aux reproches du
monde qui l'avait un jour admiré !

Quels heureux jours pour la Corse ! :

« Une abondante rosée de guinées, une véritable pluie
de shillings et de pennys se répandit sur l'île entière ! (1)
C'était un système qui assoupissait les violences des fac-
tions ! Les insulaires n'avaient même plus besoin de
recourir aux feintes des prises d'armes pour se procurer
de l'argent. De nombreux agents anglais parcouraient l'île
en tous sens pour répandre les bienfaits de l'influence anglaise. C'était tantôt pour donner la chasse aux émissaires
républicains, tantôt pour enrôler des troupes.

Un historien corse, dont on ne saurait suspecter la
bonne foi, nous rapporte un fait où il semble admirer
l' « intelligence » et « la délicatesse » de ses compatriotes.
Nous sommes à la fin de l'occupation anglaise, et comme
il voit écrouler l'édifice insulaire, le vice-roi Elliot ordonne
des levées de troupes. A cet effet, des magistrats parcourent les communes pour solliciter des enrôlements. Il va
sans dire que ces magistrats sont corses. Ils optèrent pour
les Anglais qu'ils servent, on va voir de quelle manière :

« On se présentait devant les délégués du gouvernement
et on faisait inscrire le nombre de fusiliers voulu pour
composer une compagnie. Cette inscription faite et l'argent
reçu, on recommençait la même opération quelques jours
après et dans un autre lieu, c'est-à-dire qu'on faisait inscrire une deuxième et une troisième fois les mêmes fusiliers, et on touchait autant de fois la somme promise. On
rapporte qu'un ecclésiastique, à la faveur de différents dé-
guisements laïques, réussit à obtenir un certain nombre
d'inscriptions et à se faire verser les émoluments correspondants. Le gouvernement prodiguait des sommes énor-

---

(1) Maurice Jollivet : « *Les Anglais dans la Méditerranée.* »

mes pour acquitter la solde de tant de milliers de soldats, et le vice-roi escomptait sur les registres un nombre prodigieux de soldats au service de son souverain, qui n'existait, hélas! que sur le papier. On finit par s'en apercevoir! » (1)

On ne sait lesquels sont les plus coupables: les corses qui volaient les primes ou les magistrats qui les laissaient voler! En tout cas, ces abus restèrent impunis.

N'était-ce pas cela que la Corse heureuse! Quel peuple conquérant a jamais traité de cette manière les peuples conquis? On peut chercher dans l'histoire, parmi toutes les nations qui ont occupé cette île — elles sont légion — on n'en trouvera pas une qui ait usé envers les insulaires de la douceur administrative et de la longanimité des Anglais. Comme les corses de ce temps ont dû couler des jours de félicité, également éloignés des Gênois qui les exploitaient et des Français qui les fusillaient! Combien lumineuse et patriotique n'avait donc pas été la pensée qui avait conduit, un jour, quatre députés de la Corse vers le roi d'Angleterre pour lui offrir la couronne de leur pays! (2)

Les insulaires s'illusionnaient peut-être sur la durée des intentions britanniques à leur égard. L'argent que la « perfide Albion » répandait sur le continent pour soulever des coalitions contre la République prenait aussi le chemin de leur île. Mais ce n'étaient là que des largesses accidentelles qui devaient probablement se limiter à la durée

---

(1) Renucci : *Storia di Corsica*.

(2) Il ne faudrait pas croire que la couronne de Corse ait jamais existé. Ce n'est qu'une forme imagée pour qualifier la domination de cette île. Si la couronne de Corse avait réellement existé, il est probable que ces députés corses l'auraient plutôt portée au Mont-de-Piété!

Les Corses qui accomplirent cette singulière mission furent: Pierre-Paul, Colonna Cesari ; Jean-François Galeazzi ; Jean-Octave Nobili Savelli ; François Pietri.

Ils furent tous émigrés et pensionnés des Anglais. Parbleu!

de la guerre menée par le Foreign-Office. La Corse lui apparaissait, non comme un pays de rapport mais comme une position qui pouvait servir à sa lutte dans la Méditerranée. Il y avait pour l'Angleterre un intérêt majeur à conserver cette île et à s'y ménager une profonde sympathie parmi la population. C'est pourquoi nous comprenons comme faisant partie d'un système politique la sagesse et la conciliation tenace du vice-roi Elliot. Sa consigne a dû être de faire l'impossible pour s'attacher les corses. Et il y parvint. Mais on se demande ce qu'il fut advenu de la Corse si l'Angleterre en eut eu la perpétuelle possession. Peut-être les insulaires eussent-ils alors déchanté !

Cependant l'occupation anglaise ne fut qu'un rêve de trop courte durée. Pourquoi fallut-il que Bonaparte s'en vint l'interrompre brusquement par le bruit de ses armes, la cruauté de ses exécutions. Ah ! ce n'est pas de lui qu'on pouvait attendre des faveurs pour prix d'une révolte !

Les victoires de Dego, de Lodi, de Castiglione, de Roveredo, avaient été autant de coups frappés à la porte de la félicité insulaire. Les premiers l'avaient ébranlée. Les derniers enfoncée. Un beau matin, le réveil fut brutal. La Corse se réveillait au bruit du débarquement de Casalta (1), avant-garde de l'armée de Gentili (2).

Ce dût être un jour de deuil. D'autant plus que les Anlais ne voulaient pas résister. C'était désespérant ! Ils faisaient déjà leurs préparatifs d'évacuation lorsque les Français apparurent dans l'île. Cette décision a dû navrer

---

(1) Général de brigade Casalta (Antoine Philippe), né le 9 février 1759, à Casalta. Décédé à Cervione le 16 Décembre 1846. A la retraite le 24 Décembre 1814. Blessures : dix coups de feu dont deux aux bras et un au bas-ventre, à l'affaire de Biguglia.

(2) Gentili né en 1751, à l'Ile-Rousse, mort sur la Méditerranée, en 1799. Commanda l'expédition de Corfou, en 1797.

les corses ! Il n'y avait plus moyen d'espérer qu'ils conserveraient leurs grasses sinécures. Le vice-roi a fait un rapport de ce départ. Il déclare qu'il répandit en Corse « une profonde affliction ». Et on a le sentiment que cette impression n'a rien d'exagéré. Elle sera confirmée par les évènements qui vont suivre.

« La consternation fut générale chez tous ceux — et ils étaient nombreux — qui étaient en possession d'emplois. Les fonctionnaires de l'ordre ecclésiastique surtout ne dissimulaient point leur désespoir. » (1).

Les « fonctionnaires et les ecclésiastiques », c'était toute la population de l'île. Elle ne comptait ni industrie, ni commerce. Tout le monde y vivait, à peu près, des secours du gouvernement, ainsi que cela se pratique d'ailleurs de nos jours.

Mais les Anglais tant regrettés ne partaient pas sans idée de retour. Cela consolait les corses. Ils pouvaient donc espérer et attendre. Ils vont même travailler, comme on le verra plus loin, à ramener les « partis », qui reviendront, en effet, en 1814, appelés encore par les insulaires, et qui devront à nouveau s'en aller en vertu d'événements indépendants du vouloir des insulaires.

Mais il ne fallait pas que le souvenir de la bienfaisance britannique disparut dans l'esprit du pays. Il fallait, au contraire, l'entretenir par une prodigalité durable. Cela devait servir toujours soit pour troubler l'administration française, soit pour favoriser le retour éventuel. C'est un calcul qui entre dans la méthode politique des Anglais, et il faut convenir qu'il n'est point banal. Seulement il est coûteux. Mais les guinées sont, à ce temps, intarissables.

---

(1) M. Jollivet « *Les Anglais dans la Méditerranée* ».

C'est pourquoi le vice-roi Elliot imagine de faire des pensions à tous les corses qui ont bien servi l'Angleterre. Beaucoup défilent devant ses largesses extrêmes. Chacun prend sa part de ces prodigalités· perfides, qui ne sont, en fait, non la récompense de services rendus, mais celle de services à venir. C'est la haine du nom français qu'on apprécie dans ce marché au seuil de l'exil. Les pensions s'élèvent ou s'abaissent suivant que les postulants sont plus ou moins aptes à favoriser les vues britanniques. Ces pensions devront créer un antagonisme fatal entre les amis de la France et ceux de l'Angleterre, qui durera autant qu'elles. C'est la semence de la division et de la trahison qu'en partant Elliot répand sur la terre de Corse et que Morand sera plus tard appelé à extirper.

Donc, au nom de son gouvernement, le vice-roi Elliot accorde les pensions suivantes :

1º Pozzo di Borgo, Charles-André ; 2º Bertolacci, ancien président du tribunal suprême, Mario Peraldi (d'Ajaccio), recevront 400 livres annuelles (10.000 francs.). Suit une deuxième classe de privilégiés qui toucheront 300 livres : Balestrino et Negrone, tous deux conseillers d'Etat, Poggi, commissaire de marine du district de Bastia. Font partie d'une troisième classe Belgodère, conseiller d'État, et trois évêques : Guasco, évêque de Sagone, Deverclos, évêque d'Accia et de Mariana, Deverne, évêque d'Aleria, le lieutenant-colonel Colonna, commandant la gendarmerie, et le comte de Rossi, « vieux gentilhomme de haut rang ». Une quatrième classe comprend des pensions de 100 livres qui sont étendues à tous les juges des tribunaux ainsi qu'à des fonctionnaires de second ordre parmi lequel Vincent Guitera, maire d'Ajaccio et Tartaroli, ancien podestat de la même ville. Enfin il est une cinquième classe dont font partie une foule de petits et obscurs agents auxquels il est fait des pensions de 50, de 45 et de 25 livres. (1)

On ne peut dire que les bénéficiaires de ces libéralités étaient munis d'états « de bons et loyaux services ». La domination anglaise n'avait duré que deux ans. On pourrait arguer cependant que la plupart d'entre eux allaient supporter les amertumes de l'exil et que ces pensions étaient destinées à subvenir à leur existence à l'étranger. Cependant combien d'entre eux n'ont-ils pas eu le courage de rentrer en Corse en bénéficiant des amnisties et d'y entretenir des intelligences avec les Anglais pour en faciliter le retour ?

Toutes ces dispositions, pour ainsi dire testamentaires, avaient été réglées par le roi. Elles furent connues aussi du Directoire et encore du Premier Consul, qui leur attribuera une grosse part dans les troubles dont l'île va avoir à souffrir.

Cependant la reconquête de la Corse s'opère. Une division est réunie à Livourne sous Gentili, en septembre 1796. Casalta est le premier qui ait débarqué en son pays avec le drapeau républicain. C'est un brigadier de l'armée d'Italie. Il n'amène avec lui, comme avant-garde, que quelques compagnies. Les premiers efforts pour soulever la Corse du Nord n'obtiennent qu'un maigre résultat. Ses historiens rapportent qu'à peine il put réunir deux cents paysans armés. Il se dirige à leur tête sur Bastia où les Anglais sont en train de faire leurs derniers préparatifs de départ d'après les ordres qu'ils avaient reçus du duc de

---

(1) Rapport du vice-roi, sir Elliot, d'après Maurice Jollivet : *«Les Anglais dans la Méditerranée »*.

«Le total de ces pensions s'éleva à 12.270 livres sterling dont 7,000 pour les émigrés en France et 5.270 pour les corses qui se trouvaient ainsi, vu leur nombre par rapport aux premiers, les plus favorisés. »

Portland, ordres auquels Elliot avait eu la pensée de résister, tant était grande sa confiance dans l appui des corses.
Casalta arrive bien mal à propos! Il risque de déranger
les Anglais dans leur œuvre d'embarquement. Que peut-
on faire pour modérer son élan ? On lui enverra la junte
bastiaise pour lui conseiller de retarder ses pas. La junte
de Bastia se met aussitôt en route. Elle atteint Casalta à
deux lieues de la ville. Cette rencontre constitue, en effet,
un obstacle jeté sous les pas du général, qui devra prolon-
ger de quelques heures le temps donné au départ des anciens maîtres de la Corse. En effet, la junte parlemente.
Elle conjure le général de ne pas attirer par sa précipita-
tion des malheurs sur la ville. Et pendant ce temps, les
Anglais se défilaient. Tout alla pour le mieux. Bastia ne
connut point les horreurs d'une bataille livrée dans ses
murs, et les Français prirent sans coup férir la place éva-
cuée par les Anglais. Cependant ne convient-il pas de
noter que cette substitution de pouvoirs, « faite à l'amiable », indique clairement que les Anglais ne furent pas
détestés en Corse. Quand un tyran tombe, il est d'usage
que le peuple l'insulte et s'acharne à sa destruction. Le
déchaînement du peuple n'est pas toujours un indice qu'il
était opprimé. Ce n'est souvent qu'une manœuvre de factieux qui se ruent à l'assaut des places devenues vacantes.
Il en fut ainsi sous Louis XVI qui était si peu despote qu'il
n'eut pas le courage de se défendre contre son peuple
égaré, et qui, pouvant le ramener à lui par un usage légitime de son autorité, préféra perdre sa tête plutôt que
d'agir en roi. Plus près de nous encore, des explosions
d'allégresse criminelle éclatèrent à Paris quand y parvint
la nouvelle de la capitulation de Sedan qui assurait la
chute du meilleur des souverains. Et tous les ennemis de
Napoléon III se partagèrent son pouvoir. Mais la lâcheté

humaine est telle qu'il suffit de la craindre pour qu'elle explose !

Or, nulle manifestation n'éclate en Corse au départ des Anglais et contre eux. Toutes leurs garnisons sont éva-cuées dans l'ordre le plus parfait. A Ajaccio, on note qu'à l'arrivée de Bonelli (1), envoyé de Bonaparte, quelques drapeaux tricolores apparurent aux fenêtres et que l'on y cria : « Vive la Constitution de l'an 3 ! » La manifestation n'est pas méchante. A Ajaccio surtout, elle ne tire pas a conséquence ! C'est cependant la seule qui se soit produite dans l'île à cette occasion. A Bastia, on a vu la municipa-lité favoriser le départ des Anglais, et on ne nous a pas dit comment y furent accueillis les Français. Sur tous les autres points de l'île, le changement dut se faire en dou-ceur. S'il était jusqu'ici resté quelque doute sur la popula-rité des Anglais en Corse, le calme qui présida à leur départ le lèverait. On peut affirmer qu'ils ne partirent pas en « maudits », mais en « regrettés ».

Il convient maintenant d'observer comment va se rétablir la domination française et quelles étaient les dispositions de Bonaparte à cet égard.

En même temps que s'organisait la conquête par les armes, le Directoire envoyait dans l'île Saliceti. Ce Sali-ceti avait été député de la Corse à la Convention, Comme tout bon corse de son temps il avait haï Bonaparte. Déjà il l'avait fait arrêter à Toulon et ce ne fut pas de sa faute si le futur empereur ne périt pas sur l'échafaud. Plus tard nous le verrons encore s'opposer au coup d'Etat du 18 brumaire et accepter cependant du « tyran » qu'il avait combattu des distinctions que ses principes — s'ils avaient

---

(1) Renucci « *Storia di Corsica* ». Le c^t Bonelli arriva à Ajaccio le 17 septembre 1796, la veille du jour où les Anglais évacuaient Bastia.

été sincères — eurent dû lui faire énergiquement repousser.

Mais, malgré qu'il nous soit apparu comme très énergique Bonaparte était la faiblesse même ; cet ogre pardonnait toujours.

C'est le don des cœurs généreux que de savoir pardonner.

« Bonaparte a cette faculté surprenante de ne pouvoir se souvenir et, la confiance rendue, de tenir pour non avenus les fautes et les crimes qu'il lui a plu de ne point punir. Non seulement il pardonne à Joséphine mais, chose plus rare, il dédaigne les complices qu'elle s'est donnés. Jamais il ne priva aucun de la vie ou de la liberté. Il ne fit rien pour empêcher leur fortune et pourtant lorsqu'il rencontrait certains d'entre eux il devenait subitement pâle (1) ».

Il n'était nullement sensible, malgré qu'il en ait souffert, à la haine de Saliceti et dès qu'il fut en mesure de le faire il paya son ennemi de tous les trésors de son intérêt. A peine fut-il nommé commandant en chef de l'armée d'Italie qu'il demanda à s'attacher le conventionnel comme commissaire général de son armée. Ce poste qui l'avait comblé d'honneurs et d'argent n'avait modifié en rien les dispositions de Saliceti envers Bonaparte. La reconnaissance n'était pas au nombre de ses vertus, si toutefois il en eut. C'est pourtant dans ce poste que vint le chercher le Directoire pour le nommer comme son délégué général en Corse afin d'y organiser les nouveaux services.

Il fut ainsi le prédécesseur de Miot et on ne comprend pas qu'il ait abandonné à son successeur l'honneur des réformes qu'il eut pu faire, lui-même, dans son pays. Mais Saliceti avait eu tant de ménagements à prendre qu'il ne

---

(1) Frédéric Masson : *Napoléon et les Femmes.*

put songer à la tâche qui devait revenir à Miot. Il trouva le pays bouleversé. « La situation était si compliquée qu'il ne savait où donner de la tête ».

Au nom du gouvernement il apporte l'amnistie. Il apparaît dans son pays un rameau « d'olivier à la main ». On ne sait pas ce qu'il cache dans son cœur. « Tous les corses seront égaux devant la loi. On ne tiendra aucun compte du passé ! Ceux qui auront servi l'Angleterre ne seront pas inquiétés. Il y a pour tous oubli, pardon, égalité devant la loi et protection ».

Autant de mots que de mensonges. Dans l'état où se trouvait le pays il était impossible que l'oubli eut pu se faire. Du reste il eut été injuste. On ne pouvait admettre en effet que ceux qui étaient restés fidèles à la France ne fussent pas plus avantagés que ceux qui l'avaient trahie. Ceux-là étaient moins nombreux que ceux-ci, sans doute, mais leur petit nombre ne faisait qu'augmenter leur mérite. Il est vrai que si tous les corses ne furent pas employés des Anglais, c'est que les places n'avaient pas été assez nombreuses pour s'étendre à la totalité des insulaires. Et puis le vice-roi n'avait peut-être pas prévu le retour des Français et alors il avait négligé de leur ravir tout ce qui restait de corses susceptibles d'être employés. Il fallut cependant s'accommoder de ce qu'ils avaient laissé. Et encore il n'est pas bien sûr que beaucoup d'anciens agents de l'administration britannique ne se soient glissés, à force de protections et de protestations de fidélité, dans les fonctions républicaines. Cette réorganisation ne se fit pas sans troubles et sans divisions. Le mécontentement né des mesures de Saliceti fut si grand qu'il allait amener des révoltes locales et aller même jusqu'à l'insurrection.

Mais avant de les dire, il importe de connaître l'opinion de Bonaparte sur les dispositions conciliantes du Directoire. Elles ont été prises en dehors de lui. Quant il les connaît il en témoigne du dépit. Lui ne les auraient pas adoptées. Cependant il s'incline devant le fait acquis sans toutefois cacher les terribles intentions qui agitent encore son cœur. Il écrit au commandant Bonelli qu'il a envoyé à Ajaccio : « Que tout soit oublié, soit, *hormis cependant pour le petit nombre d'hommes perfides qui ont égaré ce beau peuple* ». Bonaparte savait qu'il y a de braves gens en Corse, qu'ils y sont même le plus grand nombre, mais il n'ignorait pas aussi la *perfidie* de ceux qui ayant le pouvoir de faire le bien et d'éclairer les consciences se donnent au contraire la tâche, pour favoriser leurs dessins criminels, de répandre l'erreur et la calomnie. Tous les bandits corses ne gardent pas le maquis et il en est qui, postés dans les fonctions publiques, exercent dans la société des ravages autrement importants que ceux qui sont perpétrés par les malfaiteurs des campagnes. Il n'est pas un fonctionnaire corse qui ne mette à la disposition de ses sentiments le pouvoir dont il est dépositaire. Il s'en sert pour venger les injures personnelles, il s'en sert encore pour se créer un parti, car dans tout agent de l'administration il y a un candidat en herbe aux honneurs et la domination de ses semblables. Un ancien préfet de la Corse que nous avons connu particulièrement, M. Bonnefoy. Sibour, disait : « En Corse, le maquis commence à la préfecture ». Et quand on lui demandait pourquoi l'administration tolérait tant d'abus et de gens indignes, il usait de cette réponse héroïque : « Ils sont trop ! ».

Si Bonaparte avait voulu « coller au mur » tous ceux qui trahissaient la France dans une intention purement personnelle de lucre et de suprématie, il eut dû exterminer tous ses compatriotes. Il n'en était resté de Français que ceux que la France avait attachés à ses armées. Et encore n'eut-il pas fallu que la France eut été vaincue, auquel cas il est probable qu'aucun insulaire ne fut plus resté attaché à sa cause. L'opportunisme a toujours été le fond du caractère corse, en politique aussi bien qu'en affaires.

Bonaparte, donc, écrit à Gentili qui, déjà, se pose à ses yeux en Morand, car il est le premier commandant en chef des troupes de l'ile reconquise, et il le revêt de pouvoirs qui sortent de ses attributions normales. Il lui recommande l'œuvre des « répressions militaires » qu'il devra adopter et poursuivre dans le pays pour mener à bien, parallèlement avec l'autorité civile de Saliceti, la mission d'ordre, de justice et de réparation qu'attend le pays.

« Vous accorderez le pardon général à tous ceux qui n'ont été qu'égarés, mais vous ferez arrêter et juger par des *commissions militaires* les quatre députés qui ont porté la couronne au roi d'Angleterre, les membres du Gouvernement et les meneurs de cette infâme trahison, entre autres, *Pozzo di Borgo*, Bertolacci, *Mario Peraldi*, *Stephanopoli*, *Tartaroli*, Philippi et les chefs de bataillon qui seront convaincus d'avoir porté les armes contre la République. Ainsi la vengeance nationale n'aura à peser que sur une trentaine d'individus qui se seront peut être sauvés avec les Anglais (1) ».

En effet, tous les dénommés n'avaient pas attendu, pour déguerpir, que la haine de Bonaparte se mit à leurs trousses. Tous avaient prudemment pris passage à bord des vaisseaux anglais. Mais en fuyant la Corse ils ne l'abannaient pas complètement. Ils restaient à la solde de l'Angleterre et on les verra réapparaître avant peu dans l'ile

---

(1) Sur les *six* traitres que signale Bonaparte il s'en trouve *quatre* qui sont ajacciens. Leurs noms sont en italique. On avouera que la proportion est grande. C'est une indication à retenir pour la conspiration de 1809.

pour y fomenter la sédition. Le commandant en chef de l'armée d'Italie sentait bien qu'il ne pourrait tenir les gros coupables de cette vaste trahison qui avait eu l'île entière pour complice. Il dut limiter ses recherches, éliminer seulement le menu fretin en vue du châtiment, car pour rien au monde il n'entendait accorder l'oubli intégral, le plein pardon.

Il écrit donc une seconde lettre au général Gentili où il prescrit :

« Vous ferez arrêter tous les émigrés s'il y en avait qui eussent l'audace de continuer leur séjour dans les terres occupées par les troupes républicaines ».

Enfin il termine par cette dernière recommandation qui mérite une mention spéciale, parce qu'elle concourra à légitimer plus tard les instructions données au général Morand : « Mais je vous recommande surtout de faire une justice prompte de quiconque qui, par un sentiment contraire à la loi, oserait assassiner son ennemi ».

C'est une recommandation qui ne s'explique pas, Gentili n'étant revêtu d'aucun pouvoir judiciaire et restant le subordonné du délégué du Directoire, qui était alors Saliceti.

Celui-ci avait eu fort à faire en Corse. Jamais situation ne fut comparable en délicatesse à la sienne. Elle tenait principalement à ce fait que le représentant du Directoire était d'origine corse. On avait pensé en premier lieu, à Paris, que sa qualité d'insulaire devait lui être d'un grand profit pour solutionner les difficultés qu'on entendait résoudre en son pays. On dut reconnaître qu'elle était, au contraire, un obstacle contre lequel devaient se heurter toutes les tentatives d'apaisement. Chacun attendait de lui plus que la justice. Tous faisaient valoir auprès de lui des titres imaginaires ou fort exagérés à ses faveurs. Avant lui, déjà, le vice-roi Elliot qui n'était pourtant pas corse, avait connu le même embarras quand il écrivait à son gouvernement.

« Les prétentions de tout corse, noble ou non (tous les corses sont nobles, c'est entendu) sont montés à un degré partout ailleurs inconnu. Non seulement on a, comme dans les autres pays, à compter avec la vanité ou l'égoïsme des gentilshommes, mais il faut tenir tête à la population entière. Pas un berger qui ne se reconnaisse le droit de dire qu'il a servi la *patria* et qui ne croie mériter le titre d'officier. Dans les troupes corses pas un gentilhomme (!) qui ne se considère comme négligé s'il n'a pas le commandement d'un bataillon. Malheureusement le pays ne possède aucune industrie et on n'y connaît pas d'autre moyen d'arriver à la fortune que celui d'obtenir une place quelconque dans la carrière civile ou militaire (1) ».

Il arriva ce qui devait arriver. Saliceti ne put satisfaire tout le monde et son père ! Le successeur d'Elliot n'avait ni sa puissance ni son prestige de race. On le lui reconnut même inférieur. Il fît des mécontents. Les corses préparent leur mousquets. Miot arrive, car contrairement à ce que dit Rennucci, Saliceti et Miot ne sont pas arrivés ensemble dans l'île. Saliceti y arriva le premier, dès octobre 1796 et Miot seulement en décembre. Tous deux étaient des délégués du Directoire. Mais ils le furent successivement, le second devant corriger le premier.

« A mon arrivée dans l'île je trouvai Saliceti qui « s'était emparé » de tous les pouvoirs au nom du Directoire. Il me dit qu'il avait reçu déjà notification de mon arrivée. Le gouvernement avait senti en effet tout le danger de les laisser entre les mains d'un homme né dans le pays, ayant des injures personnelles à venger, et qui, en supposant même qu'il restât impartial dans le manie-

---

(1) Maurice Jollivet : *Les Anglais dans la Méditerranée.*

ment des affaires, ne pourrait jamais persuader à ses compatriotes qu'il le fut réellement (1) ».

Miot était un ancien fonctionnaire de la guerre. Il était jeune, avait l'esprit cultivé, un fond d'équité et de la fermeté de caractère. Il était délégué du Directoire auprès du grand-duc de Toscane, lorsque le gouvernement songea à l'envoyer en Corse. On sait qu'avant de partir il avait, par déférence, consulté Bonaparte et que celui-ci lui avait répondu d'une manière qui n'était pas de nature à lui donner confiance dans sa mission. Miot sait donc les difficultés qui l'attendent. Il se met courageusement à l'œuvre. Il fait de son succès une question d'honneur. Il a des pouvoirs étendus. Il est de plus secondé par Joseph Bonaparte qui l'accompagne et lui est « d'un précieux concours ». Là où Saliceti « ù compatriottu » a échoué, lui, Miot, « ù francesi » va réussir. Il débarque à Erbalunga le 22 décembre 1796. Il y a donc déjà trois mois que du fait de l'évacuation des Anglais, la Corse est française. Les services ne sont pas organisés. Les rouages administratifs ne fonctionnent pas. L'autorité anglaise n'a plus de force, la française n'en a pas encore. Tout est provisoire, hâtif, incohérent, à faire. Une insurrection déja s'allume en Balagne. Il y a urgence à l'étouffer, l'exemple pouvant être contagieux. Miot appelle à lui Gentili, le chef de la 23e division militaire. Il est malade. Soit ! Miot opérera seul.

Qu'était-ce que cette insurrection ? Une manière de chantage, première manifestation, sous les Français, des mœurs anglo-corses. Des insulaires entendaient attirer sur eux l'attention du nouveau pouvoir et se signaler pour la distribution des premières faveurs. Miot sait la tactique du vice-roi Elliot. Il s'en sert. Il promet à tous de s'occuper

---

(1) Miot. *Mémoires.*

d'eux, d'améliorer leur sort. Il sait que sa présence dans le pays ne sera pas longue, qu'elle est accidentelle. Son successeur aura la charge de remplir ses engagements... ou d'assumer ses responsabilités. Et la Balagne est pacifiée. C'est un gros succès !

Tous les yeux sont désormais fixés sur Miot. Il apporte la paix, la justice, l'oubli. Ce n'est rien. On ne lui sait aucun gré de ses bonnes intentions. Elles ne comptent pas. Ce qui comptera sera ses actes. Du moment qu'il a remplacé Saliceti, c'est qu'il va faire autrement que lui. C'est fatal. Et on attend. Ceux qui ont des places sont soumis. Ils entendent les conserver. Ceux qui n'en ont pas sont également soumis attendant qu'on leur en donne. Les sujets de troubles n'ont donc plus de raison d'être. Quand on tient en Corse, et ceux qui sont en fonctions et ceux qui aspirent à y entrer, on a tout le monde avec soi. On commande au pays. On peut lui imposer un Ranc, sénateur ! Ç'a été la politique de tous les maîtres de la Corse et ceux-là seuls sont tombés qui ont cessé de la comprendre !

Miot a parcouru le pays. Il a organisé le département du Golo (1), d'abord, puis celui du Liamone, nommé les deux commissaires du pouvoir exécutif. Mettant le pays sous l'empire de la constitution de l'an III, il convoque les assemblées primaires pour la nomination des magistrats de divers ordres et, cette tâche accomplie, regagne le continent avec des airs triomphateurs. Les corses n'étaient nullement les hommes « extrêmement difficiles » à gouverner que lui avait représentés Bonaparte.

Mais l'adjudant-général Franceschi dont Miot a fait son

---

(1) En 1793 la Convention Nationale avait divisé la Corse en deux départements, le *Golo*, chef-lieu Bastia, le *Liamone*, chef-lieu Ajaccio. Le 19 avril 1811 Napoléon réunit les deux départements en un seul avec Ajaccio pour chef-lieu.

aide-de-camp, adresse au général Bonaparte un long rapport où, mieux que son chef, il renseigne le gouvernement sur l'état de la Corse. Son opinion est d'autant plus précieuse qu'elle émane d'un chef insulaire :

19 Germinal, an V.

« ..... Les Anglais ont multiplié les emplois à l'infini, y semaient l'or, l'argent à profusion pour capter davantage le parti populaire et consolider leur existence dans l'île. Jamais la vénalité, la bassesse, l'intrigue ou l'envie d'occuper des places n'a eu tant d'empire sur l'esprit des corses que depuis qu'ils ont été sous le gouvernement anglais. C'est une vérité fâcheuse à dire, mais l'esprit public y a été complètement corrompu. »

Il indique, en sa qualité de « corse français », les mesures que le gouvernement doit prendre sans tarder pour assurer à la France la possession de la Corse. Parmi elles nous relevons celles-ci :

« Nommer dans les principales places fortes de l'île comme Bastia, Calvi, Ajaccio, des officiers supérieurs *français* et très fermes. Mettre à la tête du commandement un officier général *français* (à la place de Gentili) doué de sagesse et de fermeté. Ce chef serait très utile pour maintenir l'ordre et faire respecter la volonté du gouvernement. Enfin désarmer tous les corses qui ont servi dans les bataillons anglais, et faire partir pour l'armée beaucoup de jeunes gens des villes qui ont été officiers au service de l'Angleterre et qui ne cessent de manifester des sentiments hostiles à la République. »

Enfin ce témoin termine : « J'ai dit la vérité, *toute la vérité,* au général Bonaparte. (1).

Mais Miot avait à peine quitté la Corse que les insurrec-

---

(1) *Arch. Nat.* A F ɪᴠ, 1054.

tions commencent. Une véritable croisade est fomentée par les prêtres au couvent de Saint-Antoine, en Casinca. Ils ont persuadé aux insulaires que les Français « nient Dieu et veulent abolir la religion ! » Ces croisés prennent un signe de ralliement. Ils arborent à leurs coiffures une petite croix blanche qui donne son nom à leur agitation. Ces croyants se ruent comme des fauves à travers les cantons de Moriani de Casinca et d'Orezza. Ils sèment la terreur et la destruction sur leur passage. On a déjà l'exemple de ces furies de la foi, dans la marche des pélerins vers la Palestine. Elles sont contées par Michaud dans son histoire des croisades. Celle de la *Crocetta* les dépasse peut-être en fureurs. Il faut lire Renucci pour s'en convaincre. Son récit nous donne un détail qu'il importe ici de retenir. Lorsque ces forcenés eurent atteint le village d'Ampuganni, il y eut une maison qui eut le bonheur de conjurer leur fléau. C'était la maison du curé Sébastiani, oncle du général Sébastiani. Elle ne fut épargnée que parce que cet ecclésiastique était connu « pour sa haine des Français. » Cette haine notoire n'empêcha pas, ce saint homme et patriote, d'accepter moins de quatre ans plus tard, le siège épiscopal d'Ajaccio, où d'ailleurs il devait se distinguer par les plus honteuses palinodies. (1)

Quand le bruit de cette insurrection, qui fut réduite dans le sang, par le général de Vaubois, parvint à Paris, le 18 Brumaire est fait.

C'est encore Saliceti qui recueille la succession de Miot. Il avait été déjà le délégué du Directoire ; il réapparaît cette

---

(1) A l'occasion des évènements de 1814-1815 ce singulier évêque se signala par deux mandements successifs où il exaltait tour à tour Napoléon et Louis XVIII en termes si révoltants qu'il fut sifflé par la population et contraint à la fuite. Renucci : *Storia di Corsica.*

fois dans l'île comme délégué général des consuls (1). Il
tient cette charge de la faiblesse de Bonaparte, de l'homme
« qui ne sait pas garder rancune. » Car Saliceti, qui avait fait
arrêter Bonaparte à Toulon, l'a encore combattu au 18 brumaire. Le 1er Consul s'est encore vengé de lui en le nommant
son représentant en Corse, comme il le nommera encore plus
tard ministre de la police à Naples. La vulgarité d'âme de
Saliceti ne lui a jamais permis de reconnaître la magnanimité de Bonaparte. Saliceti l'attribuait à un hommage
rendu à ses mérites personnels ! Ce corse issu des Pisans eût,
en son genre, une fortune extraordinaire. Il passa toujours
pour un grand homme. Renucci nous l'offre comme le
« premier corse de son temps, après Bonaparte. » C'est
excessif. Si nous en croyons une chronique anonyme.
Napoléon lui-même aurait dit, en apprenant la mort de
Saliceti, en 1809 : « C'est un génie qui s'éteint ! » Si ce
propos allait être reconnu exact il prouverait simplement
quel'empereur se serait montré d'une bien grande indulgence pour ce mort, ainsi qu'une sotte tradition l'exige de ceux
qui restent pour tous ceux qui s'en vont. Un vil usage veut en
effet qu'on couvre de fleurs, au seuil de l'éternité, ceux dont
la vie n'a produit que le néant, alors que tant d'autres
quittent une vie de labeurs et de souffrances sous l'indifférence et parfois la malédiction de leurs obligés. Saliceti est
un de ceux parmi les corses que la fortune a le plus
favorisés.

---

(1) Il nous a paru curieux de reproduire ce décret trouvé aux Archives
nat. (cote A F ɪv.)

21 Nivôse an VIII.

« Le citoyen Salicety *(sic)* est nommé commissaire du gouvernement dans les deux départements du Golo et du Liamone. »

« Le présent arrêté ne sera point imprimé. »

(Pourquoi ?)

BONAPARTE.

S'il avait été supérieurement doué, on conviendra que ce ne sont pas les scènes qui ont manqué à la manifestation de cette supériorité. Il a été député au moment où la valeur n'avait pas de peine à se faire reconnaître. Le conventionnel ne joua aucun rôle prépondérant. Il ne fut pas chef de groupe, il ne fut pas orateur, il ne fut pas écrivain, il ne fut même pas administrateur. Son obscure carrière eût été vraisemblablement close après le 18 novembre, si Bonaparte ne l'eût généreusement tenue ouverte en conférant à son ennemi — mais loin de lui — de nouvelles et lucratives fonctions. (1)

Un autre corse allait, plus tard, connaître la tumultueuse médiocrité de Saliceti. C'est Conti, dont j'ai parlé d'autre part, qui atteignit, lui aussi, une moins grande, mais encore grande notoriété, sans avoir jamais rien produit qui put honorer son époque ou son pays, ou seulement sa mémoire. Curieuses dispositions de l'impénétrable destinée !

Mais revenons à Saliceti. Quand il retourne en son pays, en 1800, il le trouve en feu. L'insurrection est partout. Le Fiumorbo aussi s'est soulevé. Les émigrés y ont opéré une descente avec les poches remplies d'or et les mains pleines de proclamations enflammées. Ils disent qu'ils n'opèrent pas pour l'Angleterre, mais pour le compte de Paul Ier, empereur de Russie, « le plus puissant protecteur de la foi ». Croyez-vous que les corses se défient ? Nullement.

---

(1) Rapport au Premier Consul sur Saliceti :

« Un cannibale qui se dit votre agent a troublé à jamais la tranquillité de la Corse ; les horreurs qu'il y a fait commettre font frémir toute âme sensible. »

Ce long rapport, d'ailleurs anonyme, a été présenté au Premier Consul sous cette note officieuse : « On impute à Saliceti toutes les horreurs commises dernièrement en Corse ; on lui donne les noms de Néron, de Caligula. On vous prie de le rappeler et d'y envoyer un honnête homme. » (*Arch. Nat.*, AF IV, 1054.)

Ils acceptent argent et proclamations, ils prennent les armes et ils se livrent à une course effrénée à l'accaparement des premières faveurs de Paul Ier, en massacrant les représentants de l'administration française. Saliceti n'en a pas fini avec la croisade de la Crocetta. Il a déféré Giafferri, un des instigateurs de cette émeute folle et sanguinaire, à une commission militaire qui l'a condamné à mort. Il se porte encore avec ses troupes dans le Fiumorbo. Trois généraux coopèrent à cette répression : Cervoni, général de division, ayant sous ses ordres les généraux Aubigeois et Fischer. Des conflits sanglants ont lieu. Les rebelles se montrent irréductibles. Saliceti oublie pour un moment qu'il a fait la guerre au Premier Consul. Il parle aux révoltés et ose leur dire : « Songez que le maître de la France est sorti de vos rangs. » Si Bonaparte est sorti de « leurs rangs », ce n'est certes pas grâce à lui. Mais les révoltés ne veulent rien entendre. Ils ne connaissent pas Bonaparte. Ils ne reconnaissent pas non plus Saliceti. En revanche, ils sont dévoués à Paul Ier, empereur de Russie !

Le délégué du Consul désespère de rétablir l'ordre. Les exécutions, les pendaisons, ordonnées par les *commissions militaires*, n'aboutissent à rien de bon. Il faudrait supprimer le pays pour supprimer les désordres qui le désolent. Mais les troubles du Fiumorbo durent encore que renaissent les troubles de la Balagne. L'impuissance de l'autorité a donné du courage à tous les factieux pour qui le moment est venu d'agir au grand jour. Saliceti quitte le Fiumorbo et gagne la Balagne. Il y transporte ses commissions militaires en même temps que ses troupes. Mais là son pouvoir a du succès. Le pays est moins enfiévré, les esprits sont moins surexcités ; les populations sont moins belliqueuses aussi. Il convient de prendre là une revanche de l'échec de Fiumorbo. Elle est injuste. Mais qu'importe !

L'homme ne frappe que là où il est le plus fort ! Et ses coups
sont d'autant plus violents qu'ils sont portés en compensation d'une défaite. Aussi Saliceti se félicite-t-il de prendre
en Balagne d'horribles représailles. Il ne parle plus de
conciliation. Elle y eut peut-être été entendue ! Est-ce qu'on
parle de conciliation là où on est sûr que par le fer on est
victorieux ? La conciliation n'est qu'une forme de l'impuissance quand elle n'est pas l'aveu d'une faute. Le farouche
conventionnel qui a juré haine à la tyrannie, et qui s'est
pourtant associé à toutes les tyrannies de la Terreur, se
sent ici le plus fort. Il ne veut plus de la conciliation. Il ne
se sent même pas une âme corse en face de ces corses
vaincus. Il se montre envers eux plus implacable que les
Sionville et les Narbonne, ces deux proconsuls de Louis XV
qui ont eu l'excuse d'assurer l'annexion au nom du Roi et
d'avoir opéré sur « l'ennemi ». Ce faux puritain a rempli de
gibets le territoire de la Balagne, et l'œuvre de ses *commissions militaires* n'a pas suffi à satisfaire ses vengeances. Il frappe le pays d'une contribution de guerre de deux
millions. C'est la répression la plus rigoureuse qui ait été
appliquée en Corse depuis les temps connus, y compris le
temps des Gênois. Et c'est un corse qui l'a ordonnée, qui
l'a fait exécuter. Et de toutes ces voix insulaires qui se sont
élevées pour flétrir les exactions des Ligures, pour protester contre les tyrannies des premiers gouverneurs français,
pour condamner l'œuvre de Morand, aucune ne s'est fait
entendre pour dénoncer à l'opinion et à l'histoire les rigueurs inouïes de Saliceti. Tant il est vrai que les hommes
sont partout les mêmes et que la haine et l'intérêt trouvent
toujours parmi eux d'éhontés complices !

Cette pauvre Balagne paya cher cette révolution qu'elle ne
devait pas renouveler. Après avoir perdu une partie de ses
enfants, elle fut envahie par les agents du fisc qui l'acca-

blèrent de sévices de toutes sortes en vue de faire rentrer au trésor l'énorme imposition de guerre. Elle ne put en verser que le quart. Et encore attendit-on plusieurs années pour le recouvrer. Renucci rapporte que les dernières sommes furent versées à la Restauration.

L'incapacité de Saliceti fut telle que l'anarchie régna dans l'île. Celle-ci tomba au pouvoir du commandant de la 23e division militaire, devenu le général Ambert. Un rapport adressé au Premier Consul par tous les membres de l'administration du Golo — s'il n'est pas mensonger — nous renseigne à cet égard.

13 frimaire an VIII.

« Le général foulant aux pieds les lois et la Constitution ne connaît d'autre règle que sa volonté. Il ne parle jamais que de ses pouvoirs illimités pour en imposer aux âmes faibles. Fidèle à son système d'oppression, il ne cherche qu'à alimenter les partis pour les mieux *despotiser (sic)* ; et pour donner un air de régularité et de justesse à ses formes oppressives, il a déclaré tout le département en état de siège, sans nécessité et sans consulter l'administration. Par ce moyen, dont il se sert principalement pour avilir les autorités constituées, il s'arroge tous les pouvoirs, et les commandants des places, suivant son exemple, s'immiscent dans toutes les fonctions et n'exercent qu'actes d'autorité. » (1)

Dans les finances, c'était bien autre chose. Les dilapidations étaient universelles. C'est le préfet du Golo, Pietri, un insulaire encore, qui va nous renseigner par le rapport qu'il adressera au Premier Consul, le 9 Brumaire an X, et où il dira :

---

(1) Arch. AF iv, 1054.

« Le bien du pays exige un grand remède, mais tels sont les replis des dilapidateurs qu'il me paraît nécessaire un ordre sévère de votre part pour qu'aucun obstacle n'arrête l'administrateur général (Miot) dans la répression des abus et dans le rétablissement de l'ordre. » (1)

Les nouvelles de l'insurrection corse exaspèrent le Premier Consul. Il est maintenant le maître et c'est à lui qu'il appartient de prendre des mesures à l'égard de l'île natale. Ses terribles intentions s'expriment en une courte phrase : « Il faut que cela finisse ! » Déjà il songe à Morand. Il cherche dans son entourage « l'homme à poigne » qui devra aller là-bas faire respecter l'autorité de la France et le règne de la loi. Le hasard lui présente Miot. C'est un palliatif. Bonaparte se souvient que Miot a déjà gouverné la Corse, qu'il connaît par conséquent le pays, qu'il sait le remède convenant à sa situation troublée. Il appelle l'ancien administrateur général, s'entretient avec lui :

« Le 22 Brumaire, je me trouvais chez le Premier Consul. Il me prit à part et, après une longue conversation, il finit par me proposer de retourner en Corse. Il avait, me dit-il, l'intention d'y suspendre l'empire de la Constitution (13 novembre 1799 »). (2)

Ce n'est qu'un premier entretien. Le second sera plus décisif. Le Premier Consul a tant de choses en tête qu'évidemment celles de son pays ne peuvent l'absorber entièrement. La France y perdrait. Il n'y pense que lorsque arrivent à ses oreilles les doléances de ses ministres. Bonaparte est susceptible. Il rougit des faits qu'on lui dénonce ! Les corses traîtres, les corses assassins ! De sa naissance, il en sent comme une honte qui rejaillit sur lui. Ses ennemis se riront de son origine émanant d'un peuple aussi

---

(1) *Arch. Nat.*, AF IV, 1054.
(2) Miot de Mélito : *Mémoires.*

sauvage, aussi perfide, aussi peu Français ! S'il adopte en France une mesure de violence, même la plus légitime, elle sera entachée de passion parce qu'elle aura été prise par « un corse », c'est-à-dire par « un sauvage ». Cela se dira après l'affaire du duc d'Enghien. Il sera le « corse aux cheveux plats » de Barbier, l' « ogre de Corse » de la Restauration.

Quand des flagorneurs voudront lui rechercher une noblesse généalogique, il ne leur répondra pas qu'elle vient d'Ajaccio, d'une famille corse. Non. Il dira qu'elle « remonte à Brumaire ». C'est à ce moment qu'il sent le plus le poids de sa naissance. Elle constitue comme une tare indélébile qui devra servir les entreprises de ses détracteurs. Il donnerait beaucoup pour l'effacer. Mais s'il ne peut rien sur le passé, il préparera l'avenir. Il faut que la Corse se rachète par une éducation de sacrifices, qu'elle se lave, se purifie de ses hontes, et qu'elle s'élève à la hauteur des départements auxquels elle a l'honneur d'être rattachée. Il peut l'aider dans cette œuvre. C'est même pour lui un devoir. Il le comprend. Il s'en acquittera. Où est Morand ? Non, voici Miot.

Dès le premier jour que Miot est tombé sous ses pas, il l'a arrêté. « Parlez-moi donc de ce que vous avez fait là-bas, de ce qu'on pourrait y faire. Je veux que vous y retourniez. » Ah ! l'entretien dut être intéressant ; combien plus ne le serait-il pas pour nous aujourd'hui. Pourquoi Miot ne nous l'a-t-il pas rapporté ? Il veut suspendre l'empire de la Constitution. Bien. Mais quelles sont ses plaintes et ses intentions nettes ? Le confident nous les donne à entendre par les recommandations que lui fait son haut interlocuteur :

« Avant mon départ, dit-il, j'eus plusieurs entretiens avec le Premier Consul dont je reçus les diverses instructions sur la conduite que j'avais à tenir. Il désirait qu'après avoir ramené la paix dans son pays, j'y exerçasse une salutaire influence sur les mœurs et les habitudes de ses compatriotes. »

Bonaparte faisait deux parts dans ses projets à l'égard de la Corse. L'une intéressait le pays, l'autre les habitants. Le pays avait conservé son enthousiaste admiration. Il l'aime. C'est un sentiment vivace qui ne s'éteindra jamais dans son cœur. Il l'accompagnera à Sainte-Hélène. C'est même là qu'il éclatera en accents émus devant le *dottoraccio* (1).

« Ah ! docteur, quel souvenir m'a laissé la Corse. Je jouis encore de ses sites et de ses montagnes ; je la foule et je la reconnais à l'odeur de ses maquis. Je voulais l'améliorer, la rendre heureuse, mais les revers sont venus. Je n'ai pu effectuer les plans que j'avais formés ! » (2)

L'empereur se montre pour lui-même plus sévère que ses ennemis. S'il est exact qu'il ait prononcé ces paroles — il faut toujours se montrer circonspect à cet endroit — il oubliait les pouvoirs qu'il avait accordés à Miot et l'œuvre bienfaisante que celui-ci avait, en son nom, répandue en Corse. Il ne se rappelait pas cette époque trop courte, — comme toutes les belles époques — où Miot s'était présenté dans l'île au nom du 1er Consul et y avait répandu à pleines mains les avantages de la science, de la civilisation, de la paix. Trois années d'efforts inouïs, — mais stériles — pour donner aux insulaires le goût des lettres, l'amour de la terre, pour faire naître et protéger parmi eux le commerce,

---

(1) C'est un terme affectueux dans la bouche de Napoléon, comparable à ses pincements d'oreille, et qui veut dire « mauvais docteur ».

(2) Dr Antomarchi : *Mémoires*. Il convient de faire remarquer à cette place que Madame Mère envoya trois corses à Ste-Hélène, mais qu'elle n'eut garde d'envoyer à son fils un Ajaccien. *Aucun des Corses de Ste-Hélène ne fut natif d'Ajaccio.*

l'industrie, l'agriculture, les arts. Ah ! les douleurs de l'exil et celles du martyr avaient-elles donc à ce point affaibli la mémoire de Napoléon, qu'il n'y eut plus eu de place pour le bien que Bonaparte avait fait à son pays ? « Non, Sire, vos reproches à vous-même pour ce qui est relatif à la Corse sont injustes . »

C'est Miot qui va rappeler ce souvenir et répondre aux allégations du « dottoraccio » :

« Je m'engageai volontiers à seconder le 1er Consul dans des vues si nobles et si généreuses, et quoique je ne pusse me dissimuler les difficultés de cette mission (les missions bienfaisantes étaient donc malaisées dans ce pays?) plusieurs révoltes sérieuses ayant éclaté dans l'île depuis le départ des Anglais, je sentis mon courage s'animer par l'espérance de produire quelque bien. »

Miot arrive dans l'île. Il débarque à Calvi le 25 mars 1801. Il est à Ajaccio le 31 du même mois. Joseph a voulu coopérer à l'œuvre de son frère. C'est une participation de toute la famille Bonaparte au relèvement de la terre de Corse. Le Premier Consul accorde Miot. Lucien cède 6000 volumes pour la bibliothèque d'Ajaccio, à former. Joseph donne de sa personne ; il a fini de relever la maison paternelle et il l'offre en jouissance à l'envoyé de son frère pour tout le temps qu'il passera en Corse. Il l'accompagne même dans son voyage afin de lui faciliter sa tâche et d'associer ainsi son nom, sa famille et sa maison à cet évènement patriotique, qui devra marquer dans l'histoire de son pays.

Robiquet, qui fut ingénieur en chef de la Corse vers 1830, se joint à Miot pour attester l'œuvre de Napoléon dans son pays. Il nous a laissé un véritable monument d'érudition sur les choses insulaires et c'est dans son livre remarquable que nous cueillons cette observation faite avec l'autorité d'un haut fonctionnaire et d'un écrivain indépendant:

« Le premier empire a dépensé en Corse pendant huit années, de 1806 à 1814, non compris les appointements des ingénieurs, des conducteurs et agents de toutes sortes, la somme de 274.000 francs (1). Pendant les seize années de la Restauration, il n'y a été dépensé que 129.000 francs. On a donc eu tort de dire que Napoléon n'a rien fait pour son pays. » (2)

Miot (3) a cru sincèrement que la seconde mission allait régénérer le pays. Il lui était en effet difficile de penser que tant d'efforts et de bonne volonté pouvaient rester stériles. Les six mille volumes de Lucien ne produisirent qu'un médiocre enthousiasme. La ville d'Ajaccio n'avait que faire de tant de livres. Elle n'avait appris à apprécier que les livres sterling ! Elle n'accepta ceux-là que pour les reléguer dans les combles du grand séminaire où ils furent oubliés trente ans et plus. Ce ne fut qu'après l'inauguration de l'hôtel-de-ville en 1835, que la bibliothèque de Lucien, à moitié dévorée seulement... par les rats, fut installée convenablement et mise à la disposition du public qui d'ailleurs n'en usa que médiocrement (4). A Ajaccio on n'a pas le temps de lire ! Miot avait amené avec lui un pépiniériste en vogue, Noisette. Ce savant fonda les jardins botaniques d'Ajaccio et de Bastia qui ne provoquèrent aucun intérêt. Les gens qui détestaient la culture simple de la terre ne pouvaient pas se passionner pour

---

(1) Cette statistique est encore inexacte. Robiquet déclare en effet que la seule route forestière du port de Sagone à la forêt d'Aïtone coûta 470.000 fr. pendant les années 1811 à 1813. Elle fut ouverte par le général Berthier.

(2) La perfide ingratitude d'Antomarchi a servi d'argument à bien d'autres corses qui ont aussi reproché à Napoléon son indifférence pour l'île natale. Pour être justes ils eussent dû la reconnaître seulement pour ses compatriotes. Ceux-là, c'est vrai, il ne les aimait pas.

(3) «Napoléon I n'a guère fait pour son pays qu'une fontaine et une promenade. » Simonot: *Lettres de Corse*, 1819, p. 30.

(4) *Les Ephémérides Ajacciennes.*

celle qui exigeait des soins. Ils aimaient mieux des emplois que toutes les graines de Noisette et de Miot réunis. La pépinière les laissaient bien indifférents. Ils méprisent encore ce qui n'est aucune source de profit matériel et immédiat, le corse n'entendant rien aux jouissances morales et artistiques. La culture du coton fut inaugurée à ce temps et malgré les beaux résultats qu'elle donna, sur les essais tentés seulement par des « Français » (1), elle ne fut point poursuivie. Celle de la cochenille eut le même sort ; elle eut cependant ceci de remarquable qu'elle acclimata en Corse le cactus, qui se répandit beaucoup depuis, grâce à la grande indépendance où cette plante se tient de l'assistance des hommes, car elle vit sobre et dans les lieux stériles. Miot s'employa, avec une persévérance que ne parvinrent pas à lasser l'indolence et les injustices des insulaires, à répandre dans le pays du Premier Consul et en son nom, tous les bienfaits du progrès. Pour que son œuvre fut réelle et durable, il prit en conformité des vœux de Bonaparte des arrêtés restés célèbres où il atténue certains droits de douanes, d'enregistrement et de succession. Il supprime totalement les taxes des contributions indirectes, assurant ainsi à la Corse un revenu annuel d'un million de francs environ qui resteront dans l'île, au détriment du trésor, pendant la durée d'un siècle.

C'est donc un cadeau de cent millions que Miot fit à la Corse au nom de Bonaparte, rien qu'au moyen de ses seuls arrêtés (2).

---

(1) Robiquet cite M. Bosc qu'il qualifie de « Français », comme ayant fort bien réussi une plantation de coton. Il ne fut pas imité.

(2) « ... je laisse le pays généralement tranquille, affectionné au gouvernement et jouissant de l'avantage des améliorations qu'il vous doit. » Miot au 1er Consul, 1er Brumaire, an XI. (Arch. nat. AF iv 1054)

Et Napoléon n'aurait rien fait pour la Corse? Quelle fut la reconnaissance du pays natal au moment même où s'exerçait cette bienfaisance? Miot va vous la dire :

« J'eus lieu de reconnaître que la Corse était un des pays où Bonaparte, quoi qu'il y fut né, avait rencontré le moins de docilité pour l'exécution de ses projets et si tous les départements de France eussent été animés du même esprit que ceux du Golo et du Liamone, sa rapide élévation eut peut-être rencontré plus d'obstacles. »

On vote pour conférer au Premier Consul le pouvoir à vie.

« A l'exception des fonctionnaires publics dont le vote est obligé, on montra peu d'empressement. Ses registres ne s'emplirent que lentement. Il y eut même un assez grand nombre de votes négatifs. »

Voilà comment les corses reconnaissaient les bienfaits de Bonaparte.

Enfin l'œuvre de Miot restait incomplète, inachevée si le pays n'était pas expurgé du fléau du banditisme, source de tous ses maux. Le représentant du Premier Consul connaît cette plaie hideuse. Il va s'employer à la panser, dut-il pour la guérir employer le remède du fer rouge.

« Mais malgré la soumission de la Balagne et les nombreuses condamnations par la *commission militaire* que Saliceti avait instituée, le pays était loin d'avoir recouvré sa parfaite tranquillité. Des hommes condamnés et qui avaient échappé à l'exécution de jugements rendus contre eux, s'étaient réfugiés dans les montagnes et infestaient le pays soit par des brigandages, qu'ils exerçaient indistinctement contre les voyageurs, soit par des vengeances personnelles auxquelles ils se livraient. On ne pouvait faire un pas sans une escorte et souvent il fallait envoyer un détachement de cinq ou six hommes pour porter une lettre d'un poste à un autre. »

Le pouvoir civil était impuissant à agir ; le pouvoir militaire trop prompt. Il fallait trouver un pouvoir mixte qui, libéré à la fois de la pusillanimité des jurés et de la rigueur des commissions militaires rétablit l'ordre normal sans défaillances comme sans abus. Miot l'a trouvé :

« La Corse ramenée, à l'expiration de ma première mission, sous l'empire de la constitution de l'an III, avait été gouvernée, pendant tout le temps que dura cette Constitution, par les administrateurs du département dont les membres avaient été choisis presque exclusivement parmi les habitants de l'île. Les élections, disputées quelquefois les armes à la main entre les divers partis qui divisaient les familles les plus puissantes par leurs richesses ou leur clientèle, avaient été constamment le prétexte et l'occasion de troubles souvent sanglants. Les élections faites, le parti triomphant, usant de son autorité pour se venger de celui qui l'avait combattu et multipliant les vexations et les injustices, finissait par pousser la population à des révoltes ouvertes. » (1).

Voilà dévoilé au grand jour le secret de toutes les luttes corses, que des historiens en foule ont attribué à la soif de liberté et d'indépendance ! C'est la passion des clans pour la conquête du pouvoir, et dans l'intention formelle, instinctive, immuable, d'en user pour le mal, pour écraser non l'étranger, mais le rival. Les corses descendant des Ligures, il n'est rien d'étonnant qu'on retrouve dans la colonie gênoise la trace de ces luttes pour le *dogat* et le *capitanat*, entre les Fieschi et les Grimaldi d'une part, entre les Spinola et les Doria d'autre part, qui tant de fois se combattirent et livrèrent la patrie au sabre de l'étran-

---

(1) La famille Arena, entre autres, détient en Corse par les élections fraudées, une puissance pernicieuse. Les calomnies dirigées contre moi viennent de ce que je n'ai pas voulu m'agenouiller devant elle. » — Général Vaubois au Ministre de la Guerre *(Arch. nat.* F 1 III.

ger. Les corses veulent se tuer d'abord ; après eux le pays aura le sort qui lui sera fait et qui leur importe peu.

« L'institution du jury en Corse avait ôté tout moyen de punir les crimes. Divisés d'opinion ou de parti, en même temps liés presque tous entre eux par des rapports de famille, les habitants accoutumés, depuis l'époque la plus reculée de leur organisation sociale, à venger eux-mêmes leurs injures et à se transmettre, de génération en génération, le soin de leur vengeance, attachent même un point d'honneur sacré à l'acquit de cette dette. »

Miot suspend l'empire de la Constitution en vertu des pouvoirs qui lui sont donnés. Il supprime d'un trait de plume l'institution du jury. Puis il forme un tribunal exceptionnel. C'est le premier pas déjà fait vers la dictature de Morand. Un proverbe a dit que c'est toujours « celui qui coûte ». Il se vérifie ici. Désormais la voie est ouverte. C'est Miot qui la tracera à Morand. Une collaboration s'opèrera entre eux sous l'œil bienveillant du Premier Consul à qui, on le sait, les mesures énergiques ne répugnent pas pour la rédemption insulaire comme pour celle de la France.

Miot compose son tribunal criminel de la manière suivante : il comprendra neuf juges dont un président, deux citoyens choisis parmi les plus éclairés, trois officiers en activité de service du grade au moins de capitaine et deux juges siégeant déjà aux tribunaux ordinaires. Il sera complété par un commissaire de gouvernement, un substitut, un greffier. Ce tribunal, siégeant à Ajaccio, devait juger sans appel.

Et cela, sans préjudice des commissions militaires, qui continueront comme par le passé à juger du crime de trahison envers l'état.

Le tribunal criminel prête serment, le 30 avril 1801, à

Bastia entre les mains de Miot, représentant du Premier Consul en Corse. (1)

Cette institution paraît tout d'abord n'avoir été faite qu'au détriment du pouvoir civil. En y regardant de près, elle touche plus profondément le pouvoir militaire. Devant l'incapacité dont avaient fait preuve Saliceti et ses agents dans les dernières années du Directoire, l'autorité militaire avait peu à peu pris le dessus. Elle commandait. Les généraux Belgrand de Vaubois, Ambert et Müller, qui avaient été durant des années les commandants successifs de la 23e division militaire, s'étaient trouvés en perpétuel état de campagne. La lutte contre la rébellion ne leur avait donné aucun moment de répit. Le contact que leurs troupes avait eu sans cesse avec l'ennemi de l'intérieur leur avait fort légitimement persuadé que là, du moins, « les toges avaient cédé aux armes ». Et de façon courante, sans rencontrer d'entraves du côté du pouvoir civil, les commissions militaires avaient jugé, condamné, exécuté, exercé la justice criminelle du pays.

La juridiction nouvelle de Miot apparut donc comme une atteinte portée au droit du général commandant en chef et aux officiers placés sous ses ordres. Un conflit même ne tarda pas à éclater qui mit à nu la division qui existait entre les pouvoirs civil et militaire. L'administra-

---

(1) A son début, il fut composé de la manière suivante : 1° Président Boerio, ancien député ; 2° Jean Suzzoni, de Cervione ; 3° J.-M. Ponte d'Ajaccio, tous deux juges au tribunal d'appel ; 4° Hamel, général commandant la place d'Ajaccio ; 5· Tieffe, chef de bataillon ; 6· Peretti, capitaine de gendarmerie ; 7· Castelli, ancien magistrat ; Ferri-Pisani, d'Ajaccio. Ces deux derniers notables. Le Commissaire du Gouvernement fut Stefanini, de Bastia, alors conseiller de préfecture du Golo. Ce tribunal extraordinaire fut légèrement modifié dans la suite, mais se maintint jusqu'à la Monarchie de Juillet. Le Jury ne fut donné à la Corse que par Louis-Philippe en 1831. (Renucci : *Storia di Corsica*).

teur général n'était pas homme à reculer devant une mesure que rendait nécessaire le respect de son autorité naissante. Le général baron Müller était à ce temps le chef de la 23e division militaire. A ce titre, il semblait favoriser l'attitude équivoque de l'armée envers le représentant du gouvernement. Il était à la tête d'un parti de mécontents. Miot prit résolument un arrêté qui renvoyait le général sur le continent, à la disposition du ministre de la guerre. (1)

---

(1) Miot au Premier Consul, 8 Vendémiaire an X.
        (Au sujet du général Müller,)

« ...Le plan de me perdre était évident. Il se vantait publiquement d'avoir pris à l'armée d'Italie l'engagement de me faire repentir d'avoir apporté les pouvoirs que vous m'avez confiés. Une plus longue patience de ma part eût été vraiment m'en déclarer indigne. J'en ai usé avec fermeté, mais avec modération. Le général Müller est le seul qui connaisse l'arrêté que j'ai pris. Il a mis lui-même à l'ordre du jour son départ pour Paris et la remise de son commandement au général Casalta. Il ne tient qu'à lui de faire croire qu'il est appelé directement par le Ministre, et, de cette manière, le militaire ne peut aucunement être blessé. Je lui ai indiqué Paris comme le lieu où il doit se rendre. Il m'a paru convenable de lui laisser les moyens de s'expliquer avec le Gouvernement et de se justifier en m'accusant, s'il le juge à propos. Vous prononcerez entre lui et moi. »

Arrêté : (12 fructidor an IX.)

ART. 1er. — Le général Müller, commandant la 23e division militaire, se rendra directement à Paris près du ministre de la guerre, pour y recevoir les ordres de son gouvernement.

ART. II. — Le général de brigade Casalta commandera provisoirement, à dater de ce jour, la 23e division militaire et le chef de brigade Constantini, la subdivision du Golo. — André-François Miot.

(*Arch. nat.*, AF ɪᴠ, 1054.)

Le général Müller au Premier Consul,

Bastia, le 24 fructidor an IX

« Ci-joint un arrêté pris ces jours-ci par Miot, relativement à la besogne accomplie par son frère, inspecteur aux revues. Vous y verrez, citoyen ministre, le degré de considération qu'il porte à notre habit et s'il est possible à un général auquel le gouvernement a confié un commandement assez conséquent et duquel la partie est absolument distincte, de ne pas se plaindre. Les troupes qui sont en Corse ne sont pas, que je sache, hors de la Constitution, et le gouvernement ne m'a pas imposé le devoir d'obéir à l'administrateur. Je n'ai pas mis l'arrêté à l'ordre comme il l'ordonne, mais j'ai expressément exigé par un ordre que les revues se fassent. » (Guerre : *Arch. hist.*)

Ce général devait être remplacé par Morand.

Telle est rapidement esquissée la situation de la Corse durant la période qui suivit la reconquête jusqu'à l'arrivée du général Morand. Il se dégage de cet exposé :

1º Que la Corse regrettait l'occupation anglaise, et que manifestement elle en désirait le retour, ainsi que d'ailleurs, devaient le prouver les évènements de 1814 ;

2º Que la seconde mission Miot, qu'ordonna le Premier Consul comme la marque la plus féconde et la plus durable de sa tendresse envers son pays natal, n'avait été d'aucun profit pour la civilisation insulaire ;

3º Que les troubles intérieurs dont cette île souffrait autant que les nécessités de la défense nationale devaient légitimer la formation d'un pouvoir extra-constitutionnel destiné à la fois à rattacher la Corse à la France et à hâter sa civilisation.

Lorsque Miot rentre à Paris et que, pour la première fois, il se présente à Bonaparte, c'est par un reproche qu'il est accueilli :

« Le Premier Consul, en effet, prétendit que j'avais été trop bon, que je m'étais trop occupé de conciliation et de rapprochements, et qu'un peu de sévérité eût été mieux (1) ».

---

(1) Miot : *Mémoires*.

La Conspiration d'Ajaccio

(avant le jugement.)

> « Il n'y a en Corse que deux partis :
> l'anglais et le français. »
> Le conseiller Réalier-Dumas. *(Mémoire
> sur la Corse*, 1819.)

Le général Joseph Morand est nommé au commandement de la 23e division militaire de la Corse par décret du
22 juillet 1801. C'était un officier sorti du rang, comme la
plupart de ces héros qui ont illustré les armées de la Révolution et de l'Empire. Il était né à Allemans, en Dordogne, le 18 juillet 1757. Son entrée dans l'armée s'était effectuée en 1774, dans le régiment de Guyenne. Au moment
où il arrivait en Corse, le jeune engagé volontaire était
donc âgé de quarante-quatre ans. En moins de vingt-huit
ans il avait conquis tous les grades à la pointe de l'épée,
jusqu'aux plumes de général de division. Sa carrière avait
été belle. Nous publions ses états de service à la fin du
volume dans l'état où nous les avons trouvés à son dossier
de la guerre.

Dès que la calomnie corse commence à s'occuper de lui,
ses titres militaires sont méconnus. Un auteur moderne
qui s'est fait involontairement l'écho de ces calomnies,

pour défendre les corses, a mis regrettablement en doute la valeur de Morand (1.) Il l'a ironiquement rapproché de son homonyme, l'autre général Morand, qu'il appelle « le héros d'Austerlitz ». Le Morand de Corse, lui, n'est qu'un obscur « collaborateur de Fouché ». Voilà comment le plus souvent on écrit l'histoire ! Quand on n'est pas soi-même en proie à l'aveuglante passion, c'est la passion des autres qu'on épouse et que l'on sert. La haine est conta-gieuse plus encore par la plume que par la parole. Et il n'est pas rare qu'un écrivain dénature la vérité en toute bonne foi, pour ne pas se soucier de contrôler les propos de ses devanciers. Il trompe à son tour la postérité. Il donne du crédit à la honteuse calomnie et, partant, l'aide à se camper dans l'histoire à la place de la vérité. C'est une erreur de tous les jours et les hommes n'apprennent rien !

Quand de deux hommes, portant le même nom, il en est un qui arrive à se distinguer, sa gloire s'élabore au détri-ment de l'autre. C'est entendu. Mais on ne saurait trouver dans cette observation la preuve que l' « autre » est dénué de mérite. On pourrait tout au plus arguer que son rival a eu plus de chance que lui. Il arrive des fois que c'est, au contraire, le mérite qui reste dans l'obscurité. Je n'entends rien enlever à la gloire du « héros d'Austerlitz et de la Moskowa » (2). Je voudrais seulement qu'on ajoutât plus de justice à celle du Morand de la Corse. Il ne fut pas sans énergie, sans talent, sans courage et pour ceux qui savent

---

(1) Maurice Jollivet : *Napoléon et ses compatriotes*. (*Revue de la France moderne* de 1900).

(1) Morand (comte Charles-Alexis) général et pair de France, né en 1771, à Pontarlier, mort en 1835, à Paris. Grand croix de la Légion d'honneur. Héros d'Austerlitz, d'Eylau, de la Moskowa, de Waterloo. Il fut aimé de Napoléon et lui resta fidèle. La Restauration le fit condamner à mort par contumace. Son procès a été revisé en 1819, et il fut acquitté par ses pairs.

quel prix avaient ces seules qualités dans les armées de l'empereur, il n'est pas douteux que le Morand qui nous occupe n'ait été du bois dont Napoléon faisait ses maréchaux et ses ducs. Le sort lui donna seulement une scène différente de celle où opérèrent ses camarades. Ce ne fut pas sa faute. On sait bien que tous les chemins mènent à Rome ! On ne peut étendre ce proverbe aux scènes de la vie et dire que, toutes, elles portent à la célébrité. Cependant on peut observer que les deux Morand se confondirent dans la même destinée. Ils servirent avec zèle et fidélité la France et l'empereur. C'est, à nos yeux, assez pour qu'un même sentiment d'admiration nationale les enveloppe tous deux, le Morand d'Austerlitz et celui de la Corse ; ils se sont montrés également dignes d'illustrer nos fastes militaires et d'être cités avec un égal respect par ceux qui ont le culte de la patrie.

Au moment où il fut désigné pour la Corse, Morand (Joseph) était commandant de la place d'Alexandrie. Il avait tour à tour commandé celles de Cambrai, de Metz, de Paris. Ce n'était pas un inconnu dans l'armée d'alors. On y savait sa fermeté. Ce dut être cette qualité qui arrêta sur lui le choix du Premier Consul lorsqu'il donna un successeur à Müller.

On sait que Bonaparte avait déjà une pensée « de derrière la tête ». C'était de doter son pays d'un chef militaire que ne décourageât point la mission spéciale dont il méditait de le revêtir.

Avant de partir pour la Corse, Morand s'en fut recevoir les instructions du Premier Consul. C'est lui-même qui mentionne ce fait dans une lettre que nous verrons plus loin. Mais il ne rapporte point les propos de Bonaparte. Il les laisse seulement pénétrer. Il n'eut pas la chance de Miot qui, lui, put un jour écrire ses mémoires et se défendre. Les guer-

riers de ce temps n'avaient pas le temps d'écrire. Nous
devons particulièrement regretter ceux de Morand. Il mourut trop tôt. Nous y eussions trouvé une fière réponse à ses
passionnés détracteurs dont la « hardiesse » ne s'est fait
jour, prudemment, qu'un demi-siècle après sa mort. Il eut
été particulièrement curieux pour nous de saisir les vues
du Premier Consul sur la situation de son pays et les observations qu'elle lui suggérait. Cependant, il nous reste l'assurance avec laquelle Morand sut accomplir son œuvre et
résister aux entraves que lui suscitaient les personnages
les plus haut placés. Un jour il nous dira qu'il « sait les
intentions « du Premier Consul et qu'il passera outre » aux
difficultés que lui soulève le préfet Arrighi. Plus loin, dans
une circonstance critique, au moment où ses exécutions
commencent à provoquer des plaintes, des récriminations
passionnées, Morand retrouve le Premier Consul tel qu'il
l'a vu à Paris, l'encourageant par une lettre pleine de félicitations et de marques de contentement « Bravo Morand ».
Ceux qui ont jeté l'opprobre sur Morand, sur la tâche accomplie par lui en Corse se sont donc montrés injustes envers
sa mémoire. C'est à Bonaparte qu'il revenait !

Ils ont craint de remonter jusqu'à l'auteur de Morand.
Ils ont lâchement immolé l ouvrier alors même qu'il était
expert, à cause encore de cela, en feignant d'ignorer
l'architecte dont il avait exécuté fidèlement le plan !

Le nouveau commandant de la 23e division militaire
arriva à son poste le 26 floréal an 10, (16 mai 1802.) C'est lui-
même qui nous en informe, par une lettre qu'il adresse au
ministre sur son arrivée mouvementée au siège de son
commandement.

« Je suis arrivé au quartier général, à Ajaccio, le 26 du
courant. Ma traversée n'a pas été des plus heureuses. J'ai
essuyé une tempête horrible. Le bâtiment qui m'a trans-

porté ainsi que mon état-major a été entièrement démâté ;
tous nos équipages ont été jetés à la mer. Poussé par la
seule violence des vents, sans mâts ni voiles, j'ai été jeté
miraculeusement sur les côtes de Corse après une traversée
de 27 heures. Je vais m'occuper incessamment, citoyen
ministre, de l'inspection générale des troupes de la
23e division militaire et comptez sur le zèle que je mettrai
dans cette opération importante » (1.)

Cette arrivée si accidentée eut dû être d'un mauvais
présage. Morand n'en a cure. Il n'est pas superstitieux, du
moins il n'en laisse rien apparaître, ni dans cette circonstance, ni dans celles qui vont suivre. Au débarqué, il prend
immédiatement contact avec les troupes placées sous ses
ordres (2).

Puis il se lie avec les autorités civiles.

Un autre serviteur de la France se trouve déjà dans ce
pays. C'est Miot. Il a rempli une grande mission. Il a réor-
ganisé la Corse sur une base solide, faite de sévérité et de
conciliation. Mais cet administrateur général est las. Il lui
tarde de rentrer en France. Il y a déjà envoyé ses enfants

(1) Archives administratives de la guerre. Dossier Morand.
(2) *Situation militaire de la Corse en l'an X.*
Commandant en chef : Général de division Morand avec, pour aides-
de-camp : MM. Bagueris, chef de bataillon, Dewit et Casabianca, capi-
taines.
Généraux de brigade : MM. Casalta, à Bastia et Sibaud, à Ajaccio.

Effectifs

Golo		Liamone	
Bastia	1443 hommes	Ajaccio	668 hommes
Calvi	217 —	Vico	34 —
Cervioni	77 —	Bonifacio	75 —
Ile Rousse . . .	78 —	Sartène	76 —
Vescovato . . .	143 —	Bocognano . . .	64 —
	1999 hommes		916 hommes
		Porto-Ferrajo . .	541 hommes

Total 3456, sans compter la gendarmerie

Guerre : *Situation des divisions.*

auxquels « le séjour de Corse était gravement préjudiciable en vue de leur éducation. » Il songe à rentrer aussi. Il est moins fatigué de la besogne accomplie que des luttes qu'il lui faut soutenir pour défendre son honneur contre la calomnie insulaire. Morand a en lui un conseiller et un ami. Ils étudient ensemble la situation de la Corse. Ils y voient les maux dont elle souffre, les remèdes dont il est nécessaire qu'on lui fasse l'application. Peut-être ont-ils observé de concert que le pays du Premier Consul coûte cher à la France. Songez-donc, le personnel de deux départements pour administrer une île sauvage, qui n'a aucun commerce, aucune industrie et dont la population rebelle à la justice, au travail et à la civilisation, ne vit que de pensions et d'emplois publics, ou bien de rien. Et, avec cela, presqu'un corps d'armée, avec trois généraux, pour maintenir l'ordre ! Quels doux propos, dès ce moment, n'ont-ils pas qualifié le pays que, cent ans plus tard, nous retrouverons honni, bafoué, méprisé, pour son assimilation tardive des coutumes de France et du caractère français.

Miot et Morand sont d'accord. L'administrateur général mentionne qu'il vit « dans une parfaite harmonie » avec le commandant de la 23e division militaire. Chacun évidemment conserve ses attributions. Mais c'est une harmonie qui ne résout pas les difficultés intérieures. Le calme n'est qu'en apparence. Il ne réside pas au fond. « Le tribunal criminel poursuit son œuvre rigoureuse ; mais les malfaiteurs sont trop ! » La justice régulière en forme tous les jours par les jugements de magistrats inspirés par l'intérêt ou la lâcheté, parfois des deux. De véritables bandes — il n'y a jamais eu de voleurs en Corse ! — parcourent les campagnes, assassinent et volent les voyageurs, font irruption dans les villages, la nuit, ont des correspondants secrets dans les villes mêmes d'où elles sont ren

seignées sur les dispositions de la force armée. D'autre
part, les émigrés font rage. Ils infestent les côtes. Ni la
conclusion de la paix d'Amiens, ni la mort tragique de
Paul I n'arrêtent leurs élans, ne lassent leur énergie.
Beaucoup d'entre eux agissent par pur intérêt, sont à la
solde d'agents secrets qui paient leurs entreprises. D'autres
agissent par pur dilettantisme, par vengeance personnelle contre le Premier Consul, ou par rancœur de voir
la Corse goûter du repos en dehors des lois anglaises.
Tous étaient, sans doute, encore attristés de vivre exilés de
leur pays où ils avaient laissé leurs biens, leurs familles,
leurs habitudes; car à ce temps, dans tous les pays, le patriotisme, celui qui tient, non à un attachement conventionnel, mais à l'amour du sol, était plus tenace que de nos
jours.

La gloire de Bonaparte indiffère les corses. Elle accuse
bien ce trait caractéristique des insulaires dont Beaumont
dit : « Ils sont si orgueilleux que si un matin l'un d'eux se
réveillait à la tête d'un royaume il n'en serait nullement
étonné. Il croirait simplement qu'on lui a rendu justice ! » (1)
Aussi, les triomphes du Premier Consul les trouvent-ils
insensibles. Ils lui préfèrent les Anglais ou même les
Bourbons.

C'est simplement la jalousie qui les travaille. Tous les
corses se sentaient capables de faire ce que Bonaparte
accomplissait. Mais la place était prise !

Les ajacciens surtout ne pouvaient se réjouir. La gloire
du « bastardoni » a dû gonfler à plus d'un le cœur de fiel
et d'envie. Aucun d'eux ne devait s'attendre à la reconnaissance du héros. Quel est celui d'entre eux qui avait fait
quelque chose pour favoriser « son arrivée » ? Si donc ils

(1) Beaumont : *Observations sur la Corse*, 1821.

ne devaient point participer aux faveurs de ce nouveau
distributeur d'emplois, quel profit devaient-ils recueillir
d'une allégresse bruyamment manifestée ? Et puis encore
ces triomphes de « l'ajaccien » ne devaient-ils pas gêner
considérablement un peuple qui ne palpitait qu'au souvenir de l'occupation anglaise ? Plus Bonaparte s'élevait dans
la nation républicaine et plus hélas ! devaient être ruinées
les espérances en un retour britannique. Il y avait plus.
Loin de songer à favoriser la carrière de « l'enfant prodigue
de la gloire », successivement les ajacciens l'eussent brisée par attachement à la dynastie des Bourbons ; car ne
sait-on pas que dans le « berceau » de la dynastie impériale, il existe, à ce temps, tout un quartier qui affiche son
attachement royaliste, qui se vante de constituer une
« petite Vendée ». La gloire de Bonaparte, au lieu d'exalter
l'enthousiasme ajaccien, ne fait au contraire qu'activer
l'ictère rongeur de la jalousie locale. Quand l'empereur
tombera, les cœurs alors exulteront à l'envi.

Le Premier Consul savait sûrement tout cela. Il feignait
peut-être de l'ignorer en n'en laissant rien paraître dans
ses discours. Il avait autre chose à faire que de s'occuper
de ces misères. Il méprisait ces petites gens cantonnées
dans l'œuvre de la haine impuissante. Il négligera de leur
faire du mal et toute sa légitime rancune apparaîtra dans
une abstention prudente et judicieuse à l'endroit des faveurs
que poursuivent, malgré tout, ses concitoyens. Il sera trahi
par d'autres ; par eux, non !

Saliceti et Miot ont eu les mêmes vues dans leurs rapports
sur la Corse. Leur avis a été que le pays ne pouvait sortir
de l'ornière de la sauvagerie que conduit et soutenu par
une mesure exceptionnelle. C'est la seule condition de son
salut. Et pour l'atteindre, il faut une justice rapide et im-
partiale, fonctionnant sous la surveillance et l'aiguillon

d'un dictateur. Le népotisme et la lâcheté des magistrats corses sont proverbiaux. C'est là que réside tout le mal. Pour y remédier, c'est à un général qu'il faut confier, pour un temps, le contrôle de tous les services administratifs et judiciaires. Et à cet effet il convient de recourir à un général « français », les Casalta et les Gentili n'ayant que médiocrement répondu à la confiance mise en eux.

C'est aussi l'avis de Napoléon Bonaparte. Mais ce « tyran » avait craint jusque là de se tromper. Aussi n'hésite-t-il plus. Il consulte le Conseil d'Etat ; il élabore avec lui un projet de loi qui met la Corse en dehors de la Constitution, dans un sens plus étendu encore qu'il ne l'avait été pour Miot, et il délègue au général commandant la 23ᵉ division militaire les pouvoirs extraordinaires que voici :

ARRÊTÉ qui règle les attributions du général commandant la 23ᵉ division militaire dans les départements du Golo et du Liamone.

Du 22 Nivôse, an 11. (12 Janvier, 1803)

Les Consuls de la République, sur le rapport du ministre de l'intérieur, le conseil d'Etat entendu : arrêtent :

ART. 1. — Le général de division, commandant la 23ᵉ division militaire, indépendamment des fonctions qu'il a à remplir en cette qualité aura, dans les départements du Golo et du Liamone, seulement, les attributions suivantes :

1º Il veillera à l'exécution exacte des lois et arrêtés relatifs à la police.

2º Il fera arrêter et traduire devant les tribunaux correctionnels, ceux qui contreviendront à ces lois et règlements.

3º Il ordonnera et fera exécuter les désarmements des communes ou familles qui sont prévenues d'assassinats ou d'autres délits contre l'ordre public.

4º Il fera arrêter et traduire les prévenus devant le tribunal criminel.

5e Il décernera des mandats d'amener contre ceux qui sont dans le cas prévu par l'article 46 de l'acte constitutionnel et 53 de l'article 45 du sénatus-consulte du 16 thermidor, an 10.

6º Il donnera son avis sur tous les travaux qui seront proposés et exécutés pour l'ouverture des routes et communications nationales ou vicinales.

7º Il fera exécuter, de concert avec les préfets, les lois sur la conscription militaire et la conscription maritime.

ART. 2. — Pour ce qui est relatif aux délits de police correctionnelle, arrestation et punition des prévenus, les substituts des commissaires du gouvernement, de service près les tribunaux de police correctionnelle, correspondront directement avec le général de division commandant.

Ils seront tenus de lui communiquer toujours la plainte, et ensuite, s'il y a lieu, toutes les pièces de l'instruction et de la procédure, toute les fois qu'il les requerra, ou lorsqu'ils jugeront l'affaire assez importante pour lui en donner connaissance ; le tout cependant sans arrêter la marche de la procédure.

Ils lui adresseront copie du jugement, dans le jour où il sera rendu, soit qu'il condamne, soit qu'il absolve le prévenu, afin que dans ce dernier cas, le général de division puisse s'assurer s'il n'est pas détenu pour autre cause.

ART. 3. — Pour ce qui sera relatif aux délits qui sont dans les attributions des tribunaux criminels ou spéciaux, les relations du général de division commandant auront lieu avec les commissaires du gouvernement près les tribunaux criminels de la manière réglée par l'article précédent.

Art. 4. — Ce qui sera relatif aux mandats décernés par le paragraphe 5 de l'article 1er du présent arrêté, le général de division commandant en rendra compte sans délai au Grand Juge ministre de la justice et au ministre de l'intérieur.

Art. 5. — Ce qui est relatif aux travaux des routes et communications, les préfets et les ingénieurs en chef des Ponts et Chaussées seront tenus de lui communiquer les plans et devis de tous les travaux. Le général de division donnera et enverra sur cet objet son avis motivé au ministre de l'intérieur.

Art. 6. — Le directeur de la poste aux lettres du lieu de la résidence du général de division commandant sera tenu de lui envoyer les lettres et paquets à son adresse, deux heures avant de commencer la distribution générale, et dans le cas où le bateau de poste arriverait et déposerait ses dépêches dans un autre port, ils lui seront envoyés extraordinairement.

Art. 7. — Tout ce qui intéresse l'ordre et la police des deux départements du Liamone et du Golo, les autorités civiles et militaires seront tenues d'en informer immédiatement le général.

Art. 8. — Le général commandant la division ne pourra sous aucun prétexte requérir la disposition d'aucune somme sur les caisses civiles et militaires.

Art. 9. — Les règles de l'administration et de la comptabilité générales seront rigoureusement appliquées dans l'île de Corse.

Art. 10. — Les fonds versés entre les mains des payeurs de la guerre ou de la marine ne sortiront de leurs caisses que sur mandats des ordonnateurs respectifs. Il sera mis seulement, s'il en est besoin, des fonds à sa disposition pour un ou plusieurs départements du ministère, d'après l'autorisation des Consuls.

Art. 11. — Le Grand Juge ministre de la justice et les ministres de l'intérieur et des finances, du trésor public et de guerre, sont chacun en ce qui les concerne, etc... (1)

Le Premier Consul,

NAPOLÉON BONAPARTE.

Une mesure si énergique devait fatalement provoquer des inquiétudes. Elles devaient être particulièrement vives en Corse, où les ravages de la malveillance trouvent toujours un accueil complaisant. Dans tout corse, il y a un malfaiteur et c'est pourquoi, en vue d'une fatalité qui peut jeter quiconque au maquis, chacun des insulaires se ménage d'avance les sympathies de ceux qui le gardent. (2) La mesure prise par Bonaparte dut alors, non seulement inquiéter les bandits, mais même ceux qui les soutenaient.

« Cet arrêté des Consuls, qui donnait au général Morand des pouvoirs si étendus, jeta la consternation dans les cœurs. Les corses ne pouvaient se persuader que Napo-

---

(1) Recueil des arrêtés des Consuls. Cet arrêté fut révoqué le 21 août 1816, à la demande du général Willot, gouverneur de la Corse, qui fut à cet effet vivement sollicité par les magistrats du pays. Mais cette abrogation fut regrettée par Willot lui-même, et en 1825, son successeur le général Montélégier demandera par rapport spécial au gouvernement, le retour de la haute police en Corse. Vivement combattue par la magistrature corse apeurée, la demande du général, un instant adoptée, est définitivement rejetée. Cependant la suppression du jury fut maintenue jusqu'en 1831.

(2) Lors de l'arrestation du bandit Rocchini, en 1887, le commandant de gendarmerie Vial avait énergiquement fait arrêter plus de cinquante recéleurs. Parmi eux se trouvèrent compromis des magistrats que le commandant n'eut pas le pouvoir de faire arrêter, ni seulement d'inquiéter. Les rapports de cet officier ne seront vraisemblablement communiqués que dans cinquante ans. Ceux qui voudront alors étudier la Corse de 1887, il leur sera aisé de la rapprocher de la Corse de 1809 et de dire en quoi elle en diffère sur ce point.

léon Bonaparte, leur compatriote, avait pu mettre son pays, dont il avait tant vanté la liberté et l'indépendance, sous une aussi dure loi militaire. » (1)

Le même historien ne craint pas d'ajouter :

« Pour moi, Napoléon n'a jamais connu son propre pays que par les rapports que lui adressaient ceux dont la seule ambition était d'avoir les pouvoirs les plus étendus et les plus expéditifs. A moins que Napoléon n'ait sincèrement craint le débarquement des Anglais dans son pays (la paix ayant été rompue avec l'Angleterre le 13 mai 1803) et qu'alors il ait voulu donner une grande force au pouvoir militaire en Corse. Toujours est-il que cet arrèté du 22 Nivôse jeta la pauvre Corse sous le despotisme militaire. Loin de la métropole, elle fut toujours calomniée (!) et comme elle fut privée de représentants élus par le peuple, elle dut se résigner à son sort. »

Chacun remarquera combien il est téméraire de dire que « Bonaparte ne connaissait pas son pays ». S'il est un homme qui a bien connu la Corse, c'est Napoléon. Il était si familiarisé avec elle qu'il la reconnaissait « les yeux bandés ». L'âpreté des odeurs lui rappelait l'âpreté des coutumes. Quant à traiter d'ambitieux ceux qui signalaient les « choses de Corse » et qui en demandaient la répression au nom de l'humanité, c'est formuler un jugement entaché de l'habituelle injustice des insulaires. Tous ceux qui ont écrit sur la Corse ont été unanimes à reconnaître que ce pays devait être abandonné ou « mis hors la loi ». Il n'est aucun étranger qui, après avoir observé ses mœurs, ne s'en soit montré scandalisé (2).

On a longtemps discuté la question de savoir si les Cor-

---

(1) Renucci : *Storia di Corsica.*

(2) « Si la Corse n'avait pas de corse dans ses emplois, ça irait tout seul. » (Général Vaubois au ministre de la guerre, 1797.

ses pouvaient occuper des fonctions dans leur pays (1). Les uns ont dit oui, les autres non. Il y a un avis qui tient entre les deux. On peut confier des postes aux corses insulaires, mais à la condition qu'un pouvoir vigoureux doive veiller sur leurs actes et punir leurs faiblesses. La formule de ce pouvoir de contrôle réside dans ce mot: Morand. C'est-à-dire un général ayant la haute main sur tous les services.

Le hasard fit faire un jour cette expérience des destinées du pays confiées à un enfant du pays. On sait si elle a été concluante. Ce fut la déroute. Saliceti se montra plus sévère pour ses compatriotes que ne l'avaient été les plus rudes représentants des Gênois et de la monarchie de Louis XV, et on dut le rappeler afin de sauver ce qui restait d'une population qu'il menaçait d'exterminer !

Avant même que Morand eut pris l'exercice de ses pouvoirs, la malveillance corse le persécuta. Ce furent des manifestations à la fois de crainte et de provocation, qui furent dirigées contre son autorité naissante. Comme on avait fait à Paris au 18 Brumaire contre Bonaparte, il fut fait à Bastia même contre Morand. On vit en lui un tyran, et on ne se fit pas faute de le lui faire savoir. Chacun s'est persuadé que du moment qu'un corse gouverne la France il n'y a aucun péril à narguer un Français si élevé qu'il soit. Au-dessus de lui, il y a toujours Bonaparte pour protéger, innocenter le coupable. Dès lors, Morand peut être provoqué, insulté même, impunément. Son pouvoir « éten-

---

(1) « Les emplois inférieurs, peuvent être laissés aux corses à la condition que la direction des services soit confiée à un Français de France. » (Beaumont : *Observations sur la Corse*, 1820.)

(2) « On nous cache l'état intérieur de l'Ile de peur que si les abus étaient divulgués la Corse ne fut décriée et que la France ne se dégoutât de sa possession ». Volney, 1793.

du » ne lui est d'aucune protection. On lui opposera toujours celui du Premier Consul.

Un jour, à Bastia, se fit l'installation solennelle d'un buste du Premier Consul dans la salle des délibérations du conseil général du Golo. Le préfet Pietri préside cette cérémonie; c'est le 20 avril 1803, au début de la magistrature de Morand.

Cette inauguration solennelle n'avait d'autre but que de narguer et d'intimider le chef militaire, que ses ennemis représentent déjà comme un despote. Le préfet lui-même ne craint pas de se faire l'écho d'un sentiment qu'il dit « populaire », mais qui, en réalité, ne domine que son esprit et celui de son petit entourage. Il l'exprime dans un discours, que Renucci rapporte avec un certain orgueil.

Le préfet parle ainsi :

« Dans cette salle où se réunissent les représentants du peuple pour discuter sur les intérêts des populations, ce buste éclairera les esprits et ranimera les cœurs. L'image du Premier Consul aura une salutaire influence « sur ceux qui méditent d'exercer jusqu'à la tyrannie une autorité militaire qu'ils tiennent de lui seul et de changer l'obéissance d'un pays en un vil esclavage. Nous serons, en somme, ici, sous la seule domination de Bonaparte ! »

On remarquera l'astuce habituelle des corses. Ce discours était fameux. C'étaient des paroles élogieuses pour le chef du gouvernement, et menaçantes pour son représentant. On ne pouvait les punir, la volonté de Morand devant se briser contre celle de son chef. Aussi l'astucieux préfet Pietri ne fut-il pas inquiété. Il eût même fait école, si le général Morand ne se fût imposé à force de dévouement pour son service et de mépris pour d'inoffensifs rhéteurs !

Un des premiers actes du général fut d'organiser le fonctionnement de la haute police. La gendarmerie placée

sous ses ordres ne pouvait suffire à les exécuter. — « Il lui
faut un personnel civil qui surveille les villes et les campagnes, parallèlement avec la gendarmerie, et qui centra-
lise dans un bureau spécial tous les rapports émanés, soit
des plaignants, soit des autorités. Mais il faut, pour cette
création spéciale, que rend indispensable l'exercice des
nouveaux pouvoirs, des crédits supplémentaires. » La
passion des écrivains ajacciens a porté ces crédits au
chiffre de *cent mille francs*. Ils ont été exagérés de plus de
la moitié. La vérité est qu'ils n'ont atteint que la somme
exacte de *quarante-cinq mille francs*, d'ailleurs fixée par
le général lui-même dans une demande adressée au gouvernement :

10 Germinal an XI (31 Mai 1803).

« Jaloux de répondre à la confiance que le gouvernement
a bien voulu m'accorder, je vous soumets quelques observations relatives à la police générale que je suis chargé
d'exercer en Corse. Et me conformant à l'esprit de l'arrêté
du 22 Nivôse dernier, je vous fais part des vues et moyens
que j'ai crus nécessaires pour atteindre le but que se propose le gouvernement. La Corse est trop connue du Premier Consul pour que je cherche à vous donner une idée
de ce pays et surtout de l'esprit de ses habitants. L'injustice et l'impunité auxquelles ces contrées malheureuses
ont été livrées ont donné naissance à des vengeances particulières qui s'exercent depuis longtemps, et le gouvernement a bien senti qu'il était indispensable que la surveillance générale du pays fut confiée à une personne étrangère à la Corse et qui réunit l'autorité militaire et civile. »

Suivent des considérations sur les mœurs corses et la
partialité des magistrats « lâches et corrompus ». (1)

Puis il détaille ainsi l'emploi du crédit :

---

(1) *Arch. nat.,* F 7.

Pour les agents mobiles.   .   .   .   12.000 fr. par an
Pour les agents sédentaires   .   .   12.000   —
Pour frais de bureau .   .   .   .   .   6.000   —
Pour dépenses imprévues   .   .   .   10.000   —
Pour récompenses aux gendarmes   5.000   —

Cette demande est approuvée le 6 Floréal an XI (25 mai 1803) par le grand juge ministre de la justice. Notification est donnée à Morand par la lettre suivante :

« J'ai mis sous les yeux du Premier Consul votre rapport en date du 1er Germinal. Il m'a chargé de vous faire remarquer qu'il approuvait le plan de police secrète contenu dans ce rapport et que vous seriez payé de la somme de 45.000 francs par an, à laquelle vous évaluez les dépenses de cette création. Avec les moyens et la bonne volonté que vous témoignerez il y a tout lieu d'espérer que vous parviendrez à détruire les brigands et les traîtres dont l'île est infestée (1).

En même temps qu'il organise la police, Morand s'occupe de l'armée. Ce sont deux œuvres qui, dans son esprit, devaient marcher de front et solidairement, la première assurant l'ordre intérieur, la seconde la défense nationale; car il ne faut pas perdre de vue que, depuis le 12 mai 1803, nous sommes en guerre avec l'Angleterre et que le gouvernement britannique convoite la Corse dont il a reconnu l'importance dans ses opérations contre la République française.

S'inspirant des instructions du Premier Consul, Morand fait une levée générale de troupes. Il crée deux compagnies de gardes-côtes et cinq bataillons de chasseurs corses (2).

---

(1) Arch. nat. F7.

(2) Il est formé cinq bataillons corses en 1802. Ces bataillons ont servi à créer la légion corse en 1805 qui fut envoyée au service de Naples en 1806, où elle prend le nom de Royal-Corse. En 1811, ce régiment devient 2me régiment napolitain. A la Restauration, il est le 11e léger.

En 1805 il est formé d'autres bataillons corses ; un bataillon de Lia-

Ces dernières troupes sont habillées en conformité du désir de Bonaparte. Elles portent un uniforme de drap corse avec la cartouchière (carchera) placée sur l'abdomen. Leur coiffure est faite en forme de bonnet rigide. Elle est surmontée de velours noir avec un gland de soie noire au sommet. C'est une tenue qui rappelle, en quelque sorte, celle des soldats de Paoli, dans leur costume national. Il y a dans cet habillement une intention patriotique dont il est utile de tenir compte. Bonaparte, en utilisant le drap corse, entendait donner un essor à l'industrie drapière de l'île. Mais sur ce point comme sur beaucoup d'autres ses desseins devaient être méconnus et échouer. L'opinion insulaire se gaussa au contraire de cet uniforme dont elle ne saisissait ni la commodité ni la tendance industrielle, et les soldats des bataillons corses furent appelés avec dénigrement « i pinsuti » (les pointus) à cause de leur coiffure. Tous les effectifs en étaient recrutés en Corse et la plus grande partie des officiers étaient nés dans le pays. Pour arriver à bien il avait fallu faire preuve de beaucoup d'indulgence dans le choix des éléments d'organisation et passer, des fois, sur des tares personnelles qu'on pouvait considérer comme peu propres à honorer les armes. C'est ce qui fait dire à Renucci, fort injustement d'ailleurs et sans preuves à l'appui, que beaucoup d'officiers étaient des « repris de justice » et que Morand ne les avaient employés que pour se rendre populaire. On peut croire que le même historien eut encore critiqué le général si son choix se fut porté plus spécialement sur des éléments étrangers à la Corse. C'eut été, alors, un autre argument et point de

---

mone licencié en 1810 ; le 1ᵉʳ et le 2ᵉ bataillon du Golo, licenciés aussi à la même époque. Puis il fut créé le 4 juin 1809, le 1ᵉʳ bataillon d'infanterie légère corse (n° 4) qui passe au service de Naples le 21 avril 1810.

Martinien : *Les guerres de l'empire.*

doute qu'on n'eut reproché, dans ce fait, à Morand « d'a-
voir, en haine des insulaires, choisi ses officiers sur le
continent ».On ne peut contenter tout le monde !

Les bataillons corses ne devaient d'ailleurs que fort
peu servir à la défense de l'île. Dès qu'ils furent formés et
instruits, ils furent mis à la disposition de Joseph, roi de
Naples, sur la demande de son ministre Saliceti, dont
Renucci vante pompeusement le patriotisme « à preuve,
dit-il, que tous les emplois du royaume de Naples étaient
donnés à des corses ! » C'est, on avouera, un patriotisme
à bon marché. Il convient simplement de plaindre les
napolitains de s'être vu dépouiller de leurs emplois au
profit des corses dont, sans bourse délier « le patriote
Saliceti », inondait leur administration ! Il s'agissait, bien
entendu, des corses que. Saliceti n'avait pas fait pendre
en Balagne !

Dès le premier mois de 1804, au dire même des historiens corses, le général Morand se signala à la reconnaissance publique par la destruction d'une bande de soixante
bandits qui infestaient les départements et y répandaient la
terreur. C'était la compagnie de bandits commandée par
Martino Pietri, della Soccia, demeurant à Bastia. Ce chef
avait tenu à donner la preuve qu'en Corse il n'y a jamais
eu de voleurs ! Sa démonstration consistait à diviser ses
hommes par escouades et à la faire opérer sur la partie de
l'île où il savait que des voyageurs riches allaient s'aven-
turer. Pour mieux être renseigné Martino avait élu domicile à Bastia, centre des affaires insulaires. La police de
Morand, un jour le captura. Amené devant le général, ce
bandit, croyant obtenir la vie sauve, se lança dans la voie
des aveux et des dénonciations. On put ainsi découvrir
ses complices et les arrêter tous. Ils furent condamnés les
uns à mort, les autres aux travaux forcés.

Mais Mo rand était lui-même guetté par l'opinion. Malgré qu'il mit le plus grand zèle à rassurer les honnêtes gens, ceux-ci mêmes, par habitude de calomnier les Français, au lieu de complimenter leur libérateur, firent au contraire entendre à son endroit des accusations par la voie de leurs écrivains de l'époque. Ils se plaignirent en effet que Morand, pour obtenir encore plus de vigilance de sa gendarmerie, menaçait les gendarmes de les renvoyer « à la grande-armée » s'ils ne s'acquittaient pas de leur tâche avec une rigoureuse application. Et alors les gendarmes redoublaient de zèle dans leurs perquisitions et se rendaient, ainsi, odieux. On peut répondre à cette observation par celle ci : qu'il est étrange que les gendarmes aient eu si grand peur de la grande-armée qui, alors, se couvrait de gloire ! La presque totalité des gendarmes étant, dès cette époque, d'origine corse, leur peur de la grande-armée ne devait pas constituer pour la réputation guerrière des corses un bien honorable témoignage ! Il est des arguments qu'on devrait plutôt rentrer !

Comme nous sommes en 1804, il convient de noter ce qui fut fait par les corses pour célébrer l'élévation au pouvoir impérial de leur compatriote. C'est une page qui aura sa valeur quand, en 1814, on la rapprochera de celle qui lui sera opposée. L'île prit part, en effet, à toutes les fêtes qui furent données sur le territoire français. L'enthousiasme ne fut pas en général plus chaleureux qu'ailleurs. Si en certains points de l'île il dut être remarquable, c'est qu'il était mêlé de la haine de Morand. Moins encore pour marquer de la réjouissance pour le couronnement de l'empereur que pour narguer « les Français » qui se trouvaient parmi eux, certains corses ont dû véritablement exulter, leur joie étant surtout faite de l'impunité assurée à leurs provocations.

Dans toutes les villes et grosses localités du pays, eurent lieu les traditionnelles manifestations de la fête populaire : drapeaux, illuminations, cérémonies religieuses, dotation de filles pauvres, etc.

A Ajaccio nous avons l'indication officielle de ce qui fut fait par la délibération suivante prise par le conseil municipal.

« 25 juin 1804. Séance extraordinaire. Le maire dit : Messieurs, l'objet de votre réunion est des plus intéressants. Toutes les villes du continent français ont déjà fait retentir leur joie pour l'élévation de Napoléon-Bonaparte à la dignité impériale. Celle d'Ajaccio, qui se glorifie de l'avoir vu naître, quelles marques d'allégresse ne doit-elle pas faire retentir pour se réjouir d'un évènement si glorieux ! messieurs les conseillers, c'est à présent, je pense, que la ville d'Ajaccio doit se distinguer ; vous êtes ceux qui la représentez et c'est à vous à prendre les mesures les plus convenables sur cet objet ». Le conseil vote un crédit de 5.000 francs pour illuminations, courses, feux d'artifice, grand'messe avec *Te Deum* et dotation de filles pauvres (1).

Les magistrats, le conseil général, l'armée, toutes les villes nommèrent des personnes « dignes et respectables », pour les représenter aux fêtes du Sacre. On se demande lorsqu'on sait ce qu'il est advenu dix ans plus tard de tous ces « témoignages de joie », s'ils étaient bien sincères à ce moment. N'y avait-il pas dans chaque délégué un candidat à l'avancement, à une distinction impériale, un dénonciateur, « un cousin » de l'empereur se promettant de faire valoir des titres à la munificence de Napoléon? Ces délégations furent prodiguées. La Corse en envoya deux fois plus que chacun des autres départements. C'était son droit !

Quelle cohue encombrante que ces délégations corses.

---

(1) *Ephémérides ajacciennes.* Reg. des délibér.

Quel formidable échec leur était réservé ! Dans aucun compte rendu officiel elles n'eurent l'honneur d'être mentionnées. Pas un de leurs membres n'obtint soit une décoration, soit une distinction, seulement l' « oreille » de l'empereur. Elles s'écoulèrent confuses parmi les délégations ordinaires des autres départements auxquelles les corses avaient bien compté dérober le premier rang. Napoléon ne les vît peut-être même pas ! Il ne devait rien à ses compatriotes de la gloire à laquelle il était arrivé. Bien au contraire, ils l'avaient sciémment et froidement contrariée par les obstacles de toutes sortes, oppositions, conspirations, calomnies et violences. Paoli, Pozzo-di-Borgo, les deux Arena, Saliceti et tant d'autres ne sont-ils pas les synonymes de la haine qui lui a été témoignée par la Corse ?

Et toutes ces délégations avaient quitté le pays en faisant la nique à Morand, ce « subordonné » de l'empereur, à qui elles semblaient déjà promettre une disgrâce. Une délégation, celle de l'armée, se signala par un fait qu'il importe de citer. Au moment où elle allait quitter le port de Bastia, sur le vaisseau qui l'emmenait en France, des gendarmes firent signe au navire d'arrêter ; ils envahirent le pont et arrêtèrent les frères Stefani, dits *Chirino* et *Cancano*, fameux malfaiteurs qui s'étaient introduits comme sous-officiers aux bataillons corses. Ils s'en allaient courageusement complimenter l'empereur malgré que pesassent sur eux des faits graves de trahison et d'embauchage au profit des Anglais. Le général Morand les déféra à une commission militaire qui les condamna à mort. Ils furent exécutés au lendemain de la sentence. Ce fait prouve jusqu'à l'évidence que Morand n'avait pas « froid aux yeux » et qu'il savait accomplir tout son devoir malgré l'appareil déployé pour l'intimider (1).

Le 21 Floréal an XII (10 mai 1804), survint à Ajaccio un conflit qui nous renseigne encore sur la vigueur avec laquelle le chef de la haute police savait maintenir son autorité.

Dans le faubourg d'Ajaccio quelques citoyens avaient insulté et frappé des soldats de la garnison. Comme le préfet Arrighi avait semblé prendre la défense de ses administrés contre l'autorité militaire, le général Morand lui écrivit :

21 Floréal an XII.,

« Les armes de la République ont été insultées plusieurs fois, citoyen préfet, dans la commune d'Ajaccio, mais plus particulièrement dans le faubourg. Il existe par des rapports que j'ai en mains que des soldats suisses ont été maltraités et battus à différentes époques par des citoyens du faubourg et que la garde y a été méconnue et insultée. On ne s'est pas borné là, citoyen préfet. Un assassinat horrible a été commis, le 9 au soir, sur un malheureux soldat suisse de service, par un habitant du faubourg. Une série d'évènements de cette nature m'a imposé le devoir de désarmer les citoyens du faubourg d'Ajaccio en même temps que la justice poursuivrait le coupable. »

« Connaissant les principes du Premier Consul, et combien il chérit nos braves frères d'armes, je m'astiendrai de lui faire un rapport qui le frapperait d'indignation et le mettrait dans le cas d'ordonner des mesures de rigueur dont il a toujours usé en pareille circonstance » (2) (3).

---

(1) Renucci : *Storia di Corsica.*

(2) *Arch. Nat.,* F 7.

(3) Le 1er régiment suisse partit de Corse pour l'Italie en 1805. Il assiste au combat de Castelfranco devant Venise. (Martinien : *Guerres de l'empire.*)

Le préfet Arrighi regimbe. Le ton et les allures du général ne lui plaisent pas. Il faut dire que ce préfet a une situation particulière. Il se dit « cousin de l'empereur ». La vérité est qu'il a épousé une petite cousine de Madame Mère. Cette lointaine parenté lui donne une certaine audace. Il croit volontiers qu'il imposera au général. Il lui répond donc :

Ajaccio, 22 Floréal an XII.,

« D'après les rapports qui m'ont été faits, la conduite d'un certain nombre de Piémontais incorporés dans le 3me régiment helvétique, n'est pas exempte de reproches. Quelques-uns sont imputés *(sic)* de vols. D'autres d'avoir à plusieurs reprises battus *(sic)* des citoyens. C'aujourd'hui même un de ces piémontais a jetté *(sic)* à la mer une femme enceinte qui n'a pas voulu permettre qu'il portât atteinte à son honneur. Ce dernier fait est bien grave pour ne pas révolter ! »

Le général Morand réplique alors, le même jour, du tac au tac :

« Vous m'apprenez, citoyen préfet, qu'un militaire du 3me helvétique a jeté à la mer une femme enceinte qui n'avait pas voulu permettre qu'on la déshonorât. Voici à cet effet le rapport que j'ai reçu. (Suit le rapport dont ce passage) :

« Hier vers quatre heures et demie du soir deux militaires du 3me helvétique, dont l'un caporal, sortant d'un bâtiment du cap corse qui sert de cabaret, se trouvaient ivres ; en se retirant le caporal provoque une femme, qui était à laver au bord de la mer. Cette femme prit une pierre et la lui jeta ; puis celle-ci *(sic)* en jeta une seconde. Un troisième militaire vint à passer à cet endroit. Il a conduit ses deux camarades à la citadelle et, à leur arrivée, le major de la place, Aubert, les a fait mettre au cachot. Le commandant d'armes Pianelli. » (1)

---

(1) *Arch. Nat.*, F 7.

Et le général Morand ajoute ironiquement au bas :

« Ce rapport prouve, citoyen préfet combien a été exagéré celui que vous m'avez envoyé. »

Mais il ne s'en tient pas là. Par une lettre du 29 floréal an XII (10 mai 1804), il informe le ministre de la guerre de l'opposition qu'il rencontre dans l'accomplissement de ses fonctions :

« Flatté de l'estime des habitants de cette île, jaloux de mériter de plus en plus la confiance du gouvernement et la vôtre, je ne dois pas vous laisser ignorer qu'il est des personnes qui ont l'ambition de dominer en Corse et que le préfet du Liamone (Arrighi) ne fait preuve ni d'assez de fermeté, ni d'assez de moyens pour administrer la Corse et que le système de tolérance qu'il a adopté nuit infiniment au succès des mesures que je suis dans le cas de prendre pour le bien public, et je suis en but à sa calomnie parce qu'il est dans mes principes de ne connaître que la volonté du gouvernement et de ne servir ni les passions, ni les partis. » (1)

Disons tout de suite ici que l'attitude de ce préfet se maintint toujours, malgré son apparence de répit, hostile aux représentants de l'empereur. En effet, plus tard, après le départ de Morand, et resté seul préfet de la Corse, Arrighi motivera encore des plaintes du général Berthier qui se trouvent relatées dans sa correspondance de 1813.

Berthier écrit, en effet, au ministre de la guerre, qui transmet sa lettre à son collègue de l'intérieur :

Paris, 6 septembre 1813.

« Monsieur le Comte,

« Je reçois de M. le général Berthier, commandant en chef la Corse, un rapport sur la situation politique de

---

(1) *Arch. Nat.*, F 7.

cette île; et je crois devoir communiquer à Votre Excellence l'extrait ci-après de ce rapport (daté du 5 août 1813) pour être pris par elle en telle considération qu'elle jugera convenable.

« ...Tant que le préfet ne changera pas de conduite, je répéterai sans cesse à S. E. ce que je lui ai déjà écrit. Cet administrateur, loin de concourir avec moi au bien de la Corse, est toujours le premier à s'en éloigner en contrecarrant tacitement les ordres que je donne. L'exécution des ordres de S. M. et de ses ministres est, en Corse, sous ma responsabilité personnelle. Je ne puis la laisser à découvert sans me compromettre et manquer à la confiance que le gouvernement doit avoir en moi. Je ne cesserai donc pas de signaler à V. E. tout ce qui s'éloignera de ce principe, afin de me garantir des évènements qui pourraient en résulter. Dans ce moment, la Corse est très difficile à gouverner. Elle est entourée d'ennemis qui mettent tout en usage pour y jeter de l'agitation. Toute la responsabilité pèse sur moi. Je suis pour ainsi dire garant de la tranquillité, mais il faut pour cela que je sois aidé du concours de toutes les autorités. BERTHIER. »

« duc DECRÈS. »

Il est mentionné en marge :

« Une proposition pour le remplacement du préfet est sous les yeux de S. M. »

Le 26 février 1814.

Le ministre de la guerre, duc de Feltre,
au ministre de l'intérieur,

« Monsieur le Comte, j'ai l'honneur d'adresser ci-joint à V. E. les extraits de deux lettres que je reçois du général Berthier, commandant en chef en Corse, relativement aux entraves qu'éprouvent, dans cette île, toutes les parties du service de la part de l'administration départementale. V. E. pensera sans doute qu'il est urgent de prendre les mesu-

res nécessaires pour faire réorganiser cette administration
qui compromet, par son inertie, la sûreté de l'île.

« Agréez, etc.

« Duc de FELTRE. »

En marge :

« Ceci revient du quartier général avec le décret qui
nomme Giubega préfet de la Corse. » (1)

Mais revenons à Morand.

Le désarmement. — Le général Morand est de ces premiers Français qui ont observé que l'ordre et la civilisation
en Corse, dépendaient du désarmement des habitants (2).
D'autres, après lui, ont fait cette observation. Mais ils n'ont
jamais osé l'appliquer. Si aujourd'hui encore, on constate
que la moitié, au moins, des meurtres commis en Corse
doivent être attribués au port d'armes, combien cette constatation ne devait-elle pas être universelle dans un temps
où les meurtres ont atteint la proportion abominable de
80 pour 100 des causes déférées à la justice. Tous les étrangers, qui ont parcouru la Corse jusqu'à nos jours, se sont
révoltés à la vue de ces paysans oisifs et violents, dont la
seule passion est de jouer aux cartes et de se disputer
entre eux.

Morand a vu le mal, et, en soldat courageux qui ne connaît pas les haines de clans, encore moins les intérêts
électoraux, il a pris une résolution qui s'efforce d'extirper
la vendetta « jusque dans sa racine. »

---

(1) *Arch. nat.*, F1B I, 155-7.
(2) « Parmi 58 attentats, dont les inimitiés ont été la cause en 1886,
il y en eut 36 commis à l'aide de fusils. Du moment qu'il ne serait plus
permis de sortir avec cette arme, les embuscades seront moins faciles
à tendre et les inimitiés moins meurtrières. » (Paul Bourde : *La Corse.*)

Quartier général d'Ajaccio, 20 Floréal an XII
(10 Mai 1804.)

ARRÊTÉ (affiché en français et en italien),

« Le général Morand, en vertu des attributions qui lui sont conférées par l'arrêté des Consuls du 22 Nivôse an XI, ordonne ce qui suit :

ART. 1. — Les ports d'armes, de quelque nature qu'elles puissent être, sont prohibées aux habitants des départements du Liamone et du Golo. Les fonctionnaires publics sont seuls exceptés de cette mesure.

ART. 2. — Tous les contrevenants au présent ordre seront arrêtés par la force armée, leurs armes saisies et déposés dans les arsenaux de la division. Il ne sera rendu compte sur le champ aux généraux et aux commandants supérieurs. Sur leur rapport, le général commandant en chef se réserve de prononcer ultérieurement.

Le présent ordre sera transmis aux préfets du Liamone et du Golo, au général de division Colli, au général Radet, commandant général de la gendarmerie, ainsi qu'aux commandants supérieurs, avec invitation de prescrire, chacun en ce qui le concerne, les mesures nécessaires pour en assurer l'exécution. (1)

MORAND. »

Cet arrêté a le don d'attrister le préfet du Liamone, qui y voit une usurpation de pouvoirs. Le général l'aurait pris sans le consulter. Arrighi s'en plaint dans une lettre qu'il adresse au général le jour même où l'affiche a été placardée, c'est-à-dire le onze du même mois :

« ...L'arrêté des Consuls, d'après lequel vous avez cru pouvoir adopter cette mesure, paraît exiger de votre part plus de déférence. L'article 7 porte que pour toutes les attributions extraordinaires qui vous sont confiées vous devez correspondre, sur les lieux, avec les préfets. Cette

---

(1) *Arch. Nat.*, FIB I, 155-7.

disposition serait sans but si vous vous bornez à ne me faire connaître les mesures extraordinaires qu'après les avoir adoptées. » (1)

C'est un conflit qui ne traîne pas. Avec sa nature loyale et droite, Morand se charge bien de le solutionner de manière à ce qu'il n'en reste vite rien. Le lendemain même il répond « au petit cousin de la mère de l'empereur ! » :

« Je reçois à l'instant, citoyen préfet, votre lettre du 21 du courant. J'ai su apprécier les attributions que le Premier Consul a jugé à propos de me donner par son arrêté du 22 Nivôse an XI. Je suis également bien pénétré des *instructions qu'il m'a données avant mon départ de Paris.* Je serai toujours flatté de me concerter avec vous en tout ce qui pourra intéresser le bon ordre et la tranquillité du département de Liamone. J'en ai usé ainsi avec le préfet du département du Golo. Mais, citoyen préfet, lorsque des assassinats réitérés nécessiteront des mesures promptes et sévères, et que celles que je vous ai proposées dernièrement en présence du général Radet et de l'adjudant commandant Blaumont resteront sans effet, mon amour pour le bien public m'imposera toujours le devoir de passer outre. Salut et considération. (2)

MORAND. »

Moins de quarante jours après que la Corse eût été désarmée, les assassinats cessaient. La sécurité des personnes était rétablie. Le général alors se félicite de ce résultat :

Quartier général d'Ajaccio, 30 Prairial an XII
(19 Juin 1804).

AFFICHE (en français et en italien)

ORDRE DU JOUR : « La prohibition du port d'armes a produit les heureux résultats qu'on devait s'en promettre ;

---

(1) *Arch. Nat.*, FI B I, 155-7.
(2) Id.

depuis que cet ordre a été exécuté, il ne s'est commis en Corse aucun assassinat. Le général croit devoir prévenir les habitants que c'est à tort que des mal intentionnés ont voulu leur faire envisager la prohibition du port d'armes comme un désarmement. Loin de prescrire une semblable mesure, le Général, qui compte sur le patriotisme des Corses (?), les invite à soigner leurs armes pour être prêts à combattre. Si l'ennemi osait former quelque entreprise, le général serait jaloux d'utiliser leur courage. Les officiers de tous ordres sont chargés d'armer au besoin tous les citoyens.

« Quatre individus, contrairement à l'ordre prescrit sur la prohibition du port d'armes, ont été arrêtés et leurs armes saisies. L'un d'eux, plusieurs fois repris de justice, sera transféré à Toulon.

« Le port d'armes réservé aux fonctionnaires publics est un témoignage de la considération qui leur est due ; mais le gouvernement, en leur assignant un costume, a ajouté à celui des fonctionnaires une épée ou un sabre. Ce sont les seules armes dont ils doivent être porteurs. Ils sont libres d'y ajouter, en voyage, des pistolets d'arçons. Les garde-champêtres et les gardes de la santé, les employés subalternes des administrations douairières et forestières considérés comme force armée doivent être seuls, dans l'exercice de leurs fonctions, armés d'un fusil ou d'un sabre.

« De nombreuses colonnes mobiles parcourent, nuit et jour, différents arrondissements des départements du Golo et du Liamone ; ils sont chargés d'opérer les arrestations des assassins, des émissaires des Anglais, des déserteurs, des voleurs, et de tous ceux qui entraveront l'ordre public. Les habitants sont prévenus que les commandants de ces colonnes doivent se saisir également des personnes qui donneraient asile ou assistance aux individus ci-dessus désignés. Elles seront de suite livrées aux tribunaux et punies suivant les rigueurs de la loi. Les bons citoyens doivent être rassurés ; les mesures prises rendront leur sécurité de plus en plus durable.

« Il est dû des éloges au zèle que la gendarmerie et toutes les troupes apportent dans l'exécution des ordres qui leur sont donnés. Le général s'empresse de leur témoigner sa satisfaction. Il leur recommande de veiller au maintien des dispositions prescrites. » (1)

Il est de toute évidence que ce langage, accompagné de mesures qui n'en faisaient pas un leurre, fut d'un grand effet. Les braves gens qui se trouvaient alors en Corse durent se féliciter d'avoir enfin trouvé la paix, l'ordre, la sécurité des lois. Mais dans tout le pays, si les braves gens sont supérieurs en nombre aux coquins, les coquins sont du moins supérieurs à eux par l'audace et l'agitation. Et en Corse tous les coquins ne sont pas au maquis. Beaucoup et non des moins dangereux, je l'ai dit, sont campés dans les fonctions publiques, même élevées.

Le préfet reçut leurs doléances. Il se fit même leur organe. Tous les jours, ce furent des plaintes par lui transmises au général Morand, avec lequel il se plaît à rester en conflit. Ce conflit accuse bien les deux éléments qui sont sourdement en lutte, depuis l'annexion, et qui, même aujourd'hui, se révèlent, aux yeux de tout observateur impartial : le Français et le Corse. Ceux qui prétendent que cet antagonisme n'existe pas se trompent. Le Français dans l'île est encore aujourd'hui un objet de gêne. Il tend chaque jour à disparaître, éliminé par les efforts lents et tenaces de l'élément corse, qui aspire à régner en maître.

Les mesures de Morand, malgré qu'elles constituassent une protection efficace pour tous, étaient dénigrées et attaquées. Peut-on contenter tout le monde ? On leur reprochait de ne favoriser que les coquins, sous le fallacieux prétexte que les coquins savaient les transgresser, tandis que les braves gens n'osaient. Et personne ne trouvait un mot pour retorquer cet argument de sophiste. Si les coquins

---

(1) *Arch. nat.*, F 7.

4

transgressaient les ordres, ils s'exposaient, en revanche, à des poursuites. A ces conditions, il ne faudrait jamais faire de loi, puisque la loi n'anéantit pas les méchants qui l'enfreignent, et ne protège par conséquent pas les bons. N'importe ! Les corses, qui étaient très amateurs de chasse, ne virent dans les mesures de Morand qu'un obstacle créé à leur agrément; et, au mépris des intérêts supérieurs du pays, ils se mirent à poursuivre la suppression de cet obstacle. Le préfet Arrighi se fit le porte-parole de ces propos captieux.

Le général alors se plaignit au gouvernement. Nous avons trouvé un écho — le deuxième — de ses plaintes dans une lettre que Pelet, conseiller d'État chargé du 2e arrondissement de police générale de l'empire, adresse au ministre de l'intérieur, le 9 Messidor an XII (27 juin 1804) :

« Le général Morand, en rendant compte de la situation satisfaisante de la Corse, se plaint de ce que les autorités soient loin de seconder ses efforts. Il ajoute que le préfet du Liamone, Arrighi, ne peut opérer le bien dans ce département, que ses intentions sont pures, mais que trop facile à se laisser entraîner par l'esprit de parti — source de tous les maux qui ont affligé la Corse — ce magistrat, accessible à toutes les sollicitations, paraît formellement opposé aux mesures qui deviennent nécessaires, et que le peu d'harmonie qui doit résulter d'une pareille conduite ne peut que nuire infiniment à la chose publique. Je prie Votre Excellence de vouloir bien me donner sur les plaintes du général Morand, et particulièrement sur la conduite du préfet Arrighi, les renseignements qui sont à votre connaissance. » (1)

Le préfet eut cette bonne fortune — à tant d'autres refusée, à Morand particulièrement — de connaître la plainte

---

(1) *Arch. nat.*, **F 7**.

dirigée contre lui et d'être appelé à s'expliquer. Il le fit dans une lettre adressée de Guagno-les-Bains du 9 Thermidor an XII (18 août 1804) :

« Monseigneur, j'ai cru devoir vous adresser des observations sur un ordre du général Morand, concernant la prohibition du port d'armes. Je remarquai surtout que cette mesure ne frappait que les citoyens paisibles, et que les malintentionnés, qui ne s'y conformaient pas, n'en devenaient que plus dangereux. Le général a reconnu lui-même la nécessité de revenir sur cet ordre. Il m'informe par sa lettre du 20 de ce mois qu'il vient d'adresser des ports d'armes aux fonctionnaires publics et notables du département, et qu'il étendra volontiers cette mesure aux personnes susceptibles de la même faveur. »

Morand a gagné son procès contre le préfet Arrighi. Il en éprouve une satisfaction visible qu'il épanche dans la lettre suivante qu'il adresse à son rival le 10 août 1804 :

« Monsieur, Son Excellence le ministre de l'intérieur, par sa lettre du 28 Messidor dernier, m'a fait connaître la décision de S. M. l'Empereur sur la discussion qui a eu lieu entre nous. Il appartenait au gouvernement de déterminer l'étendue des pouvoirs qu'il m'avait confiés. J'ose espérer, M. le préfet, que cette décision n'apportera aucun obstacle à la bonne harmonie que j'ai à cœur de voir régner entre nous ; de mon côté, vous pouvez compter sur mon zèle et mon empressement à vous seconder dans tout ce qui pourra intéresser le bonheur et la prospérité du département que vous administrez. »

Suit l'information que désormais la paix est faite entre général et préfet, et que les populations sont « dévouées au gouvernement ». Allons, tant mieux. Nous verrons la suite !

Morand a la faiblesse de céder. Il la payera cher. Le désarmement avait ramené la paix. Les meurtres étaient devenus rares. Les « ports d'armes », accordés même aux personnes « susceptibles de cette faveur » vont ramener peu à peu la Corse à l'état primitif. Les statistiques sont d'une éloquence inexorable. On en jugera plus loin. Outre que ces concessions furent impolitiques, elles furent encore injustes. Il fallut d'abord des protections, puis de l'argent, pour obtenir un « port d'armes »; les malheureux qui n'avaient ni protections ni argent durent se priver de cette faveur et rester seuls en butte aux vengeances de leurs ennemis. Morand a commis là, outre une faiblesse, une injustice, et il n'est point excusable de s'être laissé tromper par le préfet Arrighi, lui qui, tant de fois, avait eu l'énergie de s'affranchir de cette influence et d'autres plus considérables encore !

Ce reproche est d'autant plus sincère de notre part que nous avons une sorte d'admiration pour la manière indépendante et rigide avec laquelle le général savait exercer ses fonctions de magistrat. Car Morand cumulait encore la charge de juge. On le lui a bien amèrement reproché. L'historien Renucci ne peut concevoir qu'un militaire se mêlât d'exercer la justice :

« La justice de Morand fut d'abord équitable. Elle se rendait utile aux faibles et aux pauvres. En effet, notre procédure occasionne des frais considérables que le général réduisait à néant. Mais à la longue, elle devint insupportable. Morand n'acceptait que les affaires qui lui plaisaient, et renvoyait aux juges de paix ou aux arbitres, jamais aux juges compétents, les causes qu'il ne pouvait ou ne savait résoudre. »

Ce reproche est, en vérité, mal fondé dans la bouche d'un corse, pour qui le travail est un fardeau. Les juges de ce temps eussent dû se réjouir d'avoir ainsi trouvé un suppléant qui leur assurait du repos. Les magistrats corses se plaignant de n'avoir rien à faire ! Voilà qui n'est pas banal, en vérité, et mérite une mention spéciale. Il est vrai

qu'en allant trouver le général Morand les justiciables faisaient un affront à leurs juges naturels. Ils se méfiaient
soit de leur partialité, soit de leurs lenteurs, car alors on
voyait, comme aujourd'hui, des jugements n'être rendus
qu'au bout de plusieurs années. Morand, lui, jugeait séance
tenante. Comme Saint-Louis, dont il avait sans doute entendu
parler dans son jeune âge, le général s'adossait à un chêne
ou à un châtaignier, en plein air, écoutait les plaignants
contradictoirement et tranchait le différend comme avec
son épée. Il n'appelait personne à lui, on venait le trouver.
Quand son passage dans un village était annoncé, les plai-
deurs accouraient d'eux-mêmes lui soumettre leur affaire,
et dès que l'arrêt était prononcé, il était scrupuleusement
respecté. Cette justice sommaire et rapide, telle que Paoli
l'avait fait aimer aux corses, eut beaucoup de succès. La
preuve en est que les véritables juges se plaignaient. Il
leur faisait une concurrence déloyale ! Il ne leur renvoyait
« que les causes qu'il ne pouvait pas résoudre ». C'est une
attestation tout en la faveur de Morand, car enfin elle nous
révèle que ce guerrier, qui n'avait pas fait son droit, se
faisait, en revanche, scrupule de ne pas se hasarder sur un
terrain qui ne lui était pas familier. Il ne solutionnait que
les affaires qui étaient de sa compétence, et celles-là étaient
encore en assez grand nombre pour décharger considérablement les tableaux.

Mais cette justice n'était rien à côté de celle qu'il exerçait en grand sur les masses, pour punir les cas de rébellion contre la loi ou contre la force publique. C'est là
surtout que Morand était fort, prompt, efficace et méritait
toute l'estime des hommes bien pensants :

« Instruit que le 26 Vendémiaire an XII, une des colonnes
mobiles de gendarmerie du Liamone s'était rendue à
Bastelica, 'pour, d'après ses ordres, y arrêter plusieurs

conscrits réfractaires et déserteurs, et que la dite colonne ayant réuni les individus arrêtés dans une maison en attendant le jour pour se mettre en marche, les habitants de Bastelica avaient pris les armes et tentèrent de les faire évader en attaquant la dite maison ; que plusieurs coups de fusils avaient été tirés de part et d'autre, que l'attroupement avait été dispersé et que la colonne était rentrée à Ajaccio en amenant les individus qu'elle avait arrêtés ; le général Morand ordonna que cinq des plus notables habitants de Bastelica fussent appelés et détenus à la citadelle d'Ajaccio, comme otages, jusqu'à ce que la commune eut fait verser et transporter à ses frais, dans l'arsenal d'Ajaccio, 60 fusils et 60 stylets, ce qui devait être exécuté dans les cinq jours et eut lieu ponctuellement indépendamment de l'action de justice contre les prévenus ».

Autre exemple :

« Prévenu que le 10 Brumaire, le maréchal de gendarmerie Beveraggi qui s'était rendu dans la commune d'Olmeto pour y opérer l'arrestation de deux assassins, avait reçu deux coups de feux dont il était resté grièvement blessé, tirés par les frères Paoli, en plein jour, sans que les autorités ni les habitants se missent en devoir de poursuivre les assassins, le général Morand ordonna que cinq des plus notables habitants de cette commune fussent détenus à la citadelle d'Ajaccio jusqu'à ce qu'elle eut transporté à ses frais et versé à l'arsenal d'Ajaccio 50 fusils et 50 stylets. Ce qui fut fait ponctuellement en l'espace de 8 jours ».

Mais cette œuvre de désarmement peut engendrer des abus. Morand l'a compris :

« Les commandants de ces colonnes ont en outre l'ordre de désarmer tous les bergers qu'ils rencontreront. Les armes, en effet, dont ceux-ci sont pourvus deviennent entre leurs mains des instruments de vengeances particulières. Mais pour éloigner les recherches qui alarmeraient la sûreté individuelle, ces commandants ne doivent ni ne peuvent saisir des armes à domicile sans une autorisation (1) ».

« Le général, instruit que des déserteurs de la légion rentrés en Corse, paraissent aux îles de la Magdeleine, cédant aux sollicitations des embaucheurs dont les ennemis tiennent continuellement la Corse infestée, malgré les peines qui les concernent, a ordonné que de fréquentes patrouilles tant de gendarmerie que de bataillons corses et autres troupes de lignes se fissent sur différents points du littoral pour opérer l'arrestation des dits embaucheurs et de ceux qui les protègent ou les recèlent (2) ».

Le métier de commandant de la 23e division était fatigant. Morand se ressent du surmenage de ses fonctions. Il voudrait se reposer. Voilà plus de trois ans qu'il est en Corse. Miot, durant ses missions, n'y avait passé, en deux fois, que trente mois et il s'était dit épuisé. Le général a encore de l'ardeur et des moyens. Il ne demande pas son rappel. Il voudrait seulement d'un répit. Le 5 janvier 1805, il sollicite du ministre un congé de deux mois. Il spécifie qu'il a l'intention de « ramener près de lui sa femme et ses enfants restés en France depuis qu'il est en Corse. » Le ministre lui répond le 15 mars 1805 :

« Je vous préviens général que l'empereur n'a pas jugé à propos de vous accorder votre demande de permission, dans un moment où l'ennemi environne l'étendue de votre commandement. Sa Majesté, qui vous porte une grande confiance, désire que vous restiez à la tête de votre division pendant la guerre, pour maintenir l'ordre que vous y avez établi (3) ».

---

(1) Rapport au Grand Juge, Germinal, an 12, A F 1-iv, 1054.
(2) *Arch. nat.*, F 7.
(3) Guerre. *Arch. adm.*

Mais cette lettre ne lui est pas encore parvenue que Morand témoigne de sa hâte de se décharger, pour un temps, de son harnais corse. Il voudrait également voir l'empereur, car il n'a connu que le Premier Consul. Il écrit donc au ministre une nouvelle lettre, le 7 mars 1805 (27 ventôse, an XIII).

« Vous connaissez mon dévouement à Sa Majesté l'empereur. Vous savez combien je lui suis attaché. Faites-moi donc la grâce, Monseigneur, de m'autoriser à me rendre à Milan, pour y présenter mon serment entre les mains de l'empereur et lui présenter mes hommages respectueux et pour renouveler l'assurance de mon inviolable attachement. C'est une faveur spéciale que je demande à vos bontés (1) ».

En marge il est écrit :

« Prévenir le général que l'empereur juge sa présence en Corse de la plus grande utilité (2).

Sénatorerie de la Corse. Un sénatus-consulte du 28 floréal an XII (18 mai 1804), avait créé le Sénat conservateur. Il convient de parler de cette assemblée et des titres qui s'attachaient à chacun de ses membres. Plus tard nous parlerons du sénateur Casabianca qui fut le titulaire de la sénatorerie de la Corse.

Aux termes du décret qui l'organisait, le Sénat conservateur se composait et était régi de la manière suivante :

. . . .

« Art. 3. — De 80 membres nommés sur la présentation de candidats choisis par le Premier Consul sur les listes formées par les collèges électoraux des départements.

Art. 4. — Des citoyens que le Premier Consul juge convenable d'élever à la dignité de sénateur.

----

(1) Guerre. *Arch. adm.*
(2) Id.

Arrêté du 14 Nivôse, an XI.

Article 1er. — Il y aura une sénatorerie par arrondissement de tribunal d'appel.

Art. 2. — Chaque sénatorerie sera dotée d'une maison
et d'un revenu annuel de 20 à 25.000 francs.

Art. 3. — Les sénatoreries seront à vie. Les sénateurs qui
en seront pourvus seront tenus d'y habiter au moins
trois mois par an.

Art. 4. — Les sénateurs rempliront des missions extraordinaires que le Premier Consul jugera à propos de leur
donner dans leur arrondissement et ils en rendront
compte directement.

Art. 5. — Les sénatoreries seront conférées par le Premier Consul sur la présentation du Sénat qui pour chacune
présentera trois candidats.

Le Premier Consul, en vertu des pouvoirs qu'il s'est attribués, crée une sénatorerie en Corse. C'est la seule place
de représentant qu'il accorde à son pays pendant toute la
durée de sa puissance: et encore ne veut-il pas qu'elle
émane du suffrage universel. Bonaparte étant au pouvoir, soit consul, soit empereur, la Corse a été exclue
de la représentation nationale. Jamais elle n'a été admise
à élire un membre du corps législatif. Voilà ce qui est
persuasif, plus qu'aucun autre argument, à l'endroit des
sentiments d'estime que professait le « grand corse » à
l'égard de ses compatriotes. Et lorsqu'il crée le sénateur
d'Ajaccio, on devait s'attendre naturellement qu'à ce que
cet emploi soit dévolu à un ajaccien. On se trompe. Bonaparte se méfie de ses concitoyens. Systématiquement il les
écarte de toutes les faveurs. Le sénateur d'Ajaccio ne sera
pas un ajaccien. Il sera choisi à Bastia.

Voilà deux faits curieux mis à nu par la création des
sénatoreries. Nous en révélons un troisième. Chaque arrondissement « sénatorial » fournit les revenus de sa séna-

torerie au moyen de droits perçus sur le fermage des biens nationaux jusqu'à concurrence de 25.000 francs. Or, la dotation de la sénatorerie d'Ajaccio n'est pas en Corse, elle est sur le continent. Quatre départements concourent à fournir les revenus de la sénatorerie d'Ajaccio : Mayenne, Ile-et-Vilaine, Sarthe, Rhin-et-Moselle. Cette dotation n'était pas des moindres, ainsi qu'un vain peuple le penserait, vu la pauvreté de la Corse. Elle était au contraire des plus élevées. Elle rapportait exactement 24.475 francs par an. Le sénateur d'Ajaccio n'avait en Corse que sa maison. Elle avait été aménagée somptueusement à Bastia, le préfet Arrighi ayant refusé de lui ménager une demeure dans le couvent d'Ajaccio, sans que nous connaissions le motif vrai de ce refus. Cette sénatorerie était fixée, par un décret impérial du 17 janvier 1806, dans, la maison des jésuites de Bastia. Au moment de l'affectation une partie de cet édifice était occupé par les tribunaux et les archives du département du Golo. Un décret de Sa Majesté imposa au Sénat l'obligation d'y maintenir ces établissements aussi longtemps que les besoins du service pourraient l'exiger. Des dispositions ont été prises en conséquence pour que, sans nuire à la dignité de l'habitation sénatoriale de Bastia, les établissements publics conservassent les emplacements qui leur étaient nécessaires. La propriété du Sénat embrassait la totalité de l'édifice et de ses dépendances. Il eut néanmoins beaucoup de peine à faire mettre le sénateur d'Ajaccio en possession de quelques parties, notamment du jardin qui avait été converti en école d'agriculture, de l'ancienne église des jésuites servant de magasin pour les grains et farines destinés à l'approvisionnement de l'île et de plusieurs caves également converties en dépôt de différents objets pour le service de la guerre. Les instances réitérées du chancelier du Sénat parvinrent à obtenir du ministre de l'intérieur et de la guerre, les ordres nécessaires pour l'évacuation et la remise de ces locaux (1) ».

Ainsi le pays de Corse était divisé en deux départements privilégiés. S'il n'avait pas la faculté d'élire des députés, du moins il était grassement partagé en fait d'emplois. Outre qu'il coûtait à la France une double administration départementale, il était doté d'une garnison formidable, commandée par trois généraux dont un de division, où tous les Corses trouvaient, et des places civiles et des emplois militaires. Enfin cet heureux pays déjà déchargé d'une grosse partie de ses impôts par les arrêtés Miot ne faisait même pas les frais de son sénateur. Il avait délégué ce soin à quatre départements continentaux ! Et Napoléon n'a rien fait pour son pays !

Dès que la nouvelle lui parvint qu'un sénateur venait d'être créé en Corse, le général Morand s'inquiète. Il est visible que ce sénateur, étant d'origine insulaire, devra être un obstacle de plus mis à l'exercice de ses pouvoirs. Cette appréhension fait honneur à son flair politique. Nous verrons plus loin que ce nouveau sénateur va instrumenter contre Morand de manière révoltante.

Pour le moment le général refrène ses craintes. Il ne se préoccupe que de savoir quel rang il doit occuper dans les cérémonies publiques où le sénateur corse se trouvera présent. Gardera-t-il la primauté, lui, ou bien devra-t-il la céder ? Il consulte le ministre, qui lui répond par lettre du 7 thermidor, an 13, que :

« Le décret impérial du 24 messidor, an 12, ne présente aucun doute à cet égard, que le général doit marcher avant toutes les autorités de son commandement *sauf* le cas où,

---

(1) *Arch. nat.*, O2. Cette maison fut rachetée par la ville en 1832.

sur son territoire se trouverait un sénateur résidant dans sa sénatorerie, auquel cas le général devra lui céder le pas. »

Il dut y avoir là une mortification sensible pour le général Morand. Il semble la manifester en formulant une nouvelle demande de congé. Il compte bien, au fond, si ses désirs sont accueillis, faire des démarches en France pour quitter ses fonctions de Corse. La création de cet obstacle sénatorial les rend plus épineuses encore. Le 12 juin 1806, du quartier général de Bastia, il adresse une nouvelle demande au ministre à l'effet de prendre un congé de deux mois pour aller se rétablir en France « d'une fièvre inflammatoire dont il souffre pour excès de travail. » Ce congé lui est encore refusé. Cependant le ministre est pris comme d'un remords de conscience à l'idée qu'il est injuste de refuser du repos à un serviteur qui vient de fournir quatre ans d'une carrière de zèle et de dévouement au service de la patrie. Il ajoute, alors, en marge de la lettre de Morand, ces mots : « Toutefois demander au général s'il persiste. » (1)

Morand ne persiste pas, il se soumet encore et répond magnifiquement résigné :

« J'ai trop à cœur de conserver le commandement de l'île qui a vu naître notre auguste empereur, pour persister dans la demande que j'ai faite d'un congé de deux mois pour le rétablissement de ma santé. En attendant une occasion plus favorable, je profiterai des eaux d'Orezza où je me propose de me rendre sous peu de jours. »

Plus tard, le préfet Arrighi, qui est pourtant d'origine insulaire, demandera à son tour, lui dont les travaux n'ont eu rien d'accablant, un congé de deux mois. Il lui sera accordé par l'empereur lui-même, sous une forme qu'il est

----

(1) Guerre, *Arch. adm.*

curieux de connaître pour la rapprocher de celle qu'on adopte de nos jours envers nos préfets :

Palais des Tuileries, 12 avril 1811.

ART. 1. — Le baron Arrighi, préfet du Liamone, est autorisé à s'absenter de son département pendant deux mois.

ART. 2. — Il préviendra de son départ et de son retour notre ministre de l'intérieur chargé de l'exécution du présent décret.

NAPOLÉON (1).

En brave soldat, en vaillant français, Morand reste à son poste. « On a besoin de lui », donc il ne saurait marchander son dévouement. S'il meurt à la tâche, eh ! bien, il aura fait comme tant d'autres, le sacrifice de sa vie à la patrie. Ses détracteurs diront cependant « que sa place était bonne à garder ! »

Nous relevons d'une statistique passée entre nos mains, les forces militaires de la Corse au mois de juin 1806 :

« Garnison d'Ajaccio :

4e régiment d'artillerie . .	13 hommes
Bataillon étranger. . . .	374 —
Garde-côtes	46 —
Bataillon du Liamone . .	158 —
Dépôt colonial	64 —
Gendarmerie (colonne) . .	25 —
Total . . .	680 hommes

Garnison de Bastia :

1e régiment suisse. . . .	346 hommes
1e bataillon du Golo . . .	272 —
2e — — . . .	102 —
4e régiment artillerie à pied	19 —
Ouvriers	22 —
Garde-côtes	22 —
Gendarmerie (colonne). .	25 —
Dépôt colonial	131 —
Total . . .	939 hommes

---

(1) Arch. nat. FiB 155-7.

De plus des garnisons sont placées :

A	Saint-Florent	122	hommes
	Corte	388	—
	Calvi	143	—
	Bonifacio	120	—
	Bocognano	34	—
	Vico	40	—
	Sartène	52	—
	Porto Vecchio	36	—
	Divers	50	—
		1124	hommes
	Reports . . .	680	— (Ajaccio)
		939	— (Bastia)
		2743	hommes (1)

C'est avec cet effectif que Morand a mission d'assurer la police intérieure et de veiller sur les entreprises ennemies dont l'audace et la fréquence sont des plus inquiétantes. Entre temps, soit après une revue, soit après les audiences accordées aux chefs de service, parmi les préoccupations les plus pressantes de sa charge, le général trouve encore du temps à consacrer aux affaires litigieuses des insulaires. Ce guerrier est à la fois général, administrateur, juge, officier de police judiciaire. On se demande, en vérité, si aucun de ceux dont le sort a fait d'illustres maréchaux a réuni autant de titres que Morand à la défense de l'empire, de l'ordre social, du renom des armes françaises. Et ce héros est mort ignoré. Il a été tué par la calomnie corse, bien plus que par le coup de canon de Lunebourg !

Le rapport « mensuel et politique » de juin 1806, mentionne :

« Quantité de particuliers corses continuent à réclamer l'intervention du général pour arranger à l'amiable diverses contestations qu'existent entre eux. On parvient généralement à ce résultat satisfaisant sans être obligé de le s renvoyer par devant les tribunaux, et au moyen de juge arbitres élus par les deux parties. »

---

(1) *Arch. nat.* F 7.

. Les arbitres, ce n'est donc pas lui qui les nomme, ce sont les parties. Encore un reproche qui tombe.

Toute l'administration, tous les « agissements » de Morand se font au grand jour. Les ministres de la guerre, de la justice, de l'intérieur savent les moindres de ses actes. Les écrivains corses doivent donc être mal venus à déclarer que la haute police agissait « dans les ténèbres du despotisme. »

Les embaucheurs, les traîtres, l'ennemi. — Nous n'avons jusqu'ici parlé que de l'ordre intérieur. Il convient maintenant d'exposer à quels dangers était exposée la Corse de Morand du côté de l'extérieur. Les émigrés ne restent pas inactifs. L'Angleterre travaille. La Corse, pour elle, est un champ ouvert aux manœuvres dont elle cherche à troubler la France et l'empereur, égaux objets de la haine. Elle envoie dans l'île des espions, des embaucheurs. Elle y soudoie des traitres. On se rappelle qu'elle a occupé la Corse pendant deux années consécutives et, qu'avant son départ, le vice-roi Elliot y a distribué des pensions.

L'or anglais se répand secrètement dans les campagnes par le canal d'agents secrets qui, accueillis avec sympathie par les anciens serviteurs de l'Angleterre, s'efforcent de fomenter l'insurrection.

Le foyer des entreprises méditées sur la Corse est établi en Sicile où gouverne le général anglais Stuart. C'est le même qui a été commandant des troupes en Corse pour le compte du roi Georges III. Ses émissaires débarquent nuitamment, ils enrôlent les insulaires, les embauchent contre la France, entrent en correspondance occulte avec les habitants pour préparer un soulèvement qui devra rendre à l'Angleterre la possession « du pays de l'empereur des Français. »

C'est le moment où commence la guerre d'Espagne qui

inquiète si vivement l'Angleterre. La conquête de la Corse affectuée par elle, à ce moment, quel coup pour Napoléon !

Mais Morand veille. Sa correspondance avec le gouvernement est fréquente, abondante. On lui signale les mouvements de l'ennemi. Il les observe et rend compte. Le général est partout à la fois. Il se multiplie. Cependant, pour que son dévouement soit efficace il faut bien qu'on lui prête de la confiance et qu'une sévérité d'exception frappe les coupables.

Le 12 novembre 1807, le conseiller d'État Pelet, écrit au Ministre :

« .... Quant aux individus pensionnés par l'Angleterre et qui ont été arrêtés à Ajaccio par ordre de Votre Excellence, ils sont au nombre de six. Le général Morand demande qu'on les transfère sur le continent. Si V.-E. le juge nécessaire on pourrait faire traduire les détenus à la grosse tour de Toulon et au château d'If. Je la prie de me faire connaître ses décisions à cet égard. » (1)

On lit en marge : *approuvé.*

Morand sera accusé par les corses de ces exécutions sommaires qui pourtant, on le voit, lui sont ordonnés par le gouvernement ou encore sanctionnées par lui.

Le 4 mai 1808, il signale de son quartier-général de Vico, au ministre de la Guerre :

« La Corse est entourée depuis plus d'un mois de nombreux armements ennemis qui retiennent dans le port de Bastia les bateaux de correspondance de cette île avec le continent. Le 20 du mois dernier un brick anglais venant de Malte a débarqué sur la côte du Nord de la Corse au lieu dit *Piantarella,* trois émigrés corses qui doivent se rembarquer sur le même brick, le 12 du courant, sur un autre endroit de la plage qui m'est inconnu. Bien persuadé que

---

(1) *Arch. Nat.*, F 7.

ce sont des espions ou des embaucheurs, j'ai ordonné toutes les dispositions possibles pour opérer leur arrestation » (1).

Morand ne se contente pas de surveiller la Corse. Il élargit son horizon. La haute police s'étend jusqu'au territoire de la Sardaigne. Le 18 mai 1808, il adresse un rapport confidentiel à l'empereur où il lui expose « que les populations de la Sardaigne sont mécontentes, qu'elles sont surchargées d'impôts et qu'elles ne demandent que l'intervention des troupes de l'empereur pour se soulever en masse » (2).

L'affaire Sabini. — A ce moment surgit une déplorable affaire qui ensanglante le pays et y jette le deuil. Nous voulons parler de la révolte d'Isolaccio, en Fiumorbo. On sait que cette contrée a été de tout temps la plus agitée de la Corse. Elle a été le foyer de presque toutes les insurrections historiques. Saliceti, lui-même, s'était montré incapable de réduire celle de 1800. Cet insuccès avait donné beaucoup d'audace et d'orgueil à ses habitants qui crurent pouvoir provoquer impunément l'autorité de Morand. Ce fut une entreprise téméraire qui ne leur apporta qu'une cruelle déception ! En effet le 7 mai 1808 les habitants d'Isolaccio avaient attaqué à coups de fusils et sans raison, pendant la nuit, une colonne de gendarmerie qui traversait leur pays pour en assurer l'ordre, un moment, troublé. Cette attaque fut d'autant plus injustifiée que Morand venait d'accorder une faveur spéciale à cette contrée en lui permettant d'occuper aux travaux des champs les soldats qu'elle avait fournis aux bataillons corses. Ces militaires touchaient leur paie tout en soignant leurs terres. Les

---

(1) Guerre, *Arch. Hist.*
(2) Id.

révoltés avaient été conduits par Martinetti, (fils de l'ancien juge de paix de l'endroit) qui fut arrêté par l'officier de gendarmerie. A ce moment survint le commandant « honoraire » Sabini. Se prévalant de son grade et de sa qualité d' « ami du général » il exigea la mise en liberté du prisonnier au moyen d'une sommation écrite que l'officier de gendarmerie joignit au rapport destiné à Morand. Cet abus excessif révolta le général. Il convoqua Sabini et celui-ci commit un nouvel acte d'insubordination en se rendant auprès du général, à Vivario, escorté de trente hommes armés prêts à le défendre. Cette troupe fut vivement dispersée et Sabini arrêté, et livré à une commission militaire fut condamné à mort et exécuté. Il faut dire que Martinetti, dont il avait exigé l'élargissement, avait négligé de répondre à la confiance de Sabini, qu'il avait gagné les maquis et qu'il ne fut plus repris. Ce fut la charge la plus accablante pour l'inculpé. Mais restait le rebellion armée d'Isolaccio faite à l'instigation de l'étranger et qui avait répandu le sang français. Morand fit arrêter le juge de paix et le maire et cent cinquante coupables ; il les déféra également à une commission qui condamna neuf d'entre-eux à mort (parmi ceux-ci le juge de paix Laurelli), et les autres à la déportation. Cette répression rigoureuse autant que regrettable était commandée par les circonstances. Elle fut si efficace que depuis il n'y eut plus d'insurrection dans le Fiumorbo. Et elle fut approuvée par le gouvernement (1) (2).

---

(1) Morand dira plus loin, dans un rapport à l'empereur, que cette déportation a été ordonnée par S. M.

(2) Dans un mémoire présenté à l'empereur par le prince de Neufchâtel, il est dit : « Morand avait obtenu du gouvernement que le fils de Sabini fût élevé au Prytanée. Il comptait assurer, ainsi, la fidélité de la famille Sabini à la France. Or, le commandant Sabini emmena son fils à Bastia et, au moment où l'on croyait qu'il l'embarquait pour la France, il le ramena dans le Fiumorbo. » (*Arch. nat.*, AF 1-IV, 1054).

L'historien Renucci, dont pourtant il est facile de pénétrer l'hostilité envers Morand, mais qui parfois ose lui rendre justice, consacre de longues pages à cette attristante affaire, et il conclut en ces termes :

« Certes la rébellion d'Isolaccio méritait une répression, mais condamner à mort, faire fusiller le commandant Sabini, le juge de paix Laurelli et sept autres personnes, condamner à la déportation cent quarante habitants, ce fut une abomination ! »

Dura lex, sed lex !

Ceux qui ont jugé dans cette affaire savaient, sans doute, mieux que nous, l'étendue de la faute commise et celle du châtiment qui lui était dû, le tout pesé, bien entendu, avec les circonstances qui ont encadré l'évènement, et dont la gravité ne peut échapper à personne, même aujourd'hui. En somme, la justice de Morand se montrait bonne sœur de la justice de Paoli ; elle était comme elle « rapide et terrible », et on ne saurait méconnaître à l'une et à l'autre leur efficacité.

Le gouvernement tenait la vigilance de Morand en haleine. En effet, le 13 septembre 1808, d'Otrante lui écrivait :

« ...Parmi ces émissaires anglais se trouve le sieur Tartaroli, d'Ajaccio, ancien président du tribunal criminel. Il doit fixer particulièrement votre attention. Cet émigré, connu pour sa haine de la France, est soupçonné d'avoir porté à Londres un projet pour livrer la Corse aux Anglais. Je viens d'apprendre qu'un personnage important a dû quitter depuis peu cette ville pour se rendre dans une île la Méditerranée. Si l'île qu'on a désignée est la Corse, l'individu dont le départ est annoncé est Tartaroli. Je vous recommande, général, de veiller avec soin sur cet individu, sur les parents et les amis qu'il peut avoir dans l'île. J'appelle aussi votre attention sur les autres émigrés de la 23e division militaire restés à la solde des Anglais, particulièrement sur ceux qui, par leur caractère ou leurs moyens, paraîtront susceptibles d'être chargés de quelque mission de trouble ou d'espionnage. Les relations que ces émigrés ont conservées dans ce pays doivent également être observées avec le plus grand soin, etc. » (1)

Suivent de longs renseignements sur Charles-André Pozzo di Borgo, signalé « comme un des plus redoutables ennemis de la France ».

Vincent Guitera, ancien maire d'Ajaccio sous les Anglais, est signalé aussi au général, dans les rapports de haute police, « comme ayant livré la ville aux Anglais, et coupable d'avoir ordonné le pillage des maisons de Français. » Ce maire était, en effet, en fonctions, en 1793, lorsque fut saccagée la maison Bonaparte, d'Ajaccio, et incendiée celle des Milelli.

On a sur lui cette information :

« *Le 1ᵉʳ Mars 1794*, le maire Vincent Guitera informe les représentants du gouvernement anglais qu'une frégate française, ayant à son bord 600 hommes de débarquement, a été vue et reconnue par un brick gênois récemment arrivé à Ajaccio, et qu'il y aurait lieu de donner des ordres aux vaisseaux anglais mouillés dans le port, de profiter du vent favorable pour aller s'emparer de ladite frégate. » (1)

Ainsi, le maire d'Ajaccio, dès le siège de Toulon, renseigne les Anglais et les excite officiellement contre les Français. N'est-ce pas là un des arguments à produire contre ceux qui ont prétendu que la Corse ne fut jamais volontairement anglaise et que l'esprit populaire fut toujours acquis aux Français ?

Morand répond le 16 octobre 1808 à d'Otrante :

« Tartaroli a deux sœurs à Ajaccio. L'une est mariée à Joseph Frasseto, frère du juge de paix. Il est, en outre,

---

(1) *Arch. nat.*, F 7.
(1) *Ephémérides ajacciennes.*

parent de la famille Levie, qui est très nombreuse dans cette commune. Depuis la prise du Portugal par les Français, le dit Tartaroli a cessé sa correspondance avec sa famille. Elle avait été jusqu'alors très active. Je pense néanmoins qu'il serait possible qu'il eût eu des intelligences avec le sieur Guitera, médecin, ancien maire de cette ville, avec lequel il a eu des relations très étroites et qui est passé, depuis plusieurs mois, à Florence.» (1)

L'auteur fait suivre cette correspondance du *post-scriptum* ci-après, qu'il importe de signaler comme réponse à ceux qui ont accusé Morand d'avoir « gaspillé l'argent du gouvernement » :

« Il est malheureux, Monseigneur, que l'on m'ait supprimé *neuf mille francs* sur mes frais de police. J'ai ainsi peu de troupes et de moyens à ma disposition. » (2)

Cette suppression ne fut point rétablie. Elle abaissa donc à 36.000 francs par an le crédit de 45.000 francs dont on sait que la haute police, au début, alimentait ses œuvres. Mais Morand néglige une question de sous. Il n'apprécie que le devoir, et son dévouement ne se ressent pas de cette baisse de prix.

Le 15 novembre 1808, d'Otrante réplique :

« De nouveaux avis qui me sont parvenus depuis ma dépêche du 1er septembre confirment le départ de Tartaroli et annoncent positivement qu'il s'est dirigé vers la Méditerranée. Il y a lieu de présumer qu'il est destiné à agir sur la Corse. La correspondance active que vous m'annoncez qu'il entretenait avec sa famille avant l'occupation du Portugal par les troupes françaises, ne permet pas de douter qu'il n'ait conservé des intelligences dans l'île. Je vous invite donc à ne rien négliger pour découvrir les relations

---

(1) *Arch. nat.*, F 7.
(2) Id.

qu'il peut y avoir soit avec sa famille, soit avec d'autres
individus, et à prendre les mesures nécessaires pour dé-
jouer ses manœuvres. » (1)

Durant que s'échangeait cette correspondance, quelle
était la situation de la Corse? Morand nous l'apprend par
le rapport qu'il adresse au ministre, le 13 décembre 1808 :

« ...On fait des enrôlements dans cette île pour des
agents anglais qui sont en Sardaigne. Les principaux
auteurs sont désignés. Ils seront bientôt arrêtés. Des bar-
ques corses communiquent avec la Sardaigne, sur la côte
occidentale, entre Ajaccio et Bonifacio. J'ai prescrit des
mesures. J'en ferai connaître les résultats. On a répandu
en Corse que les armées françaises avaient été battues en
Espagne. J'ai fait circuler avec profusion le détail de leurs
victoires.

« Les vendettas se renouvellent. Incendies, destructions
des vignes, des arbres, des bestiaux, etc. J'ai fait arrêter
onze coupables signalés, désarmer des communes, indem-
niser des propriétaires. Comptant peu sur les tribunaux,
j'enverrai à Toulon les plus coupables. La tranquillité de
la Corse tient à la sévérité et à la promptitude des mesures
prises contre les perturbateurs. » (2)

Le 15 décembre 1808, il renseigne encore le ministre :

« J'envoie à la grosse tour de Toulon Valentini et Casanova, de Corte. Ils ont été désignés fréquemment comme
faisant partie d'attroupements nocturnes qui attaquaient
et maltraitaient des patrouilles à Corte. Ils avaient blessé
grièvement neuf hommes du 1er régiment suisse en 1806,
et cassé un bras à un gendarme dans d'autres rencontres.
Les tribunaux les avaient acquittés. La nuit du 13 novembre dernier, ils ont attaqué une autre patrouille, désarmé
et blessé un des hommes qui la composaient. Je les ai mis
à la disposition du commissaire général de police de Tou-

____

(1) *Arch. nat.*, F 7.
(2) *Arch. nat.*, AF 4.

lon. P. J. Casanova et Valentini ont trouvé des cautions. Je surseois à leur départ.

Je viens de faire arrêter neuf agents anglais (point de nom). On examine leurs papiers. Le courrier prochain, je ferai connaître le résultat. » (1)

Le 7 février 1809, Morand s'explique davantage :

« Les trois détenus se nomment :
1º Poggi (Bonaventure) ;
2º Guitera (Vincent), ancien maire d'Ajaccio ;
3º Peretti, ancien maréchal-des-logis de gendarmerie.
Poggi, rentré à Ajaccio, après une absence de plusieurs années, avait trois logements à Ajaccio. Il ne fréquentait que des ennemis du gouvernement (il y en avait donc ?) Il a tenté d'acheter des armes. Il a tenu des propos contre le gouvernement. Sur le point d'être arrêté, il a dit : « *Je suis perdu, si on trouve mes papiers.* » Il les a cachés dans des rochers, et on ne les a point retrouvés. Il avait fait le projet de passer en Sardaigne.

« Un *Poggi* (Bonaventure) a déjà été arrêté à Paris après l'attentat du 3 Nivôse. Il s'est entièrement disculpé. On l'avait mis en surveillance à Paris. Sur la recommandation de plusieurs dignitaires, et notamment d'un frère de S. M. et sur un rapport avantageux de la préfecture de police, cette mesure avait été révoquée le 3 avril 1807.

« Le préfet du Liamone m'a annoncé son retour à Ajaccio le 1ᵉʳ août dernier. Par un rapport du 9 septembre, la préfecture de police a expliqué qu'elle lui avait délivré un passeport pour retourner en Corse le 13 avril dernier, et que sa conduite à Paris jusqu'à cette époque avait été exempte de reproches. A son retour à Ajaccio, il a paru suspect parce qu'il a demandé des passeports d'abord pour Tunis, ensuite pour Livourne. On a dit qu'il avait cherché à se rendre en Sardaigne sur une frégate anglaise. Le préfet l'a fait arrêter. Mais n'ayant acquis aucune preuve de sa culpabilité l'avait relaxé sur les cautionnements de deux propriétaires qui ont répondu de lui ».

---

(1) *Arch. nat..* AF 4.

« Sur le compte qu'il en a rendu au sénateur-ministre, il lui a été répondu le 8 octobre qu'il suffisait de le surveiller. Alors, le général Morand était absent. A son retour à Ajaccio, il l'a observé avec soin, et, après avoir recueilli plusieurs renseignements, l'a fait arrêter. »

« *Guitera* est intime de Poggi. Pensionné de l'Angleterre en 1796. Ami de Tartaroli. M. le sénateur-ministre avait été informé que Guitera était passé secrètement en Toscane au mois de mai dernier. On présumait que c'était à l'instigation de Tartaroli, que des avis récents de Londres annonçaient qu'il était devenu un agent important des intrigues anglaises dans la Méditerranée. S. E. avait invité le général gouverneur de Toscane à faire rechercher et arrêter Guitera (Bulletin du 24 décembre).

Peretti a été arrêté pour son intimité avec Poggi et Guitera. Il avait dit à l'apparition d'une frégate anglaise dans le golfe d'Ajaccio « que la Corse était bien heureuse lorsqu'elle était gouvernée par les Anglais, et qu'il serait à désirer qu'ils y revinssent ».

Le général Morand termine ainsi :

« *Poggi* est extrêmement dangereux par ses *principes,* sa *ruse* et sa *finesse*. Il doit être renfermé jusqu'à la paix. Il n'est aucun doute qu'il soit l'agent des Anglais dans la Méditerranée. Les deux autres, d'un âge avancé, moins dangereux, méritent seulement d'être mis en surveillance. » (1)

Le 15 décembre 1808, Morand écrit au ministre de la guerre :

« Je viens d'acquérir la certitude qu'on fait des enrôlements dans cette île pour des agents anglais qui se trouvent en ce moment en Sardaigne. J'en connais déjà les principaux auteurs, mais ils *mettent tant de ruse dans leurs opérations* que j'ai cru devoir retarder leur arresta-

---

(1) *Arch. nat.*, AF 4.

tion craignant de ne pouvoir saisir sur eux aucune trace de leur crime (1) ».

Plus loin :

« Les assassinats nombreux pour cause de vendetta que j'étais parvenu, non sans peine, à faire cesser dans cet île viennent tout nouvellement d'y être remplacés par un nouveau genre de vendetta, qui a porté plusieurs habitants des campagnes à incendier les maisons de leurs ennemis, détruire leurs vignes, couper leurs arbres fruitiers, et enfin tuer à coups de fusil leurs chevaux et mulets. J'ai attaqué le mal à la source même (2) ».

Le ministre de la guerre informe à son tour l'empereur dans un rapport d'où nous extrayons ce passage :

« Le désarmement de quelques communes, la punition des coupables, l'indemnité payée par ceux qui ont éprouvé des dommages sont les moyens employés ou provoqués avec promptitude par le général Morand pour garantir la sûreté des personnes et maintenir dans l'île la tranquillité (3) ».

L'île d'Elbe. — Le ministre de la guerre informe Morand, le 14 avril 1809, que par décret de l'empereur, l'île d'Elbe cesse d'appartenir à la 23e division militaire de Corse et qu'elle forme un commandement indépendant, sous le général Durutte, et avec l'administrateur Galeazzini, ancien préfet de Liamone.

Les Corses en Toscane. — Nous avons vu que la Corse avait expédié des bataillons, à effectifs insulaires, au gouvernement de Naples, sur la demande de Saliceti, chef de la police du roi Joseph. La sœur de Napoléon qui règne en Toscane, — à la barbe de son ajaccien de mari Bac-

---

(1) *Arch. nat.*, A F 4.
(2) Id.
(3) Guerre. *Arch. hist.*.

ciochi, dont elle a fait son docile porte-queue — (1) veut placer aussi sa sûreté personnelle sous la protection des corses ! Elle adresse au général Morand une demande en vue d'obtenir des gendarmes et des troupes insulaires. A ce temps on appréciait les soldats de ce pays comme on en appréciait les merles ! Le général lui répond, le 19 avril 1809 :

« Madame, je reçois à l'instant, de Votre Altesse Impériale, la lettre du 15 courant, qui me fait connaître l'ordre du ministre de la guerre d'envoyer à votre gouvernement quinze brigades de gendarmerie impériale commandées par un officier et prises en Corse. Le ministre, dans sa dépêche, ne parle pas de diriger sur la Toscane un bataillon corse. Je ne dois pas dissimuler à V. A. I. que si j'en reçois l'ordre il sera de bien difficile exécution, les corses composant les trois bataillons affectés au service et à la police de l'île par décret de S. M. étant presque tous mariés par la raison que le décret d'organisation de ces troupes dit qu'il doit avoir lieu parmi les hommes de 25 à 45 ans. Pour remplir les vœux de V. A. I. il sera bien plus facile de lever de suite, en Corse, un bataillon composé d'officiers, sous-officiers et de soldats volontaires. Le 20 du courant les brigades du Liamone destinées à la Toscane se mettront en marche pour Bastia où, réunies à celles du Golo, elles s'embarqueront dans ce port (2) ».

Les évènements d'Espagne préoccupent les Anglais. Ils cherchent, en répandant de fausses nouvelles, à activer les intelligences qu'ils possèdent dans la Méditerranee afin de contrarier les opérations françaises dans la péninsule ibérique. Leurs agents de Corse redoublent d'ardeur. Morand signale ces menées le 11 février 1809 :

« Par le rapport ci-joint que je reçois de Sardaigne et

---

(1) Wouthiers : *Les Bonaparte après 1815.*
(2) Guerre. *Arch. hist.*

que j'ai l'honneur d'adresser à V. E., elle verra que le nommé Tartaroli, corse, parti dernièrement de Londres, sur le compte duquel vous m'avez demandé des renseignements n'a point encore paru en Sardaigne. Je serai prévenu du moment où il débarquera et même de ses projets s'il entend troubler la Corse (1) ».

Plus loin le général signale « qu'un corps d'armée de 15.000 hommes, sous le général Stuart, a été formé en Sardaigne et qu'on ignore sa destination; mais qu'on soupçonne la Corse d'être le lieu de débarquement, vu que de nombreuses embarcations lui ont été signalées sur le littoral du Fiumorbo, point qui est l'objet « d'une active surveillance ».

« Poggi a été arrêté à Ajaccio en décembre dernier, comme l'un des principaux agents de l'Angleterre. Les frères Orsoni, depuis plusieurs années, se sont livrés au brigandage et avaient été inutilement poursuivis. La terreur qu'ils inspiraient empêchait de trouver des témoins lorsqu'on les mettait en jugement. Leur éloignement de leur pays et leur détention à Toulon était la seule mesure convenable. Ils sont d'ailleurs jeunes et vigoureux et propres au service pourvu qu'ils soient mis dans l'impossibiliter de rester en Corse (23 février 1809). (2)

Les Dénonciations calomnieuses. — Comme de Cursay, comme de Marbeuf et de Vaubois, comme Miot et tous ceux qui ont gouverné la Corse, le général Morand devait s'attendre à être poursuivi par la calomnie qui est un des attributs de l'existence insulaire. Les dénonciations se mirent à pleuvoir sur son compte personnel et sur celui de son administration. Si Morand a pu résister si longtemps dans l'île, c'est que son chef suprême, Napoléon Bonaparte,

---

(1) *Arch. nat.*, F 7.
(2) *Arch. nat.*, A F 4. 1506.

savait les mœurs de ses compatriotes et qu'ils les mépri-
saient profondément Tout autre que Napoléon eut succombé, victime du mensonge de ses compatriotes. Il faut
lui savoir gré d'avoir, en dépit de toutes les influences
hostiles à Morand, témoigné à son représentant des encouragements et de la confiance.

Le bruit de ces dénonciations arrive jusqu'en Corse.
Beaucoup s'attendent à ce que « le tyran » parte. Mais le
général ne s'émeut pas. Il patiente. Il sait bien que la situation est difficile, qu'il n'est pas le plus fort à Paris.
Mais il ne saurait ni se décourager ni fuir. Il attend le
moment où l'occasion se présentera de faire valoir ses
titres à un rapatriement, car il est visible que son séjour
dans l'île lui pèse. Il est las de servir dans ce pays où il
dépense deux fois plus d'efforts qu'il n'en dépenserait sur
le continent, à l'armée. Et ce surcroît de dévouement
reste là inconnu, infécond, suspect même !

Cependant le préfet Arrighi, qui lui a été hostile, qui lui
sera encore hostile plus tard, saisit cette circonstance pour
témoigner au général ses perfides sympathies. Il n'entend
point faire mentir le proverbe qui donne les corses comme
« fallacieux ». Le 18 février 1809, en effet, le préfet d'Ajaccio compatit au chagrin qui vient au général des dénonciations dont il est l'objet et il lui écrit :

« Mon cher général, il paraît que des individus ont été
assez impudents pour vous dénoncer à un des ministres
de S. M. l'Empereur. Ces détracteurs, quels qu'ils soient,
ne peuvent exciter que du mépris et de l'indignation. Il
faut être ennemi de son pays pour oser élever la voix
contre celui qui se voue entièrement pour justifier la confiance dont il est investi et opérer, ainsi, tout le bien qu'il
est en son pouvoir de faire. La lâcheté d'un petit nombre
d'intrigants est loin, sans doute, d'attiédir le zèle qui vous
a toujours animé. Le sort le plus doux que peuvent atten-

dre leurs artifices sera d'être enseveli dans les ténèbres de
l'oubli (1) ».

Ce haut témoignage d'un corse à qui tous les corses
accordent leur estime et leur considération devrait suffire,
s'il était sincère — avec les corses on ne sait jamais ! —
à laver Morand de toutes les souillures dont les insulaires
ont flétri son administration. Arrighi en parlant ainsi,
condamne les abbé Rossi et les Colonna d'Istria dont les
mémoires passionnés nous ont représenté un Morand
« ignorant, brutal et concussionnaire ». Mais on sait que
le monde n'accueille que les versions qui le servent. La
calomnie ne peut atteindre une personne que l'on aime.
En revanche elle a tôt fait de flétrir et de sacrifier celle que
l'on déteste. Il y eut certes en Corse, comme dans chaque
pays, de braves gens. Ils ont aimé Morand pour les services qu'il leur a rendus personnellement et pour ceux
qu'en recevait leur pays. Mais dès que la malveillance s'était
mise à persécuter le général, ces braves gens manquèrent
de courage en ne le défendant pas. Je lisais un jour ce fier
jugement de lord Aberdeen sur son pays (2) : « Ce qui fait
la force de l'Angleterre c'est que, chez nous, les honnêtes
gens sont aussi hardis que les coquins ». Cela ne doit
pas seulement s'entendre au point de vue politique ; sur le
terrain social aussi, base de tout système politique, les
honnêtes gens doivent se montrer « aussi hardis que les
coquins ». Lorsqu'on a un ami calomnié on doit le défendre.
Lorsqu'on sait une imputation mensongère chacun doit se
mettre en devoir de la dénoncer. On peut concevoir la dif-
famation qui, en certains cas, est excusable ; on ne peut
admettre la calomnie qui, dans tous les cas, doit être

---

(1) Guerre. *Arch. hist.*
(2) S. Bonvalot : *Sommes-nous en décadence ?*

haïssable et déshonorante pour celui qui l'emploie. « Je me suis toujours demandé avec étonnement pourquoi une calomnie bien constatée n'était pas reputée, même par la loi, un crime égal au crime d'assassinat dans un pays où chacun déclare (il s'agit de la France) tenir à son honneur plus qu'à la vie (1). » Or les malfaiteurs de la Corse attaquèrent Morand et les « autres » laissèrent faire. Si bien que ce général, qui sacrifia sa carrière pour cette île, y faillit tomber traîtreusement victime de là haine implacable de ceux dont il réprimait les criminelles menées en conformité de son devoir. Et personne ne le défendit !

Le 6 mai 1809, le général signale au ministre la situation de ses troupes :

« La gendarmerie de la Corse sans colonel ni chef d'escadrons présente en ce moment de bien faibles ressources, après le départ des quinze brigades de gendarmerie à pied qui viennent d'être dirigés sur le grand duché de Toscane.

« Le bataillon de la Méditerranée fort de 396 hommes dont la moitié sont à l'hôpital par suite de la longue détention éprouvée (?). » (2)

« Les trois bataillons corses ont un mauvais armement parce qu'il ne leur a été délivré des arsenaux de cette île que de vieilles armes réparées. Ils sont en outre mal habillés et mal équipés. Les officiers de ce corps n'ont que leur traitement qui n'est que des deux-tiers de la solde de la ligne » (3).

Le général demande des renforts et des améliorations.

---

(1) Louis Blanc : *La Révolution de 1848.*

(2) En 1810, il est formé trois régiments de réfractaires dont un est affecté aux garnisons de la Corse, sous la dénomination de : Régiment de la Méditerranée. Il compta cinq bataillons fort de 800 hommes, dont trois firent la campagne de Russie et deux restèrent en Corse. A la Restauration, il devint le 35ᵉ léger. (Martinien : *Guerres de l'Empire.*)

(3) Guerre. *Arch. hist.*

Nous arrivons ainsi au terme où Morand, las, écœuré de sa tâche non moins ingrate que pénible, médite de quitter la Corse. Car malgré les accusations mensongères dont ses irréductibles ennemis ont poursuivi sa mémoire, il est loin « de professer un amour immodéré pour un pays et pour un poste qui lui rapportent tant d'argent ! » Il est curieux de faire ressortir ce contraste. D'un côté les corses accusent les Français (comme ils ont accusé les Génois), de s'enrichir dans leur île ; de l'autre, et en vue d'obtenir le dégrèvement de leurs charges, ils ne cessent de proclamer qu'ils sont pauvres et que leur pays est déshérité ! Morand veut résolument abandonner « sa place lucrative ». Elle est riche, en effet, mais en misères et en déceptions de toutes sortes. L'ennemi y est partout. Il menace sans relâche le pays confié à sa garde ; il altère sa santé personnelle ; il inquiète son repos ; il porte atteinte à son honneur. C'est une alarme perpétuelle contre les dangers du dehors et du dedans. Il est des limites à la volonté des hommes. Celle de Morand les a atteintes. Il y a plus de huit ans que le général est en ce pays, huit ans d'exil et de travaux forcés qui ont amené en lui une sorte de dépression dont il craint les conséquences. De nos jours, les préfets de la Corse et les gouverneurs militaires de cette île n'y peuvent tenir seulement un an. Chaque année ils viennent refaire leur santé dans un séjour en France. Et ils sont dans un état normal de paix. Nul péril n'est suspendu au-dessus de leur tête. Morand est resté en Corse pendant huit années consécutives, sans cesse sur la brèche et en alertes, supportant le lourd fardeau de tous les services publics et il n'a jamais pu obtenir un congé réparateur. La France lui apparait soudain comme l'issue libératrice. Il a la nostalgie de son pays. Comme il se reposerait avec bonheur, en terre natale, après la carrière fournie, la tâche accomplie, la patrie satisfaite. Ici c'est la lutte perpétuelle contre le danger qu'on voit et contre celui, — combien plus redoutable — qu'on ne voit pas. Même à ce temps les campagnes durent six mois, un an, mettons deux ans. Mais en Corse voilà une campagne de huit ans dont le mérite n'est seulement pas compté dans les états de service et ne sera d'aucun poids ni pour l'avancement ni pour la retraite !

Justement voilà le traité de Presbourg qui vient d'être rompu. Une nouvelle guerre est déclarée contre l'Autriche. On forme les cadres. On a besoin de généraux et d'états-majors. Morand lit le *Moniteur* à ses rares moments perdus, passés sur le belvédère de la citadelle d'Ajaccio, en face de cette vaste nappe d'eau qui conduit en France. Est-ce que ce n'est pas le moment de s'échapper de ce maudit pays où le retient son dévouement à son empereur. Mais ce dévouement il peut aussi bien le porter en France, en Autriche, à la grande armée !

Le cœur de ce vaillant soldat tressaille à l'idée que des lauriers peuvent être réservés à ses futurs exploits. Il se sent encore jeune, à peine a-t-il dépassé la cinquantaine. Il en est de plus âgés que lui à la tête des armées de l'empereur. Il brûle d'envie de changer de scène et de combattre, non plus obscurément dans un pays de barbarie où s'étiole son courage, se consume stérilement son talent, se ruinent sa santé et ses espérances, mais là-bas, près de Lui ! Il voudrait du soleil d'Austerlitz ! Que de combats en perspective, sous les ordres de l'empereur, avec l'état-major, à la tête d'une division de la grande armée ! Qui sait si le bâton de maréchal, le titre de duc et les illustrations des Ney, des Masséna, des Lannes, des Lobau ne viendront pas, sur le tard, illuminer aussi son nom, frôler son épaule d'un rayon de cette gloire qui éblouit le monde ! Que penser, à côté de cela, du maquis de la Corse !

Morand saisit tout ce qu'a de misérable sa vie solitaire sur cette île perdue que la nature semble tenir éloignée du continent comme pour le préserver d'une contamination. Il dut se sentir semblable à ces chouettes reléguées, la nuit, dans un creux d'arbre, lui qui sent frémir ses plumes blanches au souffle qui vient de France et qui présage les nouvelles conquêtes de l'aigle ! Il voudrait se libérer de l'entrave qui le retient à ce rocher-prison et voler à la suite de ceux de sa race qui prennent leur essor vers les régions de la bataille et de la célébrité.

Cette campagne d'Autriche désole et décourage le guerrier oublié en Corse. On s'attriste toujours à voir s'organiser, sans vous, des parties pour lesquelles vous vous sentez désigné. On s'impatiente à attendre un choix qui ne se fait pas et qui, à vos yeux, vous est dû. Morand n'y tient plus. Il écrit le 16 août 1809 au ministre de la guerre. Il lui demande « comme une grâce » l'honneur de participer à la campagne qui s'ouvre.

« Il y a plus de sept ans qu'il est en Corse et qu'il a servi fidèlement le gouvernement de l'empereur. Il désire maintenant reprendre son poste à la grande armée, il demande à combattre sous les ordres de S. M. l'empereur et roi. »

Mais Morand n'a pas de chance, son dévouement est connu. Il sera son châtiment. On lui a refusé successivement deux congés. On lui refusera encore « la grâce de servir à la grande armée. »

En marge de sa lettre au ministre de la guerre il est écrit :

« Lui mander que l'empereur est satisfait de sa conduite en Corse et qu'il en a parlé avec éloges ; que le bien du service exige qu'il reste dans cette île pour continuer à servir la France et à la maintenir dans la situation où elle se trouve, et qui est satisfaisante sous tous les rapports. » (1er mai 1809.) (1)

C'est ce qu'on appelle de « l'eau bénite de cour ! »

Et Morand se résigne. Il veut avant tout servir la France et l'empereur. Soit ! Du moment qu'il est « utile en Corse » il y restera. Sa présence y est d'ailleurs d'autant plus nécessaire que les entreprises ennemies menacent de tous les côtés. Jusqu'ici il n'a vu que des corses, n'a exercé que la police intérieure. Les évènements vont peut-être lui apporter du changement. Il se pourrait qu'il vit les Anglais, qu'il se heurtât même aux forces du général Stuart. Qui sait si le sort ne lui ménage pas ici une illustration qu'il cherche au dehors ? Les espions, les embaucheurs abondent. Et ce péril augmente juste au moment où les forces militaires du pays diminuent. Eh ! bien, on suppléera à la situation par un redoublement d'énergie. Et le général reprend sa plume et son épée pour la défense de la Corse et de la France :

De Paris on l'informe :
« Le préfet du département de l'Ombrone écrit à la date du 13 mai 1809 que 32 corses déserteurs des troupes qui sont dans les états-romains, ont été vus dans le bois de Collechio, près Grossetto, cherchant un bateau sur le littoral pour passer en Corse. On sait que 25 autres se sont embarqués la nuit du 23 avril à la Cala di Forsco (Ombrone) dans le bateau d'un patron nommé Mattera. Le préfet observe qu'il conviendrait peut-être d'éloigner ces militaires de l'Italie où la désertion et les moyens de passer en Corse sont faciles. » (2)

Ces déserteurs doivent être surveillés étroitement. Parmi

---

(1) Guerre, *Arch. hist.*
(2) *Arch. nat.* AF 4.

ıux se faufilent des agents de Stuart destinés à fomenter
.a trahison.

La conspiration d'Ajaccio commence à se former. Des
ımissaires anglais débarquent sur tous les points de l'île
ıui leur sont ouverts. Ils gagnent secrètement les villes,
rallient des adhérents et forment déjà les noyaux de ces
comités anglo-corses qui vont entreprendre la livraison
du pays. Le comité d'Ajaccio verra pénétrer ses trames et
châtier son forfait. Le comité de Bastia plus heureux,
pourra cacher sa conspiration jusqu'en 1814, où alors elle
éclatera en plein jour en livrant la ville à l'amiral Bentinck,
mouillé à Livourne. Et cette trahison se révèlera juste au
moment où l'empire s'effondrera, où le corse Napoléon
aura besoin du concours de tous ses compatriotes.

A la date du 10 juin 1809 les bulletins de police, soumis
à l'empereur, relatent :

« Le général Morand a annoncé que trois émissaires du
général Stuart venaient de débarquer en Corse. M. le duc
de Conegliano (Moncey) donne avis que le capitaine du
Golo l'a informé que l'un de ces deux émissaires était le
nommé Santucci, condamné à mort précédemment par
une commission militaire. Il s'est montré publiquement à
Isolaccio et a cherché à recruter pour les Anglais. Il est
venu de la Sardaigne avec ses deux compagnons. Un fort
détachement de gendarmerie est à leur recherche. » (1)

Au « bulletin de police » du 24 juin 1809, on lit une note
de la police de Toulon adressée au ministre qui la communique à l'empereur :

« Huit corses détenus à la grosse tour de Toulon se sont
évadés. Ce sont : 3 Renucci ; 3 Orsoni ; Mandi, dit Quili-
chini ; Poggi. Leur évasion date du 8 avril. L'un des Renucci a été repris. Les sept autres ont été signalés au
général Morand. »

----

(1) Id.

Le même fonds contient le rapport de Morand daté de Bastia 31 mai 1809, qui accuse déjà l'existence du comité anglo-corse d'Ajaccio :

« Les hommes que vous désignez sont rentrés dans leurs foyers et méditent de nouveaux forfaits. Poggi est caché dans Ajaccio depuis huit jours. *Il communique avec un comité qui s'est formé dans une maison du faubourg.* Ce comité a des relations journalières avec un brick anglais à bord duquel se trouve Guitera que Votre Excellence m'a signalé plusieurs fois comme étant chargé par les Anglais d'une expédition sur la Corse. Ce brick qui croise depuis plusieurs jours, a déjà distribué des sommes considérables entre plusieurs personnes dont j'ai les noms. Le but de ce comité est de faire déserter les militaires des deux bataillons corses qui sont dans le Liamone, et de se rendre maître d'Ajaccio en facilitant un débarquement anglais. Leur complot m'a été révélé par des témoins auxquels j'ai toute confiance. Je pars à l'instant pour Ajaccio et je prendrai contre les coupables des mesures promptes et sévères. M. le ministre avait désigné Guitera comme lié intimement avec le président Tartaroli, agent du cabinet britannique en Méditerranée. Le général Morand l'a fait arrêter en décembre, mais en février il l'a fait mettre en liberté sous caution et surveillance spéciale à Ajaccio. »

Le ministre commente :

« Le général n'explique pas comment Guitera s'est soustrait à la surveillance, si le cautionnement a été fourni. A quelle époque Guitera a quitté Ajaccio et passé à la croisière anglaise? S. E. demande des éclaircissements. (1)

Le 24 juin 1809, le chef du département de l'Ombrone signale au ministre :

« On prépare à Messine une expédition de 8000 hommes, qui comprend le régiment corse. Le colonel de ce régiment a présenté au général Stuart (anglais) les agents Giannetti

____

(1) *Arch. nat.* AF 4.

et Santucci, envoyés en Corse pour recruter et pour préparer une insurrection. Le général leur a donné ses instructions et leur a promis de fortes récompenses. Ils se
seraient rendus de Messine à Cagliari accompagnés d'un
capitaine et d'un sergent-major corses. Le capitaine a eu
une conférence avec le ministre anglais, à la suite de
laquelle les agents sont partis pour la Magdeleine sur un
navire anglais. Le 3 mai, le patron Baretta les a débarqués
en Corse, à cinq mille de Bonifacio. » (1)

« Le général Morand prévient M. le sénateur-ministre
que les 34 militaires du Fiumorbo qu'il avait envoyés à
Toulon par ordre de l'Empereur et qui ont été incorporés
dans les dépôts coloniaux, sont presque tous rentrés en
Corse où ils tiennent le maquis. »

Le général signale encore au ministre de la police, les
faits qu'il vient de découvrir à la date du 30 mai 1809 :

« Des embaucheurs et des espions anglais viennent de
débarquer en Corse. Ils y ont été envoyés par le général
Stuart actuellement en Sicile et chargé du commandement
de huit mille hommes, dont on ignore la destination. Ce
que je sais de positif c'est que le général anglais a recommandé trois choses aux embaucheurs : 1° d'enrôler le plus
de monde possible ; 2° d'employer tous les moyens d'organiser une insurrection ; 3° d'obtenir des habitants qu'ils
signent une pétition demandant à l'Angleterre de prompts
secours pour délivrer la Corse du joug des Français. Je
puis assurer V. E. que je ne crains rien, et que si le plan
que je viens de dresser réussit, nous donnerons une bonne
leçon à ces agents. » (2)

La conspiration d'Ajaccio. — Morand se trouvait à Bastia guettant les entreprises anglaises dirigées du côté du
nord de l'île lorsqu'il reçut la visite soudaine de Mazel, le
précepteur de ses enfants, à Ajaccio. Cet émissaire l'informait que le péril n'était pas à Bastia, mais à Ajaccio

(1) *Arch. nat.* A F 4.
(2) *Arch. nat.* F 7.

même. Mazel, en effet, exposait au général que cette ville couvait une conspiration dirigée contre la France et le gouvernement de l'empereur ; qu'un comité anglo-corse y avait été secrètement formé qui entretenait des intelligences noctures avec des navires légers des Anglais qui venaient atterrir aux îles Sanguinaires ; que les conjurés tenaient des réunions rigoureusement privées où seul ne pouvait pénétrer qu'un officier anglais déguisé qui venait donner le mot d'ordre, donner de l'argent et signer des promesses de subsides ; que le complot englobait différentes personnes de la ville, même de l'entourage du général, et que leur première action devait être à un signal donné, de tuer les représentants de l'autorité, d'arborer le drapeau blanc au clocher de la cathédrale et d'indiquer ainsi aux Anglais qui louvoyaient devant le golfe que la possession de la ville leur était acquise.

On verra plus loin avec quelle astuce Ajaccio se défendit de cette accusation et quelle éhontée malignité déployèrent les écrivains de ce pays à laver la flétrissure de « la ville-berceau » dans d'immondes accusations portées contre Morand et contre les témoins qui eurent le courage, au mépris de toutes les menaces, d'aller déposer au procès. Cela fera l'objet des chapitres suivants. Il convient de procéder avec ordre dans l'enchevêtrement des trames de cette affaire où la vérité a été bâillonnée et ingénieusement ligotée, avant d'être jetée dans le puits par ceux dont elle flétrissait la conduite.

Le général Morand, à l'annonce de cette conspiration, prend aussitôt ses dispositions en vue de frapper avec la rapidité de la foudre. Ce guerrier tenait à prouver dans chacune de ses opérations qu'il avait pris des leçons de celui qui « gagnait des batailles avec les jambes de ses soldats. » Mais en homme juste et prudent Morand ne veut pas agir sans donner des gages de sa sincérité. On dirait que déjà il sent la suspicion qui va planer sur lui, l'accuser de tyrannie et de conceptions mensongères. Par un long séjour parmi les corses, il a appris à connaître leur ruse et leurs machinations. Il sait que le coup qu'il va frapper va être rude. L'affaire est monstrueuse en soi. La ville d'Ajaccio conspirer contre le gouvernement de Napoléon ? C'est, en vérité, une intrigue qui a dû tenter la diplomatie anglaise. Quelle preuve plus évidente apportée à la charge de l'empereur des Français, pour prouver son insupportable despotisme, que de montrer au monde sa ville natale elle-même secouant le joug de l'empire et remettant ses destinées au cabinet britannique !

La traîtrise anglaise triomphe ; son or a fait partout des merveilles. Il a acheté des nations qui marchent contre la France. Il vient d'acheter Ajaccio qui marche contre Napoléon. Combien ne semble-t-il pas à propos de répéter ici le mot que Salluste prête à Jugurtha contre Rome « urbem venalem et mature perituram si emptorem invenerit » ! Ajaccio a accepté le marché. Elle ne veut plus de la France ni de l'empereur. Elle les vend. Elle appelle « la pluie de guinées » dont a parlé M. Jollivet. Ce Bonaparte, « u bastardoni » qu'elle a haï, dans son enfance, qu'elle a persécuté, menacé de mort, dont elle a brûlé la maison, ruiné la famille, flétri le nom, ce Bonaparte maintenant elle le renie à nouveau ; elle se promet de l'exécuter encore aux yeux et applaudissements de l'Europe coalisée contre lui !

Morand a jugé de suite de l'immensité du forfait et soupesé tout le retentissement qui lui serait donné dans le monde. La rude tâche de répression ne l'intimide pas. Au contraire, il l'envisage avec joie, car c'est toujours une joie pour l'homme de devoir et de dévouement que de marcher au-devant d'un danger qui lui apportera les palmes du martyr ou celles de la gloire. Mais il ne veut pas agir sans discernement, sans assurer ses pas, sans garantir son honneur contre les attaques dont il le sent menacé.

Où l'on voit que Morand est un soldat et non pas un « policier » ainsi que ses ennemis l'ont représenté, c'est qu'il n'envisage à aucun moment la nécessité d'une manœuvre tendant à grossir l'affaire, en poussant secrètement à son développement, en introduisant plus avant dans leurs compromissions, les coupables et leurs complices.

Néanmoins le général manque de prudence. C'est une faute qui lui sera justement reprochée plus tard par Rovigo lui-même. Avant de faire éclater ce scandale il eut dû s'assurer des preuves nombreuses et indiscutables. Elles y étaient dans ce pays plus nécessaires qu'ailleurs. Elles étaient en outre plus impérieuses encore. Morand les a négligées. Il s'est lancé bénévolement au-devant d'un péril dont il n'a pas assez mesuré toute la gravité. Il a eu tort. Sa conviction était faite, celle de son entourage aussi ; il fallait encore envisager celle du dehors et de la postérité.

Un professionnel de la police eut agi autrement que lui. Aujourd'hui ces pratiques sont d'usage courant, et il faut leur reconnaître cet avantage que, dans le cas de doute, elles font ressortir plus grossièrement les fautes ou les innocences. Mais le général ne connaît que le devoir et l'honneur. Il marche toujours sans compter l'ennemi, son nombre et sa force. On lui a signalé un complot, des conspirateurs. Il est dans un milieu qui lui donne l'assurance qu'il se trouve en présence d'une réalité et non « d'une vision ». Il sait en outre la Corse minée par les intrigues anglaises. Ce n'est pas seulement une constatation faite avec ses propres moyens. Elle éclate aux yeux mêmes de ceux dont il reçoit les informations de Paris. Poggi et Guitera sont à Ajaccio. Pozzo di Borgo y a des intelligences secrètes. Les vaisseaux anglais tirent des bordées continuelles devant le golfe. La population a prouvé — et elle le prouvera encore — qu'elle n'aime pas les Bonaparte. Toutes ces données, avec d'autres moins locales, concordent pour assurer un complet crédit à la découverte du complot. Ceux qui ont douté, dans la suite, de la véracité de cette affaire, s'ils n'ont pas été victimes de leur propre passion, ils l'ont été de celle de témoins intéressés à effacer cette

infamie des annales d'Ajaccio. S'il en est encore qui se
refusent de bonne foi à croire à cette conspiration, c'est
qu'ils font abstraction, en observant à cette heure, cette
ville paisible et soumise, des vents et des intérêts qui
l'agitaient en 1809. On juge toujours très mal de choses
éloignées que l'on ne connaît qu'avec les modifications apportées par le présent ou encore par les relations savam-
ment falsifiées de ceux qui entendent les dissimuler.

De cette découverte le général Morand s'en est ouvert au
ministre. De Bastia il l'informe de chacune des mesures qu'il
va prendre. Si jamais il se trompait, son chef, le ministre,
a la charge de l'éclairer ; si le ministre l'approuve, c'est
donc que l'appréciation est exacte et que la procédure est
bonne.

Puis Morand se met aussitôt en route pour Ajaccio. Cette
ville est bien tranquille. Elle ne se doute pas que l'œuvre
de ses conspirateurs est éventée.

« Soudain le 30 Mai le bruit court de l'arrivée du général
à Ajaccio, pour le 20 Juin. L'opinion assure qu'il a l'intention d'y venir chercher sa famille pour la conduire aux eaux
d'Orezza. Mais le 4 Juin on apprend que le général a couché
à Bocognano et le 5 Juin il arrive à Ajaccio accompagné
du chef de bataillon Dubalen qui commande la place de
Saint-Florent (1) ».

Aussitôt arrivé à sa résidence, Morand adresse au ministre le résultat de ses premières investigations.

« Ajaccio, 8 juin 1809. A mon arrivée dans cette place
je me suis convaincu qu'il existait un comité d'environ
12 membres qui avait reçu de l'argent des Anglais et qui
communiquait avec les bâtiments de cette nation. J'avais

---

(1) Traduction du pamphlet italien publié en 1860 par le président
Colonna d'Istria sous ce titre : *Ajaccio vindicata.*

déjà fait opérer leur arrestation, mais comme ils ne laissent pas de traces écrites de leurs délibérations, j'ai pensé qu'il serait de la plus haute importance pour la faire juger de saisir dans ce comité un capitaine anglais qui s'y est rendu déjà deux fois en mon absence et qu'on attend de nouveau incessamment. Si je ne puis parvenir à faire saisir cet officier, vu que ma présence à Ajaccio a un peu déconcerté le comité, je m'assurerai au moins de tous les conspirateurs, auquel cas je vous rendrai aussitôt compte (1)».

Le ministre répond aussitôt par lettre du 5 juillet 1809 :

« J'ai eu soin de mettre sous les yeux de S. M. l'empereur et roi les détails importants que vous m'avez adressés au sujet de cette affaire (2) ».

Dès que Morand a fait opérer les arrestations, il rend compte au ministre :

« J'ai l'honneur de transmettre à V. E. l'état nominatif des individus que je viens de faire arrêter et traduire dans la prison d'Ajaccio, comme prévenus d'avoir entretenu des intelligences secrètes avec les Anglais, tendant à leur livrer la place d'Ajaccio pendant mon séjour à Bastia et à commettre des assassinats sur les premières autorités. Je vais, Monseigneur, livrer ces conspirateurs à une commission militaire spéciale et aurai l'honneur de vous instruire du résultat de la procédure qui va être instruite à cet égard. Un embaucheur, qui avait enrôlé huit soldats du bataillon de la Méditerranée, vient d'être arrêté dans le département du Golo, ainsi que cinq de ces déserteurs. L'embaucheur va être jugé par une commission militaire et les déserteurs le seront par le tribunal spécial de Bastia. Les bâtiments sous mes ordres viennent de faire deux prises à l'ennemi. Elles ont été mises à la disposition du commissaire de la marine, conformément à la loi. Morand. »

Suit la liste des conspirateurs arrêtés. Elle ne se compose

---

(1) Guerre *Arch. hist.*
(2) Id.

au début que de 23 noms. Trois autres arrestations seront faites les jours suivants :

Membres du comité ANGLO-CORSE d'Ajaccio
arrêtés le 10 juin 1809.

1, Levie, père, dit *Piedifalco* (1) ; 2, Paul Guidaccioli, notaire ; 3, Mathieu Pietri, liquoriste ; 4, Narcisse Lecca, père ; 5, Altabano ; 6, Vincent Lanfranchi ; 7, J. Antoine Recco, dit *Leoni* ; 8, Clementi, maçon ; 9, Wolfer, maréchal des logis de gendarmerie ; 10, Gaudry, garde d'artillerie ; 11, Etienne Pô ; 12, Monero, père et fils ; 13, Esparron, directeur du bagne ; 14, Rocco, valet de ville ; 15, Guitera, médecin, ancien maire ; 16, Boccatello ; 17, Lecca, médecin ; 18, André Farilacci ; 19, Durazzi, maire de Tavera ; 20, Vincentelli Colonna ; 21, Santo Oliva, ex-percepteur ; 22, Ant. Gozzi, dit *Maligno* ; 23, François Pozzo-di-Borgo. » (2)

Morand déclarera, plus tard, dans un rapport à l'empereur, qu'aussitôt ces arrestations opérées il fut félicité par toutes les notabilités de la ville, et que particulièrement le maire Levie, et d'autres, lui ont conseillé « de déporter les coupables sans jugement. » Cette déclaration n'a point été démentie non plus que la proposition agréée. C'est donc qu'alors on reconnaissait le complot. On n'en a voulu au général que d'avoir répugné à un acte d'arbitraire et d'avoir flétri le pays par le scandale d'un jugement qui devait atteindre toute la cité.

Ses ennemis n'étaient donc pas dans le vrai en proclamant que ces arrestations « frappèrent la ville de stupeur ! » Plus tard, il vont déclarer « qu'elle fut frappée d'effroi ! » La petite cité napoléonienne fournissait à elle seule 26 conspirateurs contre Napoléon ! En la laissant faire,

---

(1) *Piedifalco* veut dire *pied-de-faucon*.
(2) *Arch. nat.* série F 7.

n'est-il pas certain qu'elle en eut fourni davantage encore, car ce ne fut là qu'une conspiration arrêtée « dans l'œuf. » On remarquera que Morand n'a épargné personne parmi les accusés. Il a fait arrêter indistinctement, corses et français, des amis et des ennemis, des jeunes et des vieux, tous ceux en un mot sur qui pesaient les présomptions. Pour défendre Ajaccio et charger Morand, des écrivains ont soutenu que beaucoup d'habitants se demandaient « ce que voulaient dirent ces arrestations, tant on se doutait peu qu'un complot eut été ourdi. » Cette ignorance est, somme toute, possible, si elle n'est pas feinte. Qui dit complot, dit « entreprise secrète. » Il est d'une élémentaire prudence, lorsqu'on conspire, de ne pas afficher les plans à suivre. Des ajacciens, en grand nombre même, ont pu ignorer le complot sans que, pour cela, le complot n'ait point existé. Cette ignorance cependant sera un argument sous la plume d'habiles « légistes » qui s'attèleront à l'œuvre de la réhabilitation.

Comme le préfet Arrighi (1) sera de ces derniers, il convient de mentionner une lettre qu'il adresse au ministre de l'intérieur et dans laquelle il s'abstient d'incriminer la conduite de Morand. Dans la suite, cependant, comme les autres, il la suspectera en vue de défendre les « concitoyens de l'empereur. » Cette lettre, datée du 15 juin 1809, contient ce passage qu'il importe de noter :

« Je puis, en attendant, vous donner la certitude qu'en général le dévouement de mes administrés à la personne auguste de S. M. l'empereur, ne saurait être plus prononcé. »

---

(1) « La sœur d'Angelia Maria Pietra-Santa, grande tante maternelle de Napoléon épousa en 1750 Hyacinte Benielli. De ce mariage : Antoinette, née à Ajaccio le 27 juin 1753, morte à Paris le 27 octobre 1836, mariée le 12 septembre 1774 à Hyacinthe Arrighi, préfet de l'empire, né à Corte le 3 mars 1748, mort à Ajaccio le 24 février 1819. » De Brocanne : *Les Bonaparte et leurs alliances, 2ª édition.*

On le verra bien en 1814 !

Cette lettre serait insignifiante si nous ne savions que le préfet l'avait fait précéder d'une visite au général, où il le félicitait de ces arrestations. Le maire Levie, lui-même, que nous verrons dans quelques jours, associé à la campagne dirigée contre Morand, se fit un devoir de joindre ses compliments à tous ceux que lui portèrent les notabilités de la ville. On arguera que le maire, tombé dans une erreur, a pu s'en être dégagé résolument. Hélas! était-il donc dans l'erreur, aussi, quand qu'il protestait de son dévouement à l'empire et à l'empereur ? Et pourtant à la chûte de Napoléon, ce maire est encore un des premiers à le désavouer et à le couvrir d'opprobre ! On se demande alors à quel moment il fut hors de l'erreur ?

Le 6 juillet 1809, Morand informe à nouveau son chef, le ministre de la police générale, de ses opérations et des suites qu'il entend donner à la conspiration. Il se couvre. Pour la troisième fois, il annonce la prochaine réunion d'une commission spéciale militaire pour juger les coupables. Il convient de mettre en relief ce détail, car on y retrouvera une réponse à ses ennemis qui l'accusent « d'avoir sciemment violé la loi » en constituant ce tribunal d'exception :

Ajaccio, 6 juillet 1809.

« Monseigneur, par ma dépêche du 18 juin dernier j'ai rendu compte à V. E. que j'allais livrer à une commission militaire spéciale, divers prévenus de conspiration contre l'Etat, dont j'ai eu l'honneur de vous transmettre le tableau nominatif. Aujourd'hui je me fais un devoir d'annoncer à V. E. que cette procédure s'instruit avec tous les soins et toute l'activité possible ; mais que la malveillance s'agite en tous sens, pour présenter les témoins, les uns comme des *fous* ou des imbéciles, les autres comme *immoraux* ou *ennemis de sang* des prévenus. Enfin on tâche d'employer tous les moyens pour prouver *l'alibi*. J'ose néanmoins assurer V. E. que malgré ces entraves et des intrigues criminelles, les membres qui composent la commission militaire spéciale, dont la moralité, l'intrépidité et le dévouement à l'empereur sont connus, rendront, dans le calme et la sagesse, un jugement conforme aux principes de la justice et de l'équité. » (1)

MORAND.

Cette lettre est trop belle pour que nous songions à la déflorer par des commentaires, et nous laissons bien volontiers le lecteur sous l'impression favorable qui s'en dégage pour la cause de Morand.

---

(1) *Arch. nat.* AF 7. — La même lettre est adressée directement à l'empereur. (AF ɪv)

LA COMMISSION MILITAIRE

Un jugement pris et rendu à l'unanimité

II

> « L'homme a droit à l'erreur, et c'est
> se mettre dans son tort que de l'en tirer
> par la violence. La vérité n'a de droit
> sur l'erreur que celui de lui barrer la
> route lorsque l'erreur emploie la violen-
> ce. Mais alors le tort de l'erreur, c'est
> d'être la violence. »
>
> DEJOB (cours de Sorbonne).

A la suite des dernières arrestations opérées sur l'ordre de Morand, le nombre des prévenus se trouva porté à vingt-six. Maintenant, il fallait les juger. A quel tribunal devra-t-on les déférer? Est-ce au tribunal correctionnel? Est-ce à la cour? Ou bien à une commission militaire? La question ne paraît pas avoir été longtemps débattue, malgré que, depuis, les hommes de robe s'en soient passionnément préoccupés.

Ils ont prétendu qu'aucun texte de loi n'avait prévu le cas d'Ajaccio. On eût pu leur répondre que, pendant les guerres de la Chouannerie, les commissions militaires, et non les tribunaux civils, avaient jugé les individus prévenus d'avoir conspiré contre la sûreté de l'Etat. Par rapprochement des chouans avec les corses, — les uns et les autres ayant conspiré avec le concours des Anglais, — on pouvait soutenir que l'affaire d'Ajaccio était du ressort du tribunal militaire. Mais les gens retors pouvaient aussi objecter que ces corses n'avaient pas été pris les armes à la main et que l'île ne se trouvait pas en état d'insurrection. Les avocats savent saisir les nuances, même là où elles sont fort contestables. Ils disaient que l'article 23 de la loi du 21 Brumaire an V autorisait bien les généraux en chef, commandant les places assiégées, à choisir et à former eux-mêmes les tribunaux qu'ils reconnaîtraient nécessaires à l'effet d'assurer l'ordre et de prononcer les jugements correctionnels ; mais ce cas, d'après eux, ne s'appliquait qu'aux éléments militaires. Or, la conspiration des ajacciens comprenait, en majorité, des civils.

Il y avait aussi la loi du 7 juin 1793 qui disait :

« Ceux qui étant convaincus de crimes ou de délits qui n'auraient pas été prévus par le code pénal et les lois antérieures, ou dont la punition ne serait pas déterminée par les lois, et dont l'incivisme et la résidence sur le territoire de la République auraient été un sujet de troubles et d'agitation, seront condamnés à la peine de la déportation. »

Mais ce décret était muet à l'endroit du tribunal qui devait « connaître » de ces troubles et de « cette agitation ». Il ne résolvait pas, non plus, le point de la qualité, civile ou militaire, des prévenus. Et il était important.

Enfin, on commentait ce texte du décret du 29 Nivôse an III, qui ne visait que les jugements antérieurs, et ne se rapportait qu'aux pénalités :

« La Convention nationale autorise son comité de législation à statuer sur la mise en liberté de tous les citoyens qui ont été condamnés à la peine de mort et qui n'ont pas été exécutés, et ceux condamnés à d'autres peines que celle capitale, pourvu que les jugements ne soient causés ni pour délits ordinaires ni pour faits de loyalisme. »

Nous ne nous sommes occupé de ces décrets que parce qu'on les verra plus loin invoqués pour innocenter les condamnés d'Ajaccio.

A part ces trois textes, fort peu explicites en vérité, aucune loi n'était formelle d'après eux, pour ce qui regardait la conspiration d'Ajaccio. Toutes les lois qui donnaient pleins pouvoirs aux généraux, dans des cas analogues à celui-ci, ne concernaient que « les enrôlements au profit de l'étranger, les embauchages, etc. » ; elles n'avaient nullement spécifiés « ceux qui, civils ou militaires, seraient prévenus d'avoir entretenu des intelligences avec l'étranger ». Or, les prévenus d'Ajaccio n'étaient nullement accusés « d'embauchage et d'enrôlement ». En vérité, on jouait sur les mots, car celui qui enrôle ou embauche est toujours en intelligence avec l'étranger. C'était de la pure chicane !

Cette lacune dans l'arsenal des lois leur a paru véritablement flagrante. Il appartenait aux « choses de Corse » de la faire ressortir. Ce ne fut qu'en 1849 qu'elle fût comblée par un article spécial inséré dans la loi du 9 août et qui précise que « au cas de mise en état de siège, les tribunaux militaires peuvent être saisis de la connaissance des crimes et délits commis contre la sûreté de l'État, *quelle que soit* la qualité des auteurs principaux et des complices ».

Mais, pour ne pas être insérée dans le texte officiel des lois, la teneur de cet article, dès 1809, était dans l'esprit des légistes. Il recevait communément son application. La Corse pouvait être considérée comme en état de siège, vu qu'elle était environnée d'ennemis, et que son général jouissait de pouvoirs extraordinaires.

On invoqua les cas de Cadoudal et de Pichegru : on osa même invoquer le cas du corse Arena, dans son attentat dirigé contre le Premier Consul ; et comme ces prévenus avaient été déférés à la Cour d'assises de la Seine, on sou-

tint que les conspirateurs d'Ajaccio devaient être jugés par
le jury. Or, on se rappelle que Miot avait supprimé le jury
et lui avait substitué un tribunal d'exception, exclusivement réservé à la connaissance des crimes de droit commun. Et puis le jury eût même encore existé en Corse que
la conspiration d'Ajaccio eût dû être dérobée à ce tribunal
pour « cause de suspicion légitime » (1).

Il restait donc à Morand un principe, celui qui remplace
les lois absentes et qui règle, de droit, la procédure : l'usage.
Or, l'usage de ce temps, et surtout de ce pays, avait invaria-
blement reconnu aux commissions militaires le droit de
juger les crimes commis ou prémédités contre la sûreté de
l'Etat. Sur le continent même, en bien des circonstances
mémorables, la commission militaire avait connu des mêmes causes. Faut-il rappeler, parmi les plus célèbres, que
le duc d'Enghien comparut si malheureusement devant
un tribunal militaire, et que le général Malet, en 1812,
qui eut parmi ses complices le corse Boccheciampe, civil,
devait, pour le même crime reproché aux conspirateurs
d'Ajaccio, être jugé et condamné par la même juridiction ?

Enfin, dans l'île même, l'usage des commissions militaires, inauguré par le corse Saliceti, avait été constant. Miot
avait bien cherché à y mettre obstacle, mais il avait été
impuissant à le déraciner (2). Il est vrai qu'à son temps il

---

(1) En 1900, le procureur général de la Corse traduisit, devant la
cour d'assises du Var, les frères Sabadini, d'Ajaccio, « pour cause de
suspicion légitime. »

(2) Miot demande au Premier Consul, dans son rapport du 7 fructidor
an X, la suppression des commissions militaires : « les commissions
sont instituées par un arrêté spécial de vous. Elles se regardent comme
indépendantes de mes pouvoirs. Je n'ai pas cru qu'il me fut permis
de prendre sur moi, quelque fut le bien qui en serait résulté, d'anéantir
une disposition que vous avez ordonnée directement. » *Arch. Nat.,*
A F IV, 1054.

était abusif. Trois juges seulement, choisis, parfois sans beaucoup de discernement, connaissaient des fautes commises et les châtiaient dans les vingt-quatre heures. Dans ses rapports au Premier Consul Miot avait signalé ces abus et obtenu de lui que désormais les commissions militaires, à la suite des colonnes, seraient supprimées. Mais le principe était resté intact. Il y avait fait loi. En 1798 le général de Vaubois, commandant en chef, avait eu à réprimer une des insurrections du Fiumorbo. Un des chefs de cette révolte, le vieux Giafferri, fut pris. C'était un ancien combattant de Paoli, irréductible ennemi de la France. Jugé par une commission militaire, il fut condamné et solennellement passé par les armes en pleine place Saint-Nicolas de Bastia. Dans un autre cas, le général Ambert, successeur de Vaubois, avait déféré en 1800, à une commission militaire les frères Santolini, émigrés, qui, avec un prêtre qui les accompagnait, avaient été capturés sur une barque au moment où ils passaient en Sardaigne. Et ils avaient été exécutés. Ce ne sont là évidemment que des cas pris parmi les plus connus. Or ces exécutions n'avaient occasionné aucune protestation ni de la part des insulaires, ni de la part de leurs représentants. En 1808, l'année même qui précéde celle où fut découverte la conspiration d'Ajaccio, le général Morand, on se le rappelle, avait fait exécuter les terribles sentences des commissions militaires jugeant les nouveaux troubles du Fiumorbo et qui condamnèrent neuf accusés à mort et cent cinquante à la déportation. Or, encore à cette occasion douloureuse, qui fut sensible à l'opinion, le gouvernement n'avait nullement témoigné sa réprobation (1). Au contraire, il avait envoyé

---

(1) Ce pays était sans cesse en révolte contre la France. « Il fallait en finir », d'après l'avis de Bonaparte.

au général ses félicitations. C'était la preuve qu'à Paris on avait, plus qu'en Corse, des raisons majeures de croire aux menées anglaises ayant en vue la reconquête de cette île. La politique a des exigences terribles, — surtout en temps de guerre —, qu'il faut savoir justifier. Du moment que l'idée de patrie est admise — et nous l'admettons sans réserves — il faut admettre aussi les lois qui tendent à la réaliser. On ne saurait comprendre une patrie qui se laisse morceler, qui ne se défend pas, qui n'impose pas à la trahison en face de l'ennemi. Or la Corse, de ce temps, était sans cesse à l'état de guerre. Les Anglais n'y ont dominé par la douceur et la corruption que parce qu'ils avaient la suprématie dans la Méditerranée. (1) Le pouvoir d'Elliot s'était exercé derrière un rideau d'escadres qui bloquaient la Corse et la détachaient complètement du continent. Morand n'avait point ces garanties. La mer, au lieu d'être aux mains des Français, était au contraire restée dans celles des Anglais qui en disposaient à leur guise pour troubler l'ordre insulaire. Leurs entreprises contre la possession française étaient même quotidiennes. Elles se révélaient sur divers points de la côte. Les procédés de domination ne pouvaient donc pas être les mêmes sous Morand et sous Elliot. L'aménité de l'agent britannique s'expliquait par la sûreté de son administration. La sévérité du général français devait se justifier par les inquiétudes de son autorité.

Aussi s'expliquent les lettres adressées au chef de la 23e division militaire et les encouragements qu'elles lui apportaient.

---

(1) Les lois anglaises n'étaient pas moins terribles. Elliot avait le droit de former une cour martiale pour juger les faits de corruption et de trahison. Elle jugeait aussi *sans appel* et la *peine capitale* était édictée pour la plupart des cas. Mais le vice-roi préférait temporiser C'était plus conforme à ses vues, pour ses besoins du moment. Maurice Jollivet : *Les Anglais dans la Méditerranée.*

Le général Morand — qui n'était pas une nature timorée —, ne pouvait donc avoir d'hésitation. Du moment qu'il avait éventé un complot contre la sûreté de l'état il n'aura pas la naïveté de confier à des magistrats suspects de lâches complaisances la mission de l'instruire et de la réprimer. Il a non-seulement pour lui l'usage, il a encore l'adhésion du gouvernement, puisque ses lettres aux ministres de la guerre et de la justice, à l'empereur lui-même sont restées sans réponse. Il était donc dans le droit et dans la légalité, malgré que tous les gens de robe du pays, ayant derrière eux, les publicistes du temps et les parents des accusés, se soient mis d'accord avec les magistrats de l'endroit pour signaler comme un acte « de despotisme et d'arbitraire » toute décision qui s'étendrait au-delà de la juridiction normale.

Malgré que le décret impérial du 17 Messidor an XII, soit resté muet pour les « conspirateurs » il a semblé incontestable à Morand et à son entourage que c'était le seul qui s'appliquât au cas d'Ajaccio. Les inculpés qu'il tenait dans les prisons de la citadelle étaient bien compris dans les « traîtres » visés par les dispositions de l'empereur. Aujourd'hui même cette interprétation apparaît fondée. Elle ne fut d'ailleurs contestée que par les robins qui avaient intérêt à exploiter cette affaire grosse de sensations et de revenus. Il nous a semblé utile de cueillir dans le *Bulletin des lois* le décret de l'empereur et de l'apporter à l'appui de notre thèse. S'il semble rigoureux, la faute n'en est point à Morand dont le devoir strict était de l'exécuter :

Décret du 17 Messidor an XII

(sur le rapport du ministre de la guerre)

Article, Ier. — A l'avenir les espions et les embaucheurs seront, ainsi que leurs complices, jugés par des commissions militaires spéciales.

Art. II. — Ces commissions seront composées de sept membres parmi lesquels il y aura au moins un officier supérieur ; (à Ajaccio il y en eût trois).

Art. III. — Les membres de la commission seront nommés dans l'intérieur, par le général commandant la division, et choisis parmi les officiers en activité.

Art. IV. — La commission sera présidée par celui de ses membres le plus élevé en grade ; et à grade égal, par le plus ancien dans ce grade.

Art. V. — Un des membres de la commission remplira les fonctions de rapporteur ; il aura voix délibérative au jugement.

Art. VI. — Un sous-officier, au choix du rapporteur fera les fonctions, de greffier.

Art. VII. — Les jugements de la commission *ne pourront être attaqués par recours* à aucun autre tribunal et seront exécutés dans les vingt-quatre heures de leur prononciation.

Art. VIII. — Toute commission militaire sera dissoute dès qu'elle aura prononcé sur les accusés pour le jugement desquels elle aura été convoquée.

Art. IX. — Les dépenses auxquelles donneront lieu les opérations des commissions militaires spéciales sont assimilées à celles des conseils de guerre permanents et seront payées conformément aux arrêtés du 17 floréal an **V**, et 18 germinal an **IX**.

Art. X. — Les officiers qui seront appelés à composer ces commissions n'auront droit à aucune indemnité pour le service extraordinaire.

Art. XI. — A partir du jour de la publication du présent décret, les conseils de guerre permanents cesseront de connaître des œuvres d'embauchage et d'espionnage.

Art. — Le ministre de la guerre est chargé de l'exécution du présent décret, qui sera inséré au *Bulletin des Lois*.

Napoléon.

Plus tard, après le procès, lorsqu'Ajaccio devra entreprendre l'annulation du jugement de la commission militaire, la défense invoquera, parmi les principaux motifs de son recours, l'incompétence de ce tribunal. Elle arguera que la qualité civile de la presque totalité des prévenus devait les conduire, de droit, devant une juridiction civile. Mais pour juger de la valeur de cet argument, il suffit de nous en rapporter aux considérants qu'*Ajaccio-vindicata* prête à l'arrêt de la cour. On y cherche en vain l'admission de l' « incompétence. » Il n'y est question que de la non-validité des décrets sur lesquels la commission militaire a établi son jugement. La cour déclarerait qu'ils étaient abrogés ! Elle déclarerait aussi — si cet arrêt n'est pas imaginaire — (1) que l'aveu des « preuves insuffisantes » introduit dans le jugement d'Ajaccio était encore un motif d'annulation de la procédure de Morand. Il eut fallu voir l'arrêt de la cour suprême pour en juger, à notre tour, le fondement. Malheureusement il n'en existe de trace nulle part que dans la brochure sus-mentionnée. Force nous est donc de n'en parler que pour mémoire. Mais on peut cependant soutenir que « les preuves insuffisantes » ne pouvaient avoir été invoquées que pour épargner les condamnés. Le fait de la conspiration a été reconnu constant à l'*unanimité* des juges. La mesure de faveur dont auraient bénéficié les conspirateurs ne peut en rien amoindrir un témoignage si hautement prononcé. Il semblerait véritablement étrange que, pour sauver des coupables, la cour — même par ordre — ait laissé planer le doute sur l'honneur des officiers de la Commission militaire. Or, il serait atteint s'il avait été démontré que leur unanimité avait eu pour base l'erreur ! La chose vaut bien qu'on l'observe, ne fût-ce que pour établir combien un acte de conscience et de loyauté peut servir parfois à favoriser les fripons, et quel cas on doit faire de la justice des hommes dès que la peur et l'intérêt s'en disputent les arrêts.

Nous n'avons donné ce développement que pour prendre une avance sur les ennemis de Morand que nous allons trouver réunis contre lui et ergotant à l'infini sur chacun de ses actes.

----

(1) Tous les auteurs corses ayant mentionné cet arrêt de la Cour de Cassation, nous nous sommes employé à la rechercher. Nous ne l'avons retrouvé nulle part. Le recueil de Sirey qui, pourtant, rapporte tous les arrêts de la Cour suprême ne donne pas celui-là. Les archives de la Cour ayant été incendiées en 1871, nous n'avons pu rien rapporter de notre visite au greffe.

Ce fut donc le chef de bataillon Dubalen qui fut chargé de diriger l'instruction comme rapporteur. Cet officier était connu par l'austérité de ses mœurs non moins que par la rigidité de son caractère. C'est lui qui avait déjà dirigé l'instruction dans la retentissante et malheureuse affaire d'Isolaccio et la rigueur de ses conclusions lui a-vait fait une réputation redoutable. Aussi fût-ce avec « cons ternation » que les habitants d'Ajaccio apprirent sa désigna-tion. Un magistrat de cette espèce, il était difficile de le tromper, plus difficile encore de le corrompre. La malignité ajaccienne se sentit un moment vaincue. Il n'y avait qu'un moyen d'entamer Dubalen, c'était de le calomnier. Mais la calomnie ne viendra que pour exercer la vengeance. Présentement elle serait intempestive et n'aurait aucune utilité. Mieux vaudrait de la réserver et de recourir à d'autres armes, à l'habituelle duplicité des ajacciens, par exemple, à laquelle on attribuait tant de succès. Ce parti fut reconnu le plus sage et il fut adopté.

La mission confiée à Dubalen fut longue et pénible. Elle eut sûrement découragé un magistrat civil. Elle ne put fléchir la volonté et la clairvoyance de ce brave soldat que son sort venait de soumettre à l'épreuve des intrigues les plus diverses et les plus dangereuses. Il en sortit victo-rieux puisqu'il sut remplir son devoir jusqu'au bout. Mais ce ne dut pas être sans avoir laissé aux ronces du chemin des fragments de sa santé et de sa réputation passionné-ment attaquée par la suite.

Colonna d'Istria l'a ainsi présenté à la postérité :

« *Dubalen* homme artificieux et corrompu ; déjà il avait servi d'instrument aux noirs desseins de Morand, comme président de la Commission militaire qui avait étouffé la fausse rebellion du Fiumorbo ! (1) ».

____

(1) *Ajaccio-vindicata* (page 29). Au dossier Dubalen, à la Guerre, on

Ainsi s'écrit l'histoire de Corse !

Nul homme ne s'est trouvé en butte à plus de tourments
que Dubalen. Ils furent si visibles que l'impression en est
restée dans l'esprit des habitants. Ils en gardèrent longtemps le souvenir. Ma grand'mère, qui a vécu cette époque,
en avait été particulièrement frappée. Plus de soixante ans
après cette affaire elle avait encore souvenance des tracas
du rapporteur. Quand elle voulait préciser un homme
terriblement ennuyé, elle disait : « Il a les tribulations de
Dubalen » ! Nous étions curieux de savoir quel était ce
Dubalen. Nous étions jeune, alors, et allions en classe. Or,
parmi les classiques où nous apprenions à connaître les
tourments de Nessus, nous ne parvenions pas à retrouver
trace de la tunique de Dubalen. Aussi, un jour, nous déci-
dâmes-nous à interroger l'aïeule, qui alors s'expliqua : «
« Je veux parler du rapporteur de la commission militaire,
lors de la conspiration d'Ajaccio. C'était un chef de bataillon (1). Il demeurait dans la « rue du Poivre » ! et c'est là
que vinrent l'assaillir toutes les misères qui l'attendaient
dans notre ville. En effet, dès qu'il fut désigné par Morand
pour instruire le complot, il fut le point de mire de tous
ceux qui entreprirent d'intercéder en faveur des prévenus.
Chaque jour, dès l'aurore, il était assailli à son domicile
par des gens qui venaient solliciter son indulgence.

---

lit : « A fait la campagne de 1792-93 et de l'an III ; à l'armée des
Pyrénées en l'an IV ; à celle de l'Ouest en l'an V et VI ; à celle du
Rhin-et-Moselle en l'an VII ; à celle du Danube en l'an VIII ; à celle du
Rhin en l'an IX. Blessé : 1° en Espagne le 13 Juillet 1793, 2° au passage
de la Bidassoa le 10 Thermidor an III, 3° à Rawensburg (Rhin) le
27 Ventôse an VII, 4° au passage de la Limath le 3 Vendémiaire an VIII,
5° le 13 Floréal an VIII, à Stokach. 5 blessures et les éloges de Masséna.
Dubalen était né à Saint-Sever (Landes) en 1773. Il s'était marié en
Corse avec Angelique Fabiani, de Monticello. Voilà l'homme sali par
l'auteur d'*Ajaccio-vindicata*, un haut magistrat !

(1) Mon grand-père Louis Ristori fut un des successeurs de Dubalen
comme commandant de place de Saint-Florent (1825).

Chacun lui apportait des cadeaux. Il avait beau les refuser les visiteurs ne se lassaient pas d'en apporter. A travers la porte — comme il n'ouvrait pas — on le prévenait « qu'un tel » avait apporté un beau fromage, ou une superbe murène, ou du gibier, ou des fruits. Puis on laissait l'offrande dans l'escalier et on gagnait la rue pour guetter la sortie du rapporteur. De sorte que lorsque ce malheureux se rendait à la citadelle, pour l'instruction, il lui fallait d'abord passer entre deux haies de présents déposés dans l'escalier, puis, dans la rue, traverser encore des haies formées par les solliciteurs qui se disputaient son attention avec des paroles et des gestes de plus en plus accentués, chacun entendant arracher à un rival le bénéfice des regards du commandant. De part et d'autre on lui disait : « C'est moi qui ai apporté le fromage, moi qui ai déposé le poisson, moi qui vous ai offert le panier de pêches, etc. ». Dubalen n'entendait personne. Il filait vers son bureau, mais ce n'était pas sans être escorté de la foule des solliciteurs qui ne le lâchaient qu'à la porte du quartier. Et encore son supplice ne finissait pas là. Il recommençait chaque fois qu'il en sortait ou qu'il le regagnait, si bien qu'un jour il dut mettre un factionnaire à sa porte et se faire accompagner d'hommes de troupe. Cela ne suffit pas encore à assurer son repos et un beau matin on apprit qu'il avait transféré son domicile à la citadelle pour jusqu'à la fin du procès ».

Mais la clairvoyance et la rigidité de Dubalen pouvaient tenir tête aux intrigues locales, non les réduire. Elles allaient même en augmentant comme augmente l'écume autour d'un rocher que le flot ne peut submerger.

Ces « présents des grecs » n'était qu'une mince, la plus mince partie des difficultés que rencontrait la mission du rapporteur. La plus grosse résidait dans la constitution des pièces du dossier, dans l'audition des témoins et des inculpés, surtout dans la malveillance publique. Les témoins en effet étaient rares et ceux qu'on tenait devenaient chaque jour de moins en moins précis. On sentait que l'influence locale s'exerçait violemment sur eux et qu'elle neutralisait leur volonté. Ils étaient comme Dubalen, lui-même, circonvenus et assiégés. Mais comme ils n'étaient pas protégés par les même moyens moraux et matériels que le rapporteur, ils étaient gagnés et ils succombaient. Il ne faut pas perdre de vue qu'Ajaccio à ce temps ne comptait — je l'ai dit — qu'une population inférieure à 5.000 âmes. Or, les prévenus au nombre de 26 englobaient, en parenté, toute la ville. Il n'y avait aucune famille qui ne comptât parmi eux un père, un frère, un cousin, pour le moins un ami affectionné. Dès lors tous les efforts de la population devaient tendre à innocenter les coupables, C'est là que se heurtait la volonté de Dubalen. Que pouvait-il en face d'un bloc aussi considérable formé par tous les habitants contre lui ? Il n'avançait qu'au prix des plus pénibles efforts, de la plus grande circonspection, de la plus sagace pénétration. Tout le procès ne reposait que sur des témoignages verbaux, les documents écrits manquant du fait de la prudence ou de l'ignorance des accusés. Il fallait avoir recours à des moyens parfois indépendants pour obtenir, soit des déclarations conformes à la vérité, soit, lorsque les déclarations étaient faites, qu'elles fussent maintenues. Les détracteurs de Morand devaient soutenir que les témoins avaient été violentés, battus, à l'effet de leur arracher des aveux. Sur ce point comme sur tous les autres, aucune preuve n'a été fournie à l'appui de l'accusation. Mais on pourrait concevoir que dans la nécessité où il se trouvait de rechercher coûte que coûte la vérité, Dubalen n'ait pas usé de moyens strictement légaux. Il eût été par trop naïf, il se fut exposé à une déconfiture certaine. Quand on est convaincu qu'un témoin cache le vrai et ne présente que le faux, il serait faiblesse au dernier chef de se rendre complice de cette manœuvre en négligeant les ressources dont dispose toujours la justice en dehors de la loi. Cette conviction, il est vrai, n'est qu'une affaire de conscience. Mais où serait la justice si la conscience ne devait pas être le premier attribut du magistrat dans la recherche de la vérité. Ce sont ces manœuvres habiles, rusées, tenaces, tant des témoins que des prévenus, que révèle et dénonce Morand dans sa correspondance au ministre : « La malveillance s'agite en tous sens pour faire passer les témoins pour des imbéciles, immoraux ou « ennemis de sang » pour inventer même des alibis ». Ceux-là seuls qui ne connaissent pas la Corse ne sauraient apprécier à quel degré élevé se pratique dans ce pays l'astuce en toutes choses, mais particulièrement en matière judiciaire.

Les prévenus et les témoins ne sont encore qu'un obstacle de mince importance. Livrés à leurs seuls moyens, Dubalen saurait bien les réduire à l'impuissance. Mais ils sont soutenus, non pas seulement par la population entière mais encore par la magistrature locale. Les magistrats d'Ajaccio étaient alors nombreux. On sait qu'à ce temps la cour d'appel résidait dans cette ville. Or, ces magistrats s'attendaient à ce que la conspiration d'Ajaccio fut déférée, à la juridiction civile. Leurs revendications sont formelles et constantes. Le procureur impérial, Colonna d'Istria avant de les exposer dans son éhonté libelle *Ajaccio-vindicata*, s'est chargé de les présenter au public de ce temps. Il est même, lui, un des instigateurs du mouvement populaire dirigé contre la justice militaire. Lui et ses collègues, les Castelli, les Gaffori, les Maestroni, s'étaient attendus à prendre part au jugement de cette affaire, soit comme juges, soit comme procureur. Elle leur apparaissait féconde en promesses. Ils y signaleraient « leur dévouement » à l'empereur et y acquerraient des titres à l'avancement !

Peut-être même s'étaient ils réservés de fulminer contre les coupables et de requérir contre eux la peine capitale, car on a vu des corses, pour cause d'égoïsme, se montrer plus rigoureux envers leurs compatriotes que ces continentaux mêmes auxquels ils reprochaient tant leurs « atrocités ». Mais voilà que Morand avait détruit leur rêve. En remettant à la justice militaire le jugement de la conspiration d'Ajaccio, il avait, du coup, anéanti les espérances de la magistrature locale et alors tous les magistrats frustrés dans leurs intérêts, plus encore que dans leurs droits, s'étaient dressés contre lui. Dès lors leur ressentiment se manifestera à chaque moment, attaquant tour à tour les décisions de Morand et la marche de la procédure de Dubalen. O sainte justice, que d'erreurs et de vilenies en ton nom !

Il y avait une autre considération qui devait ajouter aux obstacles élevés contre l'œuvre de Dubalen. La conspiration d'Ajaccio était doublement coupable en ce qu'elle avait été ourdie dans la ville natale de l'empereur. On avait alors persuadé aux fonctionnaires de tous ordres que si la conspiration était prouvée, elle apparaîtrait aux yeux de tous si odieuse que la colère de l'empereur pèserait sur la ville entière et que chacun, pour ne pas l'avoir dénoncée, souffrirait dans sa propre carrière. Alors les fonctionnaires se joignirent à la population pour obstruer la recherche de la vérité et pour qualifier d'« œuvre imaginaire » un complot qui n'était que trop réel, mais dont la preuve, si elle était faite, devait provoquer une universelle indignation et déshonorer la cité natale (1).

Voilà donc résumées en quelques pages les difficultés et les haines dirigées contre la justice et la vérité dans la personne de Dubalen qui nous apparaît comme leur inébranlable défenseur. Cet officier connaît cette situation. Elle se révèle chaque jour à ses yeux. Il se sent faible pour maintenir intacts les pouvoirs qui lui ont été dévolus et que chacun entreprend d'émietter. Il n'a pour tout soutien que sa volonté d'aboutir à faire éclater la vérité. Il prend en exemple son chef qui est lui-même la fidélité au devoir, le dévouement à l'empereur et qui pourtant est en butte à toutes les suspicions. Dubalen se sent surveillé à chaque pas. La malveillance locale est implacable. Elle est forte aussi, vu que sa force réside sous des robes de magistrats qui veillent sur l'observation des règlements, sur l'interprétation des textes, jaloux de garder le monopole d'une compétence juridique. Aussi procède-t-il avec circonspection. Il est juste sans dureté, indulgent sans faiblesse. Son honneur est engagé dans cette procédure et il s'efforce de le placer au-dessus de toutes les atteintes de l'envie et de la malignité. Mais la justice elle-même, quel est celui qui ne peut la calomnier ?

Les témoins sont peu nombreux, car tous se sont défilés sous l'influence de l'esprit local. Quatre, cependant, à côté d'autres dont les dispositions ont été utilisées, sont restés

---

(1) « Morand entendait déshonorer la ville natale de Napoléon en lui « attribuant un complot contre le gouvernement de l'empereur. » Renucci : *Storia di Corsica*.

« Le hideux Morand se promettait d'élever à Ajaccio une colonne d'infamie » abbé Rossi, manuscrit 856 B. N. œuvre que son auteur dédia, d'ailleurs, à Louis XVIII.

« Morand inventa une conspiration pour déshonorer la Corse impériale ». Abbé Galetti : *Histoire de la Corse*.

« Ce fut une infamie contre Ajaccio. » Porcioli-Conti : *Notre Corse*.

fidèles à la vérité. Deux d'entre eux sont « français » et deux
sont corses. Les premiers se nomment Mazel et Bonhomme,
les seconds Casalonga et Tolla.

Mazel est un ancien chanoine qui aurait indirectement
trempé dans une affaire malheureuse ourdie en France contre
l'Etat. Il a été déporté à l'Ile d'Elbe, en 1797, sans jugement
et placé sous la surveillance de la police. Alors que cette île
était placée sous son commandement, Morand l'avait ins-
pectée et comme il était à la recherche d'un précepteur pour
ses enfants, il avait choisi pour cet emploi cet ancien ecclésiastique dont la bonne conduite et l'érudition étaient
connues de toute l'île (1). Les meilleurs certificats des autorités de l'Ile d'Elbe ont été fournis qui ont justifié le choix de
Morand. Vu l'état de guerre, le général n'avait pu envoyer ses
enfants en France ni leur en faire venir un précepteur qualifié (2). Il y avait cinq ans que Mazel était attaché en cette
qualité auprès de Morand lorsqu'avait éclaté la conspiration
d'Ajaccio, et il s'était cru obligé, par un élémentaire devoir de gratitude envers son bienfaiteur, de l'en informer
rapidement. En agissant autrement il se fut rendu coupable d'une noire ingratitude envers Morand et d'un crime à
l'égard de son pays. Or, cette preuve de fidélité et de dévouement les auteurs corses la lui ont reprochée comme
un témoignage de son immoralité et de « ses crimes
antérieurs !»

Bonhomme est, lui aussi, continental. C'est une tare ! Il est
originaire de la Drôme. Il avait d'abord tenté le commerce et
il n'y avait pas réussi. Il s'était alors voué à l'enseignement et
avait échoué à Ajaccio où, de ce côté, il y avait quelque chose

(1) Lorsque la calomnie ajaccienne atteignit Mazel dans sa moralité
tous les fonctionnaires d'Elbe lui envoyèrent des attestations honorables
qui figurent à son dossier. AF 7, 8764.
(2) Morand avait deux filles et deux garçons. Voir à la fin.

à faire, vu que les écoles étaient alors à l'état embryonnaire.
Comme Mazel, il a connu le complot d'Ajaccio par Casalonga,
un jeune homme de dix-sept ans qui a suivi ses cours et
qui, ayant assisté aux délibérations secrètes du comité
anglo-corse, en avait rapporté, dans sa frayeur, les termes
et les noirs projets. Bonhomme vit à Ajaccio depuis cinq
ans (1). Nul ne peut lui imputer un acte d'inconduite.
La confiance qu'il inspire est telle que les plus grandes
dames d'Ajaccio le chargent du soin d'instruire leurs
enfants, même les jeunes filles. Ce détail nous est révélé
par l'auteur d'*Ajaccio-Vindicata* lui-même dans les injures dont il l'accable. En effet, Bonhomme ayant su
que la première victime, désignée par les conjurés, est Ramolino receveur des postes, il fait prévenir ce fonctionnaire.
« Lorsqu'il ira faire sa promenade habituelle du soir,
hors des murs, il tombera le premier sous les coups des
conspirateurs anglo corses. » Bonhomme avait dans sa
classe, une élève qui était la fille de Mme Paravicino, parente
de Mme Mère, chez qui Ramolino fréquentait. L'instituteur
charge immédiatement cette jeune fille d'avertir sa mère et
Ramolino (2). Alors la défense reproche à Bonhomme d'a-
voir inventé cette histoire, et pour le prouver, elle attaque
violemment la moralité du témoin en arguant qu'« il a été
chassé de France et qu'il n'est qu'un banqueroutier ! »

Casalonga est un jeune homme de 17 ans. Il est le fils d'un
menuisier nommé *Fra Pasquale*. Il a beaucoup de relations

---

(1) Au moment de son arrestation survenue dans la suite et sur les
dénonciations ajacciennes, la police de Paris fit sur Bonhomme une rigoureuse enquête qui ne rapporta rien de fâcheux sur son compte. AF
7. 8764.

(2) François Ramolino, frère de la grand'mère de l'auteur. Grièvement
blessé à Austerlitz et mis à la réforme il avait été nommé à ce poste par
l'empereur. Ne pas le confondre avec *André Ramolino*, receveur des
contributions, son contemporain, et parent plus rapproché de Madame
Mère.

parmi les rares ouvriers de la ville. C'est ainsi qu'ayant entendu secrètement parler de la conspiration et des subsides donnés par les Anglais, il s'est introduit parmi les conjurés et informé de leurs desseins. Il n'a révélé le complot à Bonhomme et à Mazel, ses confidents, qu'à cause de la terreur qu'il avait éprouvée à l'idée des massacres qui menaçaient la population. Il révèle qu'un officier anglais, pendant l'absence de Morand, avait assisté à quelques-unes des réunions secrètes du comité anglo-corse, qu'il y avait donné de l'argent pour gagner des adhérents et que, au moment de l'exécution, un drapeau blanc devait être arboré sur le clocher de la cathédrale ; qu'alors, à ce signal, les bâtiments anglais louvoyant dans le golfe, devaient envoyer des troupes pour occuper la ville ainsi dérobée à la France et à l'empereur. » Le témoin déclare que deux gondoles napolitaines étaient prêtes, sur la plage du port, pour recueillir les conjurés, en cas d'insuccès, et les transporter en Sardaigne. Il dénonce en outre Levie, dit *Piedifalco*, comme principal auteur du complot et, pour preuve de ce fait, il signale les entretiens que cet inculpé a eus, au lieu dit *Capo di fieno*, près des îles Sanguinaires avec des officiers de la marine britannique. La défense, alors, calomnie Casalonga et le donne comme « un jeune homme de triste moralité, indigne de crédit, et instrument d'une basse vengeance dirigée contre Levie et autres. Sa déposition doit être fausse et elle n'a pu être obtenue que « par la violence ! »

Voici comment s'exprime à son égard Colonna d'Istria

« Casalonga est menacé, entraîné, battu. Il se décide alors à parler. Il soutient devant le rapporteur sa scélérate déposition, avec un sang-froid barbare, et se dit encore prêt à faire augmenter le nombre des victimes (1). »

---

(1) *Ajaccio Vindicata*, page 39.

Tolla, jardinier, appuie de son témoignage formel les révélations de Casalonga qu'il ne connaît pas. Il a vu, lui, de ses yeux, Levie s'entretenant avec un officier anglais dans la région des Sanguinaires. Il désigne même la cabane du berger où ont eu lieu ces entretiens. Il précise les circonstances de temps et de lieu auxquelles les faits doivent être rapportés. La cabane et le berger sont retrouvés aux points fixés. Le berger Valéri est d'abord affirmatif. Sa première audition est probante. Mais dans la suite on le retrouve sous l'influence qu'il a dû subir de la part des parents des inculpés et il se rétracte. Il ne se souvient plus ; pressé de questions, tour à tour il avoue et se reprend. La défense attaque alors Tolla « c'est un dément, un visionnaire, un imbécile. » Les mêmes imputations ayant atteint Valéri, il s'est rétracté, et alors il devient « un honnête homme, incapable de dire un mensonge ! » On entend Cuneo d'Ornano, président du tribunal de commerce, qui emploie le jardinier Tolla depuis vingt ans. Il déclare que Tolla est un « brave homme, d'une scrupuleuse probité, et que sa déposition doit être tenue pour l'expression même de la vérité. » Alors la défense attaque aussi Cuneo d'Ornano dont elle dit :

« Jean François Tolla est un imbécile, un visionnaire. Il est jardinier du président Cuneo Ornano (du tribunal de commerce). Il répète stupidement la fable qui court, des Anglais débarqués et d'argent reçu. Mais ce Cuneo d'Ornano aussi est un homme vil qui ne doit ses hautes fonctions qu'à des pratiques de bassesse. Du reste il n'est corse que de nom, puisqu'il est fils d'une étrangère. Figurez-vous qu'il a eu la hardiesse d'autoriser son jardinier à parler, à conter tout ce qu'il a vu, tout ce qu'il sait, et de fixer le jour et l'endroit où il avait vu Levie, dit *Piedifalco*, à *Capo di fieno*, traiter avec les Anglais ! La preuve de cette déposition verbale, puis écrite, est fausse c'est que le berger dont

la cabane à *Capo di fieno* aurait servi d'abri à cet entretien
dit « qu'il ne sait rien, qu'il n'a rien vu. »

Les menaces qui ont fait fléchir le jardinier ne peuvent
faire fléchir le berger. Celui-ci seul est un galant homme ;
l'autre est un imbécile, un visionnaire, malgré que son
patron Cuneo d'Ornano affirme que sa moralité et sa bonne
foi sont entières et au-dessus de toute suspicion (1) ! »

L'auteur dit plus loin : « la déposition du jardinier suggère au rapporteur l'idée de faire appeler le berger. » Or ce
fait indique bien que l'instruction ne fut pas si dénuée de
justice.

Ramolino apporte aussi son témoignage. Il n'est pas
affirmatif sur la culpabilité des prévenus, mais pour lui
le complot ne saurait faire l'ombre d'un doute. On sent
que ce fonctionnaire n'a pas voulu nuire directement aux
coupables qui ont projeté son assassinat, mais sa conscience l'oblige à avouer sa ferme croyance au complot
puisque, dès le début, il a demandé au général que les inculpés fussent « déportés sans jugement. »

D'autres témoins défilent devant le rapporteur. Leurs
dépositions sont diverses, ambiguës, néanmoins défavora-
bles aux accusés. Ces témoins confrontés se contredisent,
s'insultent, se jettent des défis, esquivent les questions
embarrassantes.

Reste l'examen des lieux. Il répond en tous points aux
détails fournis par Tolla, Casalonga et Valéri. Les gondoles
napolitaines assemblées dans le port ont existé. On les a
vues et comptées, mais nul n'a connu leurs patrons ni leur

---

(1) *Ajaccia Vindicata*, page 32. N'oublions pas que ces paroles sont
dans la bouche d'un procureur impérial devenu, sous Louis XVIII, président de Cour. On juge de quels sentiments devait être animé ce haut
magistrat !

destination. Elles se sont envolées ! Détail à retenir : Dans la
nuit du 30 juin, jour fixé pour l'exécution du complot, une
vive canonnade se fait entendre dans le golfe. On est en pleine instruction de la procédure. La garnison prend les armes.
La population, soit par sincère patriotisme tout à coup ré-
veillé à l'approche de l'ennemi, soit encore pour donner le
change aux autorités en leur persuadant par un excès de
zèle que le complot était purement imaginaire, toute la population est sur le rivage protestant de son attachement à
la France. Le canon ne cesse de tonner. Morand et son état-
major sont partout à la fois, donnant des ordres, surveil-
lant leur exécution. C'est une alerte qui dure autant que les
ténèbres. Au jour, on se rend compte du motif de cette
alarme. Un chebec français, « *la Surprise* » avait forcé
le blocus anglais et était rentré dans le port d'Ajaccio remorquant une prise légère qu'il avait faite sur les côtes de Sardaigne et qu'il avait amenée en dépit des Anglais.
Cette alarme passée, et comme on constatait le mince résultat d'une affaire que cette canonnade nocturne avait fait
craindre considérable, l'opinion tourna en ridicule le plan
supposé du complot. La « surprise » fut générale ! on disait
que du moment que les Anglais n'avait point attaqué la
ville, le 30 juin, au jour fixé, c'est que l'on tenait la preuve
que le complot avait été une mystification. Un peu plus on
eut accusé Morand d'avoir appelé les Anglais devant le
golfe et de les avoir conjurés de décharger leur artillerie
pour fortifier du poids de leurs boulets la légèreté du dossier. Cet argument n'a pas été rapporté, mais rien ne prouve
qu'il n'ait été tenu. Ce que les écrivains d'Ajaccio ont retenu, de cette lutte du 30 juin au soir, est que l'attaque des
Anglais n'a pas concordé avec les informations que l'on
croyait tenir. Et alors ils concluaient implicitement que

ces informations étaient erronées comme devaient être forcément controuvées les révélations du complot.

Si l'alerte du 30 juin n'a pas amené l'irréfutable preuve de l'existence du complot, du moins a-t-elle dû être probante pour tous, que les Anglais n'étaient pas loin d'Ajaccio au jour marqué pour sa livraison.

Sans nous arrêter plus longtemps sur les difficultés de l'instruction, nous arrivons au procès.

Dès que Dubalen eût terminé son rapport, Morand décide de réunir une commission militaire. Il prend à cet effet un arrêté.

Convocation de la Commission militaire spéciale.

Morand, général de division, etc..

Considérant qu'il est urgent d'adopter les mesures sévères pour fixer enfin la fidélité de certains corses envers le gouvernement de l'immortel Napoléon.

Considérant que, depuis le 19 mai dernier, un comité anglo-corse s'est réuni dans la maison du sieur Levie, dit *Piedifalco*, située dans le faubourg d'Ajaccio, composé des sieurs...

Tous prévenus etc.

(On trouvera plus loin dans la teneur du jugement l'acte d'accusation et les noms des inculpés.)

Considérant qu'il est urgent de faire juger par une commission militaire tous les auteurs, fauteurs ou complices du comité anglo-corse qui s'est tenu dans la maison du sieur Levie.

Arrête :

Article Ier. — Conformément au décret impérial du 17 Messidor an XII il est créée une Commission militaire spéciale composée ainsi qu'il suit : etc.

Art. II. — Cette commission s'occupera sans délai de juger tous les prévenus mentionnés d'autre part ainsi que tous ceux qui, par suite de l'instruction de la procédure, seraient reconnus complices de ce même délit.

Art. III. — Cette commission procédera conformément aux dispositions de l'art. 1 de l'art. 4 de la loi du 6 octobre 1791.

Art. IV. — Cette commission sera dissoute dès le jugement rendu.

Art. V. — Copie de cet arrêté sera adressée aux ministres de la guerre, de la justice et de la police générale.

Ajaccio, 17 Juin 1809. — Morand.

Cette nouvelle décision jette « l'effroi dans la ville. »

« La nouvelle qu'une commission militaire allait juger les prévenus, jeta la désolation dans les familles. Chacun éprouve une vraie terreur à la pensée que d'autres coupables vont être inquiétés, arrêtés sous la dénonciation du fils de Fra Pasquale Casalonga, à la pensée que Mazel et Bonhomme vont être appelés en témoignage, que ce pauvre imbécile de jardinier était pris au sérieux et que de nombreux délateurs épiaient les paroles et les pas de chacun. Les âmes perdent confiance ; chacun tremble pour ses jours et son honneur. On pense à la fuite en craignant d'augmenter le nombre des suspects. Le cœur défaille à la seule vue des gendarmes qui passent dans la rue comme pour chercher de nouvelles victimes. On s'épouvante au bruit des armes qui signale l'approche du général Morand et des hommes de son escorte. La nuit surtout apporte un surcroit de désolation et d'horreur. La joie a déserté les foyers, la pâleur apparaît sur tous les visages et ceux qui traversent la rue ont l'aspect de cadavres ambulants. On ne trouve plus de sûreté dans les lois. On pense aux cruelles proscriptions de Marius, de Sylla et du Triumvirat. » (1)

Nous ne contesterons pas que ce ne soit, là, une « belle description ». Mais on sent qu'elle manque de sincérité. Le narrateur nous est suspect à plus d'un titre. Ah ! pourquoi Morand n'avait-il pas remis cette affaire à la compétence des tribunaux civils ! Les magistrats n'attendaient que cette occasion pour élever le général au pinacle. Mais il venait, de la leur dérober. C'est une occasion qui ne se présenterait plus ! Morand alors n'avait pas de cœur. Il n'avait pas compris la fiévreuse attente des Colonna d'Istria de l'endroit. Il venait au contraire de la leurrer ! Vraiment le général ne pouvait être qu'un « bandit ». Il aurait cependant pu être un héros !

Est-ce qu'une commission militaire pouvait connaître

---

(1) *Ajaccio-vindicata*, page 35.

des crimes dirigés contre la sûreté de l'Etat ! Les soldats sont « ignorants et incapables ». Ils ne savent point le droit. Le droit n'est déposé que sous la robe des magistrats. Les juges « naturels » sont seuls dignes de respect et de confiance. Ils se trompent bien, cependant, eux aussi, mais leurs erreurs sont excusables. Il n'y a que celles « des autres » qui ne le soient pas !

La désignation des officiers qui doivent composer le tribunal militaire fait l'exaspération du procureur Colonna d'Istria celle-ci éclate fielleuse et implacable dans son libelle. Il nous a fait connaître le rapporteur Dubalen « artificieux et corrompu » ; représenté les témoins comme « des imbéciles ou des scélérats ». Il va maintenant nous dire ce qu'il pense des officiers-juges de la Commission militaire spéciale :

« Dès qu'ils sont connus chacun reconnaît le choix qu'a fait le général Morand. Ils sont connus pour avoir toujours été ses aveugles complices. Il faut qu'ils obéissent, sans quoi ils sont menacés de la perte de leur emploi. Quelle probité pouvait-on attendre d'hommes que commandait le besoin et qu'avait soumis la soif de l'avancement ? (1)

Nous verrons plus loin si l'auteur n'est pas lui aussi, soumis à la soif de l'avancement ?

Ainsi, voilà dépeinte en quelques lignes l'armée de Napoléon, « la grande armée » car tous ces officiers flétris par ce magistrat civil avaient pris part aux campagnes d'Italie et d'Allemagne et tous, encore plus tard, allaient exposer leurs vies pour la gloire et la défense de la patrie. Or, ces soldats, Colonna d'Istria nous les donne comme des bandits. car il n'est pas de pire bandit que celui qui immole à ses intérêts personnels, lâchement, et sous le couvert de la

---

(1) *Ajaccio-vindicata*, page 49.

loi, l'honneur ou les jours de ses semblables qu'il sait innocents. Morand, Dubalen et tous les officiers qui ont éventé et jugé la conspiration d'Ajaccio, ourdie contre la France et l'empereur, sont reconnus coupables du crime de forfaiture ; c'est le procureur Colonna d'Istria qui a requis contre eux — et il a obtenu jusqu'à ce jour — la flétrissure et la destitution morale ! Quel dommage que ces braves gens n'aient pu se défendre, car nous ne saurions trop le répéter, leur accusateur, par un accès de prudence qu'il_s m porte de signaler, n'a publié son réquisito ire qu'aprè qu'ils fussent tous morts, en 1860, et en Corse.

Mais quel singulier respect pour l'armée et pour la magistrature elle-même professait ce singulier magistrat imprégné du fiel de la haine et du ressentiment. Combien ne faut-il pas plaindre les pauvres justiciables qui, n'ayant pu avoir sa sympathie, ont dû essuyer les foudres de son éloquence passionnée !

L'expérience des hommes assure que la vérité finit t oujours par triompher même lorsque l'imposture la tient le plus désespérément garottée. Or, jamais la vérité ne fu t aussi audacieusement violentée que dans cette affaire. Elle eut contre elle la magistrature, la presse et l'opinion. La postérité même devait être leur fatale complice. Quelle ne serait pas aujourd'hui notre satisfaction, au moment où la malveillance de quelques ajacciens nous a choisi pour une nouvelle victime, si nous pouvions montrer la violence et la tenacité des injustices dont ont souffert Morand et ses c ollaborateurs !

L'instruction avait été close le 15 juillet. La réunion de l a Commission spéciale fut fixée au 20 du même mois. Dès l e 16 le rapporteur informait les défenseurs du jour où les débats seraient ouverts. Cette dernière information aurait provoqué « un tolle » de la part des avocats. Ils auraient prétendu qu'un délai « de quatre jours n'était pas suffisant pour qu'ils puissent prendre connaissance des dossiers ». Comme il est dit, autre part, que les dossiers étaient maigres, vu qu'on n'avait saisi sur les prévenus aucuns papiers, il ne restait donc à connaître que les dépositions des témoins. Or, la plupart des témoins entendus n'avaient rien dit de compromettant, sauf quatre qui avaient déposé « conformément à la vérité ». C'était juste un jour par déposition qui avait été imparti aux avocats pour « éplucher » les dossiers. Il semble que ce dut être suffisant !

De plus les avocats se seraient plaints que « ce délai ne leur permettait pas de convoquer les témoins ». Comment, quatre jours ne suffisent pas pour la citation des témoins dans une ville qui tiendrait dans le creux d'une main ? Ces arguments tombèrent d'ailleurs d'eux-mêmes, les avocats ayant pris connaissance entière des dossiers avant les débats et le chiffre de leurs témoins cités ayant été aussi considérable que possible. Ces viles chicanes de la dernière heure ne furent donc d'aucune efficacité. Elles furent impuissantes à intimider la Commission. Et à jour fixe, le 20 juillet 1809, à dix heures du matin, les débats furent ouverts à la citadelle.

Etant ajacciens les défenseurs s'étaient rangés du côté des ennemis de Morand. Le sort de la prévention ne pouvait les préoccuper qu'autant que leur hostilité envers les juges eut été épanchée. Peut-être que leur attitude n'a pas été pour peu dans l'issue des débats. Quels qu'ils soient les juges sont avant tout des hommes. Ils s'impressionnent des moindres incidents d'audience. Rien n'est mieux fait qu'un prétoire pour asseoir la croyance au déterminisme philosophique. Il suffit pour cela d'observer l'influence réciproque de ceux que le sort met en présence des deux côtés de la barre. C'est une observation qui n'est pas que du domaine des psychologues. Tout le monde avec un peu de loisir et de jugement peut considérer ce phénomène. Le droit et la justice n'ont pas toujours la plus grande part dans les sentences des magistrats. Elles sont aussi dues aux influences extérieures où ils sont inconsciemment plongés. Les impressions de la voix, du regard, l'attitude des acteurs, les détails de la scène en un mot collaborent aussi à l'adoption des jugements. Un innocent obtiendra difficilement justice s'il ne s'efforce d'être agréable au tribunal. Un coupable sera sensiblement déchargé si sa figure est avenante et son attitude respectueuse. Nier ces influences, c'est nier le jour. Croire que les hommes revêtus d'une robe sont autres que ceux qu'on coudoie dans la rue, c'est s'exposer à d'amères déceptions. L'homme varie à l'infini, dans la matière, comme dans l'esprit !

En les groupant donc par corporations, la société n'entend pas faire des hommes une sélection même morale ; elle organise seulement sa défense. Ce qu'elle envisage à cet effet, c'est l'éducation. Or, l'éducation, que tous ne peuvent choisir, peut améliorer non changer la nature. Un malfaiteur arrive à connaître le droit, à s'insinuer même dans les hautes fonctions, sans cesser pour cela d'être un malfaiteur. Ses instincts n'en seront au contraire que plus dangereux. Sa malfaisance opérera sous le couvert de ses fonctions et lui assurera l'impunité. Que d'hommes distribuent la prison à leurs semblables, et qui la mériteraient pour eux-mêmes ! Qui saura jamais les injustices commises au nom de la loi, de la morale et de l'humanité, et qui ne sont dûes qu'à la haine, à l'intérêt et à l'égoïsme des magistrats, victimes eux-mêmes des influences extérieures et de leur propre nature !

Un jour je poursuivis devant les tribunaux, un jeune

avocat qui m'avait diffamé dans une réunion électorale. En
première instance, je fus débouté de ma plainte. J'allai devant la Cour d'appel, où je plaidai moi-même ma cause.
Je perdis encore. Mais cette fois, je crus remarquer dans
la voix du président lisant son arrêt, un accent d'humeur.
Je communiquai mon impression à un avocat, à qui son
âge me paraissait avoir donné quelque expérience du
palais. Il me répondit : « C'est vrai, mais pourquoi teniez-
vous la main dans votre poche en parlant à la Cour » !
C'était la vérité. Par une négligence involontaire, pardon-
nable à un plaideur de hasard, j'avais tenu dans ma poche ma main gauche, alors que la droite me servait à ac-
centuer mon argumentation. Ce n'est qu'un détail mépri-
sable. Il m'avait cependant valu l'indisposition de la Cour
de Paris, que présidait pourtant un magistrat réputé !
Tant il est vrai qu'on ne saurait trop se défier des réputations et de la sagesse des hommes ! (1).

Une impression de cette nature a dû peut-être toucher
les officiers jugeant la conspiration d'Ajaccio, alors qu'ils
avaient devant eux des accusés à l'attitude arrogante
et des avocats provocateurs. Avec des procédés faits
d'aménité et d'hypocrisie, si familiers aux gens de robe, il leur eût été facile d'aller au cœur de ces soldats et
de leur persuader que, si un complot avait été ourdi contre
la France et l'empereur, ils étaient les premiers à en manifester toute leur indignation, et à flétrir les conspirateurs,
mais que leurs clients étaient « de braves gens tout à faits
incapables de trahison, même au profit des Anglais, et que
l'armée s'honorerait en reconnaissant leur innocence, et

(1) Cet avocat, d'origine corse, M. G. entendait être mon rival en politique. Il dirigea une campagne calomnieuse contre moi, et triompha
avec la complicité de tous. Je n'avais eu pour moi que la vérité et une
pauvreté ! Cette affaire date de 1902.

en les rendant à leur famille et au service de Napoléon si noblement représenté par les juges du tribunal »! Des plaidoiries conçues en ces termes eussent peut-être attendri le tribunal, et, malgré les charges accablantes, amené soit l'acquittement, soit un adoucissement de peine. C'était une manœuvre. Le complot eût alors été douteux.

Au lieu de cette forme habile, c'est une autre qui fut vraisemblablement adoptée. Elle tendit à nier l'existence du complot, à suspecter la bonne foi du rapporteur, l'indépendance même des juges. L'avocat Vittini se montra particulièrement agressif pour l'autorité militaire, dont il signala « l'incompétence et les abus ». Une élémentaire prudence eût dû réserver pour, après le procès, ces violences et ces provocations. Mais cet avocat était l'ami de Colonna d'Istria. Il fallait bien qu'il s'en fît l'interprète devant la « justice militaire », lui dise son fait. Cette défense fut jugée maladroite par l'opinion même qui la reprocha à son auteur, mais trop tard ! (1).

Les débats furent mouvementés. Les deux côtés de la barre ne voulaient rien abdiquer de leurs droits et préventions. Les dépositions des témoins furent particulièrement travaillées. Chacun sentait que les têtes des prévenus étaient suspendues à ces derniers témoignages. Aussi furent-ils chaleureusement disputés, le tribunal s'attachant au maintien des dépositions écrites, et la défense recherchant avec passion, les contradictions et les sujets d'annulation. La salle était houleuse comme une mer d'équinoxe. Cette animation chacun la comprend encore. Elle a été contée. Cependant, l'auteur d'*Ajaccio-vindicata* qui nous la révèle pourtant par la chaleur qu'il apporte lui-même dans

---

(1) Souvenirs de ma grand'mère, qui assista à l'audience, avec son frère Ramolino, témoin.

son libelle, après cinquante ans de répit, ne craint pas d'y relater « que Dubalen, sur son siège, s'était endormi ! ». C'est l'argument le plus imprudent, à nos yeux, dont se soit servi Colonna d'Istria, pour consacrer le discrédit de sa relation. Comment peut-on concevoir, en effet, que des débats passionnés, de la nature de ceux qui se déroulaient dans cette cause, où la peine capitale menaçait plusieurs prévenus, le ministère public contre lequel s'acharnait — c'est reconnu par tous — une meute d'avocats en peine, eût pu trouver un temps à donner au sommeil ? (Né en 1773, Dubalen avait, en 1809, trente-six ans.)

« On parlait de débarquement des Anglais ; de leurs relations avec le comité anglo-corse, de leurs visites nocturnes dans les parages de la citadelle ; que Esparron, directeur du bagne napolitain, devait lâcher les prisonniers ; que Wolfer, maréchal des logis de gendarmerie, devait prêter des uniformes de gendarmes ; que Lempereur, geôlier, devait ouvrir les prisons aux détenus ; que Gaudry, garde-magasin, devait livrer des munitions et les armes de l'arsenal, etc. ».

Et pendant cette discussion, dont chacun sent l'animation et l'importance capitale, Dubalen, le rapporteur, dormait !!. Cet homme dont « le visage est dur, le regard méchant, la voix annonce la terreur de ses décisions déjà prises », cet homme, au point tragique, dormait ! On le provoquait, on l'insultait, on l'assaillait, et cet homme féroce répondait, se défendait en dormant, dormant toujours !

La déposition de Casalonga est exceptionnellement sensationnelle. « Ce jeune homme de mœurs dissolues, qui a frappé sa mère, menacé son père, ce fils du menuisier Fra Pasquale » ne s'est pas laissé intimider par les menaces de ses concitoyens ; il a résisté aux tentatives de corruption des parents des inculpés ; il s'est senti, ce jeune homme de dix-sept ans, une âme indignée du crime prémédité contre la France et cela dans le pays natal de l'empereur. Et il vient courageusement déposer devant le tribunal malgré que ses paroles soient étouffées sous les huées du public. Il ne se laisse pas entamer par les manœuvres désespérées de la défense et, hautement, il déclare « qu'à l'exception de Esparron, de Gaudry et de Lempereur, tous les prévenus ont été vus par lui dans le comité anglo-corse ».

Les débats sont clôturés à six heures. Ils avaient duré huit heures. Le public évacue la salle sur l'ordre du président, et les membres de la commission militaire spéciale délibèrent à huis-clos dans la forme prescrite par les règlements.

Ce tribunal se compose de sept loyaux officiers ayant tous servi la patrie, dans les armées de Napoléon. Deux d'entre eux sont d'origine corse. Ceux-ci sont donc doublement incapables de prononcer un jugement injuste, qu'ils savent devoir être attentatoire à l'honneur de leur pays, non moins qu'infâmant pour un groupe de leurs compatriotes. S'il existe un doute sur l'authenticité du complot, eux, les premiers, doivent les marquer ; eux les premiers, au nom de leur pays outragé, au nom des innocents dont les familles sont en pleurs et se lamentent atrocement, à la porte de la salle des délibérations, doivent repousser toute participation à cette déshonorante injustice ; eux, les premiers, doivent impérieusement protester par un avis éloquent et noble qui dégage leur conscience et jette l'équivoque sur l'œuvre qui leur a été soumise.

Or, le commandant Colonna-Cesari, des bataillons corses, le lieutenant Antoine Serra, de la gendarmerie corse, ont fait partie du tribunal. Ils ont entendu les témoins, les inculpés, le rapporteur et les avocats. Ils ont jugé de l'affaire en « leur âme et conscience », ainsi qu'il est demandé aux jurés de la Cour d'assises. Tous les deux, à haute voix, loyalement, comme il appartient à de braves soldats de le faire, ils ont proclamé leur croyance à la conspiration d'Ajaccio et ils ont joint ainsi leurs témoignages à ceux de leurs compagnons d'armes, pour attester UNANIMEMENT la vérité : « *Oui, il y a eu conspiration contre la France !*»

En conséquence, la Commission militaire spéciale a pris le jugement que voici :

23ᵉ DIVISION MILITAIRE
Place d'Ajaccio (Corse)

Jugement
d'une Commission militaire spéciale (1)

Cejourd'hui, 20 juillet 1809, la Commission militaire spéciale, créée par le général Morand, commandant en chef de la 23ᵉ division militaire, chargé de la haute police en Corse, revêtu de pouvoirs extraordinaires de Sa Majesté l'Empereur et Roi, et composée conformément au décret impérial du 17 messidor an XII.

De MM. : Vauxmaurais-Mauvant, colonel directeur de l'artillerie en Corse, remplaçant M. Ant. Dupont, adjudant commandant, tombé malade depuis sa nomination de président de ladite commission (2).

---

(1) C'est une affiche qui se compose de quatre grandes feuilles de papier granulé, collées ensemble et qui ont dû avoir été tirées séparément. Ce dût être une œuvre de longue haleine pour la typographie de l'époque, et c'est ce qui explique que cette affiche ne fût posée que « six semaines après le jugement ».

(2) A propos du remplacement du colonel Dupont, *Ajaccio-vindicata* relate (page 51) « que cet officier s'était fait porter malade pour ne pas prendre part à une mauvaise action ». Or, si Morand « savait choisir ses complices » comment admettre que son choix se fut porté sur un officier, qui, à la dernière heure, se serait lâchement dérobé au devoir. Du reste, aucune preuve, ici comme ailleurs, n'appuie l'accusation por-
e contre Morand.

Valentin Moniot, chef de bataillon, commandant d'armes de la place de Saint-Florent.

Colonna-Cesari, chef de bataillon, commandant le premier bataillon des chasseurs du Liamone.

François Babin, chef de bataillon, commandant le premier bataillon des chasseurs du Golo.

Jean Baptiste Labruyère, capitaine, commandant la 99ᵉ compagnie des canonniers garde-côtes.

Antoine Serra, lieutenant au 51ᵉ escadron de gendarmerie impériale.

Antoine Dubalen, chef de bataillon, attaché à l'état-major général de la 23ᵉ division, faisant fonctions de rapporteur. Tous membres de la Commission, assistés de :

Jean Baptiste Girodin, adjudant s.-officier au 2ᵉ bataillon de chasseurs du Golo, greffier nommé par le rapporteur, et du sieur :

Lombard, brigadier de gendarmerie impériale, interprète, aussi nommé par le rapporteur, agréés par ladite Commission, et par les prévenus mêmes, lesquels ne sont point ni alliés entre eux, ni des prévenus, au degré prohibé par les constitutions de l'empire.

« La Commission, convoquée par ordre du général Morand, s'est réunie dans une salle désignée à cet effet, dans la citadelle d'Ajaccio, à l'effet de juger les nommés ci-après :

Clément Padovani, fils de Jean et de Marie Thérèse, âgé d'environ 34 ans; né dans la commune de Lumio, canton de Montegrosso, département du Golo, maître-maçon, se qualifiant d'arpenteur, domicilié à Ajaccio, taille, etc.

Mathieu Pietri, âgé de 38 ans, né à Giocatojo d'Ampugnani, département du Golo, liquoriste et cafetier, domicilié à Ajaccio, taille, etc.

Paul Jean Guidaccioli, fils de feu André et d'Anne Marie, âgé de 40 ans, homme de loi et notaire public, né à Ajaccio, département du Liamone, taille, etc.

Joseph Antoine Caparelli, notaire, âgé de 45 ans, né à Appietto (près Ajaccio), canton d'Urcino, département du Liamone, domicilié à Ajaccio, taille, etc.

Marc Marie Peretti, dit *Artaban*, ex-maréchal des logis de gendarmerie, fils de feu Thomas et de Marie Félicité, âgé d'environ 50 ans, né à Cauro (près Ajaccio), canton de Saint-Pierre, département du Liamone, domicilié à Ajaccio, taille, etc.

Mathieu Wolfer, maréchal des logis de gendarmerie impériale, né à Schlestadt, département du Bas-Rhin, taille, etc.

Etienne Durazzi, maire de la commune de Tavera, âgé de 38 ans, né à Tavera, canton de Celavo, département du Liamone, taille, etc.

Etienne Pô, dit *Porcelloni*, marin, domicilié dans le faubourg d'Ajaccio, âgé de 31 ans, né à Ajaccio, taille, etc.

Joseph Antoine Recco, dit *Leoni*, marin, domicilié à Ajaccio, âgé de 33 ans, né à Ajaccio, département du Liamone, taille, etc.

Antoine Levie, propriétaire, parent du maire, domicilié au faubourg d'Ajaccio, fils de François et de Jérôme, âgé de 34 ans, né à Ajaccio, département du Liamone, taille, etc.

Etienne Lempereur, concierge des prisons d'Ajaccio, âgé de 56 ans, né à Crait, département de la Drôme, taille, etc.

Louis Joseph Gaudry, garde d'artillerie d'Ajaccio, âgé de 37 ans, né à Bard-sur-Ornain, département de la Meuse, taille, etc.

Vincent Lanfranchi, propriétaire, né et domicilié au faubourg d'Ajaccio, âgé de 48 ans, taille, etc.

Vincent Colonna-Cinarca, propriétaire, domicilié à Appietto, âgé de 33 ans, né à Appietto (près Ajaccio), canton d'Urcino, département du Liamone, taille, etc.

Dominique Lecca, médecin, domicilié à Ajaccio, âgé de 38 ans, né à Calcatoggio, canton d'Urcino, département du Liamone, taille, etc. (était le médecin de Morand).

Dominique Lecca, dit *Narciso*, marchand, domicilié à Ajaccio, âgé de 47 ans, né à Arbori, canton de Vico, département du Liamone, taille, etc.

Barthelémy Monero, domicilié à Ajaccio, âgé d'environ 57 ans, né à Ajaccio, département du Liamone, taille, etc.

Jean André Farilacci, tailleur, domicilié à Ajaccio, âgé de 40 ans, né à Calvese, département du Liamone, taille, etc.

François Monero, domicilié à Ajaccio (fils de Barthelémy), âgé de 26 ans, né à Ajaccio, département du Liamone, taille, etc.

Jean Baptiste Esparron, directeur du bagne des Napolitains à Ajaccio, âgé de 38 ans, né à Lyon, département du Rhône, taille, etc.

Vincent Guitera, médecin, ancien maire, domicilié à Ajaccio, âgé de 53 ans, né à Ajaccio, département du Liamone, taille, etc.

Jean Toussaint Oliva, propriétaire, domicilié à Appietto, âgé de 32 ans, né à Appietto, canton d'Urcino, département du Liamone, taille, etc.

Jean André Cauro, dit *Mostaccino*, marchand, domicilié à Ajaccio, âgé de 65 ans, né à Ajaccio, département du Liamone, taille, etc.

Paul François Bartoli, dit *Bocaletto*, domicilié à Ajaccio, âgé de 58 ans, né à Ciammanace, département du Liamone, taille, etc.

Roch Bastelica, sergent de ville d'Ajaccio, y domicilié, âgé de 48 ans, né à Ajaccio, département du Liamone, taille, etc.

Antoine Gozzi, propriétaire, domicilié à Appietto, âgé de 54 ans, né à Appietto, canton d'Urcino, département du Liamone, taille, etc.

François Pozzo di Borgo, laboureur, domicilié à Appietto, âgé de 50 ans, né à Appietto, canton d'Urcino, département du Liamone, taille, etc.

Paul Quilici, médecin, domicilié à Quasquara, âgé de 39 ans, né à Quasquara, canton d'Ornano, département du Liamone, taille, etc.

François Levie, dit *Piedifalco*, domicilié au faubourg d'Ajaccio, âgé de 58 ans, né à Ajaccio, département du Liamone, taille, etc.

« Tous prévenus de divers délits, et notamment, d'avoir entretenu des intelligences avec les Anglais, d'en avoir reçu de l'argent, et d'avoir eu le projet profide de leur livrer la citadelle d'Ajaccio.

« La séance ayant été ouverte, le président a fait apporter par le greffier et déposer devant lui, sur le bureau, un exemplaire du décret impérial du 17 messidor an XII, et a donné ensuite au rapporteur, la lecture du procès-verbal d'information, et de toutes les pièces, tant à charge, qu'à décharge, envers les accusés au nombre de 26.

« Cette lecture terminée, le président a ordonné à la garde d'amener les accusés, lesquels ont été amenés libres et sans fers, devant la Commission, accompagnés de leurs défenseurs officieux.

« Après avoir interrogé les prévenus, sur leurs noms, prénoms, professions, âges et domiciles, etc.

« Après avoir donné connaissance aux accusés des faits à leur charge, leur avoir fait prêter interrogatoire, par l'organe du président, après avoir entendu séparément les témoins, tant à charge qu'à décharge, qui leur ont été publiquement confrontés.

« Ouï, le rapporteur dans son rapport et ses conclusions, et les accusés dans leurs moyens de défense, tant par eux, que par leurs défenseurs officieux, lesquels ont déclaré, les uns et les autres, n'avoir rien à y ajouter, le président a demandé aux membres de la Commission, s'ils avaient des observations à faire; sur leur réponse négative, et avant d'aller aux opinions, il a ordonné aux défenseurs et aux accusés de se retirer; les accusés ont été reconduits par leur escorte à la prison, le greffier et les assistants dans l'auditoire, se sont retirés sur l'invitation du président.

« La Commission délibérant à huis-clos, le président a posé les questions suivantes :

« 1º Y a-t-il eu à Ajaccio, dans le mois de mai dernier, une conspiration contre l'Etat ?

« Les voies recueillies, en commençant par le grade inférieur, le président ayant donné son opinion le dernier, la Commission militaire spéciale déclare à l'**unanimité** que **oui**.

« 2º Les nommés PADOVANI, PIETRI, GUIDACCIOLI, CAPARELLI, PERETTI, dit *Artaban*, WOLFER, DURAZZI, PÔ, RECCO, A. LEVIE, LEMPEREUR, GAUDRY, LANFRANCHI, ÇINARCA, LECCA (Narciso), B. MONERO, FARILACCI, F. MONERO, ESPARRON, GUITERA, OLIVA, CAURO, BARTOLI, BASTELICA, GOZZI, POZZO DI BORGO, QUILICI, LEVIE, dit *Piedifalco*, Dominique LECCA, tous désignés comme conspirateurs, sont-ils suffisamment convaincus d'avoir fait partie de cette conspiration ?

« Les voies recueillies, en commençant par le grade inférieur, le président ayant émis son opinion le dernier, la Commission militaire spéciale déclare à l'unanimité qu'ils ne sont pas *suffisamment convaincus pour qu'on leur applique la peine capitale*.

« Les voies recueillies de nouveau par le président, dans les formes indiquées ci-dessus, sur la péine à infliger aux coupables, la Commission militaire spéciale condamne à **l'unanimité** :

A LA DÉPORTATION A VIE, les nommés : François LEVIE, dit *Piedifalco*, Clemente PADOVANI, Etienne DURAZZI et Joseph Antoine CAPARELLI, conformément au décret du 7 juin 1793, ainsi conçu : etc. (voir page 144).

Les voies recueillies de nouveau par le président, dans les formes indiquées ci-dessus, sur les peines à appliquer aux autres prévenus, la Commission militaire spéciale déclare à l'*unanimité*, que, n'ayant point acquis de preuves suffisantes sur la complicité des délits dont étaient prévenus les nommés... etc..., les renvoie à la disposition de M.

le général Morand, commandant en chef la 23e division militaire, chargé de la haute police en Corse, en vertu des pouvoirs extraordinaires, dont il est revêtu par Sa Majesté l'Empereur et Roi.

Que les nommés Etienne Lempereur, Jean André Farilacci, Jean-Baptiste Esparron, Vincent Guitera, Jean André Cauro, Louis Joseph Gaudry, Paul François Bartoli, François Pozzo di Borgo, Antoine Gozzi, Roch Bastelica et Paul Quilici, sont à l'*unanimité*, acquittés de l'accusation dirigée contre eux, conformément aux articles, etc. Ordonnons, en conséquence, qu'ils soient de suite mis en liberté, et rendus à leurs fonctions.

Condamnons ensuite, les nommés : François Levie, Clemente Padovani, Etienne Durazzi, et Joseph Antoine Caparelli, solidairement aux frais de la procédure, dont le texte en français et en italien, sera affiché au nombre de 300 exemplaires, conformément à la loi.

« Enjoint à M. le rapporteur, de lire de suite le présent jugement, aux condamnés et acquittés, en présence de la garde assemblée sous les armes, et au surplus, de faire exécuter ledit jugement, dans tout son contenu.

« Fait et clos, et jugé sans désemparer, en séance publique, à Ajaccio, les membres de la commission, signé :

« A la minute : Valentin, Moniot, Colonna-Cesari, Babin, La Bruyère, Serra, Dubalen, rapporteur, M. V. Mauvant, président, et Girodin, greffier. »

Ajaccio, 20 juillet 1809 (1), (2).

---

(1) Guerre : *Arch. hist.*

(2) On a objecté que la plupart des accusés étaient étrangers à Ajaccio. C'est l'argument habituel aux corses, lorsqu'ils entendent répudier un criminel : « Il est italien ! ». Ici, il ne peut y avoir de contestation. Tous les inculpés, sauf trois nés sur le continent, sont nés en Corse. Onze sont natifs d'Ajaccio même, les autres de la banlieue de cette ville.

Quand ce jugement fut connu en ville, ce fut une sorte d'allégresse qui éclata. Les rigueurs de Morand et de Dubalen avaient répandu de telles appréhensions que les cœurs angoissés s'étaient préparés à la nouvelle d'une catastrophe comparable à celle qui avait ensanglanté le Fiumorbo. Aussi se relevèrent-ils quand on connut la sentence de la Commission militaire. Quelques déportations importaient peu à ceux qui craignaient le peloton d'exécution pour tous. Si le jugement n'avait pas prononcé la mort, c'est donc que les accusés n'avaient pas été reconnus coupables ; c'est donc que la conspiration d'Ajaccio avait bien été telle que l'avaient représentée les ennemis de Morand, « une fable, une invention, une infamie. » L'esprit humain a parfois de ces sortes d'égarements, que volontiers, il confond la justice avec l'erreur, l'indulgence avec la crainte, la noblesse de caractère avec la lâcheté et la honte !

Il eut fallu pour établir la réalité du complot que les inculpés fussent condamnés à mort. On ne pouvait admettre, — et l'on verra le préfet lui-même soutenir cette thèse — qu'il y eut eu complot sans qu'il y eut eu exécution capitale. Comme si tous les crimes devaient fatalement amener tous les criminels sous le couperet de la loi ! Comme si, en Corse particulièrement, on n'avait jamais connu de bandits épargnés par la justice faute de preuves pour motiver le châtiment suprême ! Le public crut sincèrement, ou il ne crut pas à la conspiration, mais il crut unanimement à la nécessité de protester haut et fort contre « l'infamie » de Morand et de ses acolytes ! Il résolut dès lors d'entreprendre une véhémente campagne aux fins de cassation et de réparation éclatante. Ainsi un acte de justice accompli par sept loyaux officiers déclarant à l'*unanimité* « que le complot avait été réel, mais que les preuves manquaient pour con-

damner les coupables à la peine de mort », motivait non
l'oubli, le pardon, l'apaisement, mais une recrudescence
de la haine populaire contre les juges et contre celui qui
les avait nommés.

C'est désormais une levée générale de boucliers. Le procureur Colonna d'Istria est dans la jubilation. Sa haine de
Morand et de la justice militaire tient un commencement
de satisfaction. C'est un encouragement. Il faut qu'elle soit
entière et que le triomphe vienne couronner l'œuvre abominable entreprise par sa rancune implacable et tenace.
Désormais une sorte de syndicat se forme pour déférer le
jugement à la Cour de Cassation comme d'abus et d'incompétence (1).

Tous les magistrats, tous les fonctionnaires, le maire
lui-même, à la tête de la population, s'inscrivent pour cette
croisade éhontée qui se substitue au repentir et à la tristesse. Il faut que la flétrissure infligée à la « ville sacrée »
soit effacée ; que renversée aussi soit « la colonne d'infamie
élevée sur ses murs ! » Sous couleur de dévouement à l'empereur, on invoquera les concours de Madame Mère et du
cardinal Fesch, et de tous ceux qui « approchent le trône
impérial ». Le procureur déjà nommé est à la tête de cette
ligue « du bien public. » Il est le *deus ex machiná* de cette
nouvelle conspiration dirigée contre la justice et la vérité,
et déjà il écrit :

« L'accusation fut une calomnie, le crédit qu'on lui
accorda une injustice, et l'odieuse sentence qui fut pro-
noncée pour donner à cette affaire l'ombre de la légalité

---

(1) Les avocats voulurent introduire un recours contre ce jugement.
Morand refusa de le recevoir, en conformité de l'article VII du décret
impérial de Messidor an XII qui était formel. Ce fut encore un « acte
de tyrannie » du général et on le fit constater par huissier !

un monument monstrueux de violence, d'ignorance et d'iniquité. » (1)

Belles paroles, dépourvues seulement de sincérité !

Les condamnés à la déportation furent dès, le 25 juillet mis en route, sous bonne escorte, pour Corte d'où ils furent dirigés sur Bastia, afin de gagner le continent par Gênes. Leur lieu de destination fut Pierre-Chatel (dans l'Ain), où ils furent internés le 1er février 1810. Ils en sortirent le 30 mars 1813, en vertu de lettres de grâces accordées par l'empereur, le 14 du même, mois et entérinées devant la Cour de Lyon.

Trois inculpés furent mis à la disposition du général Morand : Paul Jean Guidaccioli, Mathieu Pietri et Marc Marie Peretti, dit Altabano. Ils furent internés au château d'If, d'où ils sortirent en juin 1812.

---

(1) *Ajaccio-Vindicata.*

APRÈS LE JUGEMENT

La campagne calomnieuse

III

Après un jugement rendu avec une si éloquente unanimité il ne pouvait rester aux ajacciens qu'un seul parti : le recours en grâce. Mais ils ne l'entendirent point ainsi. A quoi donc devait servir l'astuce que le ciel leur avait donnée en partage s'ils ne devaient l'utiliser dans un cas aussi difficile que celui dont le sort les frappait !

La conspiration d'Ajaccio avait fait du tapage en Europe. Il fut amorti, il est vrai, par celui des victoires d'Autriche. Mais si Essling et Wagram n'avaient été des victoires quelle part n'eut pas été faite à la défection des ajacciens en vue de provoquer celle des Français ? Quel régal, pour les ennemis de l'empereur, que de proclamer qu'il avait étérenié jusque par les siens. Si cette malheureuse coïncidence ne se réalisa pas ce ne fut pas la faute d'Ajaccio. Ce ne sera pour eux que partie remise. En 1814, la ville « témoignera de son bonheur » à s'unir aux ennemis de Napoléon. Pour le moment et puisque la conspiration avait avorté, le mieux était de chercher à dégager la responsabilité de la cité. Comment se relèverait-elle aux yeux de l'empereur qui venait de prendre Vienne ? La cité n'oserait plus, maintenant, lui envoyer des députations, solliciter ses faveurs, s'enorgueillir de « lui avoir donné le jour. » Tous les « cousins » de l'empereur, restés à Ajaccio, se morfondaient ; il allait les repousser. Tous les fonctionnaires étaient dans l'abattement ; il allait les sevrer d'avancement. Le jugement de la Commission militaire était un mal « qui avait répandu la terreur !» Si tous n'en devaient pas mourir, du moins tous en avaient été atteints ! Cette flétrissure demandait une longue expiation. C'est une épreuve dont la durée ne pouvait convenir à ceux qui étaient pressés de vivre dans les bonnes grâces du maître du monde. On ne pouvait non plus chercher le remède en demandant pardon à l'empereur, sous la forme où les bourgeois de Calais se présentèrent un jour à Edouard III d'Angleterre. Le maire d'Ajaccio n'était pas un Eustache de St. Pierre ! Jamais il ne se mettrait la corde au cou ! Jamais ses concitoyens ne consentiraient à offrir leur sang pour laver la souillure de leur cité. Le sang d'Ajax n'avait pas été fait pour cet usage !

Il fallait pourtant que la ville fut réhabilitée. Elle sentait bien qu'elle ne pouvait rester dans la honte et l'isolement et cela au moment où de nouvelles victoires provoquaient la joie et l'enthousiasme sur tout l'empire français. La satisfaction morale encore l'inquiétait peu ; mais ce qui tourmentait Ajaccio c'était la crainte de voir tarir la source de toutes les améliorations matérielles que l'empereur introduisait dans « le berceau. » A ce temps là, en effet, on y effectuait des travaux de toutes sortes : les remparts étaient démolis, ce qui créait des sites à bâtir que les citoyens se partageaient sans bourse déliée ; on construisait le quai, la place Bonaparte, le marché aux herbages ; on canalisait les eaux de Canneto pour les besoins de la ville; on ouvrait le boulevard Sainte-Lucie jusqu'à la barrière ; on étudiait les plans de l'hôtel-de-ville, de la préfecture, de l'hôtel du général, etc. C'était beaucoup à la fois pour une petite ville ! Or, tout cela pouvait être suspendu et abandonné ; ce serait la misère, une perte considérable pour la cité. On n'y pourrait plus vivre, quel malheur! Aussi pourquoi le général Morand n'avait-il pas fermé les yeux sur la conspiration ? Qu'est-ce que cela pouvait bien lui faire à lui, que la ville fut anglaise ! Il n'aurait eu qu'à se retirer à Bastia, voilà tout !

La situation étant donc pressante et les intérêts de tous, alarmés. Il fallait agir.

Or donc on organisa un syndicat dit de « réhabilitation » qui reçut les adhésions et les concours de tous « les bons citoyens », que l'avenir et l'honneur d'Ajaccio ne laissaient pas indifférents. L'appel, que l'on fit à cet effet, donna les meilleurs résultats. On n'invoque jamais inutilement, dans cette ville, les sentiments chevaleresques, tant, bien entendu, que la bourse ne doit pas être mise à contribution ! Tous avaient répondu aux convocations qui furent faites à cette occasion. Les Anglais avaient appris aux ajacciens à se réunir en «meeting». Mais ce ne fut pas en plein air que celui-ci fut donné. Morand eut pu intervenir avec ses hommes de troupes et faire valoir par des arguments qu'on lui savait propres, que les Anglais n'étaient pas encore maîtres de la ville et qu'il fallait « circuler ! » Ce fut donc entre quatre murs que furent réunis les défenseurs de l'honneur d'Ajaccio. A ce temps-là on ne connaissait pas encore les « grandes salles », et la maison du maire Levie qui était un peu plus grande que celle de Socrate, pouvait bien suffire à contenir tous les « gens de bien de la ville ! »

L'histoire nous a fait connaître quels étaient les principaux chefs de cette association. Elle nous en a rapporté leurs noms: *Castelli*, président de la Cour ; *Gaffory*, procureur général; *Colonna d'Istria*, procureur impérial (futur auteur d'*Ajaccio vindicata*) ; le maire *François Levie*, parent de Madame Mère ; *André Ramolino*, cousin-germain de la même; l'avocat *Maestroni*, (que Morand avait fait interner en surveillance à Bonifacio, son pays natal); etc. (1) Cette première réunion fut aussi la dernière. Peu de paroles suffisent pour les grands actes, et malgré qu'il y eut à cet endroit beaucoup de gens de parole, on s'entendit du premier coup sur les mesures à prendre pour réhabiliter Ajaccio. Le projet développé et arrêté communément tient en trois mots : *nier le complot.* S'il y avait eu des témoins on les supprimerait par des dénonciations infamantes portées contre eux, et cela, en vue de démolir leurs dépositions et de les faire arrêter pour faux témoignages.

Quant à Morand, la malignité locale ne serait pas en peine d'ourdir contre lui quelque abominable machination qui lui enlèverait l'honneur et rendrait, du coup, le sien à la cité.

Ce fut une nouvelle conspiration. Elle fut bien plus noire encore que celle qui venait d'être jugée. Celle-ci, en somme, n'avait visé qu'un intérêt politique et n'avait eu pour artisans que des hommes vulgaires, sans instruction ni con-

-----

(1) *Arch. nat.* 1054.

fiance publique. Celle-là visait méthodiquement une infamie de droit commun tendant à déshonorer des officiers, à frapper des témoins, à réhabiliter en un mot le crime au détriment de la justice et de la vérité. Et ce second complot avait pour auteurs froids et impassibles, tous ceux en qui la loi et le gouvernement avaient déposé une partie de leurs pouvoirs, des magistrats et des fonctionnaires. Est-ce assez monstrueux ?

Aussitôt adopté, le plan fut mis à exécution. Rarement les choses vont aussi vite à Ajaccio. La première démarche qui devait être faite était un voyage à Paris. On ne pouvait songer à écrire. Malgré que les lettres fussent à ce temps peu abondantes, elles étaient soupçonnées de n'être que d'un effet médiocre auprès de l'empereur qui n'avait guère de loisirs à donner à la correspondance privée. Et puis on savait bien que Morand avait son cabinet noir et qu'il pouvait ouvrir clandestinement les correspondances suspectes et tenir, ainsi, les termes des accusations dirigées contre lui. Or le comité de réhabilitation, composé de magistrats, n'entendait pas que Morand connut les faits dont il allait être accusé. Le coup prémédité contre lui était d'obtenir sa destitution par surprise. Il était évident que si on lui laissait la faculté et le temps de se défendre, le coup serait manqué et cette seconde conspiration une seconde fois avortée. Il fallait donc agir avec prudence et dans l'enseignement des dernières circonstances.

Si donc les lettres étaient reconnues impuissantes, même imprudentes autant qu'elles seraient émises de Corse, il était logique qu'on attendît seulement d'un voyage à Paris le succès de cette noire entreprise.

Ce fut le maire qui fut chargé d'effectuer ce voyage. Levie

---

(1) *Arch. nat.* F 7, 8764.

en effet se recommandait à cette mission par deux titres
précieux : il était à la fois parent de Napoléon et de *Piedifalco* ! (1) Comme maire, il était qualifié pour parler au
nom des ajacciens « attristés ». Comme parent de l'empereur et du principal condamné de la Commission militaire,
il donnait des garanties de son dévouement à l'œuvre com-
cale. La voie directe avait donc ses avantages. Mais il y
avait un inconvénient sérieux. Un voyage à Paris, à ce
temps, n'était pas une mince affaire ! Nous ne parlons évidemment pas du temps employé à l'effectuer. Le temps
compte pour rien à Ajaccio. C'est même la seule chose
dont les ajacciens ne soient point avares ! Mais il y avait
la dépense. Ah ! c'est là que résidait la difficulté !

Du temps des Anglais, encore, on eut pu s'arranger. Avec
Elliot, chacun savait qu'il y avait eu des accommodements.
On n'allait pas à Paris, alors, mais à Londres, et cela sur
un signe qu'il suffisait de faire au représentant de S. M.
britannique. Mais aller à Paris en 1809, surtout pour une
cause qui ne devait profiter qu'à autrui, c'était un sacrifice qui demandait réflexion.

Les subsides britanniques faisant défaut, il fallut bien
y suppléer par des cotisations personnelles, en vue de
donner du mouvement à l'œuvre de réhabilitation. Mais
dès qu'il fut parlé d'une caisse syndicale, ce fut la division
des syndiqués. Ils protestèrent et menacèrent de rupture.
Du moment qu'on les appelait à « verser » il n'y avait plus
de réhabilitation possible. Il fallait qu'elle fût gratuite...
comme la condamnation. C'est là que le maire jugea des
difficultés de sa tâche ! Pour aboutir il fallait qu'il agît tout
seul, et pour agir il ne devait compter que sur ses deniers !

---

(1) Ce François Marie Levie, maire d'Ajaccio a épousé une cousine de
Madame Mère. Il est donc allié aux Bonaparte au même degré que le
préfet Arrighi. (Brotonne : *Les Bonaparte et leurs alliances*, 2ᵉ édition.)

C'était dur ! Il mit du temps à réfléchir s'il lui convenait de payer si cher l'honneur de sa présidence et de son voyage, C'était au moins un billet de mille !

On le convainquit cependant que son voyage à Paris, était enviable, qu'il allait « parler à l'empereur », peut-être même recevoir la décoration des braves, lui, le président d'un groupe de calomniateurs ! Cette perspective lui sourit. Il faut dire que le maire d'Ajaccio, à ce temps, était un privilégié. Il était pensionné sur la cassette de l'empereur. C'était une faveur spéciale qui avait été obtenue, par Fesch, pour honorer le « berceau ». La cassette est sœur du berceau et elle devait lui témoigner de la tendresse ! Napoléon, qui avait toutes les faiblesses, s'était laissé prendre à ces discours. Il avait fait au maire d'Ajaccio un traitement de six mille francs qui en fit un maire de palais.

Ce fut cette pension que le comité de réhabilitation d'Ajaccio invoqua pour ordonner le voyage à Paris. Le maire avait bien protesté, en disant que cette dépense n'avait pas été prévue dans l'allocation que l'empereur lui avait faite. Il avait soutenu qu'elle n'était destinée qu'à assurer de longs jours au titulaire dans là pleine jouissance du soleil et de la paresse d'Ajaccio. Mais les syndiqués le persuadèrent que les frais de voyage lui seraient bientôt remboursés par un appel à la générosité de la famille impériale, que toucherait le sacrifice fait à l'honneur de la cité par le maire. Levie alors avait cédé, et dès les premiers jours d'automne, il boucla sa valise et gagna le quai. Ce fut un départ qui fut annoncé dans toute la ville et le faubourg. Il eut même du retentissement dans l'île entière. Sûrement que ceux d'Ulysse ne répandirent jamais ni tant de joies ni tant d'inquiétudes. Les ajacciens se réjouissaient, tandis que Morand et ses officiers s'alarmaient.

Tous ses concitoyens accompagnèrent le maire au bateau avec des chants d'allégresse, où perçaient nettement les défis jetés au général. Ce fut un concert de vœux en faveur de celui qui partait pour reconquérir « l'honneur de la cité ». L'autel de la « Miséricorde » (1) en resta huit jours illuminé. Le navire qui allait porter le maire d'Ajaccio s'appelait justement *La Fortune*. C'était une gabarre de l'État. Ce nom fut unanimement pris pour un heureux présage, et Levie qui représentait la lourde superstition de ses concitoyens dut croire au succès de son entreprise. Il tenta hardiment « la fortune » et cela sous les yeux mêmes de Morand qui, des remparts de la citadelle, assistait à ce départ dont l'appareil expirait à ses pieds. La sérénité du général n'était peut-être pas de bon aloi. Au fond, il savait bien que le maire partait pour aller l'attaquer à Paris. On a beau avoir la conscience nette, une campagne calomnieuse fait toujours déplaisir ! D'autant plus que Levie partait avec les meilleures recommandations. Morand, dont l'intelligence égalait l'énergie, se doutait bien que son honneur allait faire les frais de la route, et qu'on méditait de le troquer contre celui de la cité. Sa connaissance de l'astuce ajaccienne lui faisait soupeser le contenu de la valise du maire. Aussi sa rancœur — et non son angoisse — a-t-elle pu éclater dans des propos recueillis dans son entourage. C'est pourquoi la chronique locale nous le représente comme ayant dit « que le maire n'atteindrait point Paris sans être arrêté ». Ce propos menaçant est resté douteux. S'il avait été tenu, nous l'aurions retrouvé plus tard dans le rapport de Casabianca, parmi toutes les sottes charges relevées par lui contre Morand.

---

(1) Depuis 1660, la ville est vouée à la Vierge de Miséricorde, à laquelle on fait une neuvaine et une procession tous les ans, au 18 Mars.

Mais le général ne se laissait pas prendre au dépourvu.
Dès que le comité de réhabilitation fut formé, il avait été
tenu au courant de toutes ses décisions. La chose lui avait
été d'ailleurs facile, puisqu'elles avaient été rendues
publiques. Elles lui étaient arrivées par la voie de la
rumeur publique, sur un ton d'irrespect et de menace.
Mais il n'en n'avait point eu peur ! Des ennemis, il en
avait vu bien d'autres, de plus terribles, certes, que les
ajacciens. Sa sûreté était faite bien moins de la netteté
de sa conscience, que de sa confiance en l'empereur. C'est
en Lui qu'il s'en remettait. Usant alors d'un privi'ège que
lui avait accordé son souverain, il s'était mis à correspondre directement avec lui et à l'informer de la situation
nouvelle :

Ajaccio, le 14 août 1809

«... Je mets en même temps au rang de mon devoir, de
faire connaître à V. M. les différentes circonstances qui
ont accompagné le jugement, de même que la conduite
étrange de plusieurs habitants d'Ajaccio, — tous honorés
de vos bontés — pendant le cours de la procédure (1)» .

Il est plus explicite quelques jours plus tard :

(Sans date)

« ...Qu'il me soit permis, Sire, de profiter de cette circonstance pour protester auprès de V. M. contre la noire
calomnie qui a exercé son venin contre moi. Je n'ai jamais
dévié du chemin de l'honneur. Mon dévouement sans bornes à V. M. et la connaissance acquise des nombreux
délits qui se commettent dans cette île ont excité contre
moi la haine et la jalousie de quelques habitants de cette
cité. Voilà mon crime. » (2).

On peut rapprocher cette lettre de celle où le général de

---

(1) *Arch. nat.* A F IV, 1054.
(2) Guerre, *Arch. hist.*

Vaubois, se plaignant des dénonciations corses dirigées contre lui écrivait au Directoire. « Je n'ai pas voulu m'agenouiller devant la famile Arena, toute puissante dans l'île; voilà mon crime. »

Morand écrit encore au ministre de la police :

Ajaccio, le 9 septembre 1804.

« Je suis avisé que Levie, maire d'Ajaccio, se rend à Paris à l'effet d'obtenir la grâce de *son parent* Levie, dit *Piedifalco*, condamné par la Commission militaire d'Ajaccio à la déportation. Il serait muni d'une déclaration de M. le commissaire de marine Escudier, attestant que le garde du sémaphore des Sanguinaires n'avait signalé aucun bâtiment ennemi à l'époque du 1er juin. C'est précisément le jour où Levie a été vu et reconnu allant au-devant d'un officier anglais qui débarqua le même jour à *Capo-di-Feno* par le sieur Valeri, jardinier du président du tribunal de commerce d'Ajaccio. Ce dernier était accompagné du président de la cour criminelle du Liamone, du payeur de la division et de M. André Ramolino, directeur des contributions, qui me l'ont présenté comme un témoin de bonne foi. L'attestation sur laquelle s'appuie le maire a été rejetée par la Commission militaire, d'après les pièces qui lui ont été fournies et qui prouvent évidemment que le garde du sémaphore des îles Sanguinaires a négligé plusieurs fois des voiles ennemies, qu'il a été même suspendu par moi pour ce fait et pour avoir eu la maladresse de signaler, un jour, vingt-deux vaisseaux ennemis qui n'étaient que vingt-deux nuages!.. » (1).

On voit que Morand ne cache rien de la vérité. C'est une nature ouverte qui ne sait rien dissimuler, même pas des détails qui semblent nuire à la gravité de sa cause.

Entre temps, il signale encore les entreprises des Anglais que n'a pas découragé l'avortement du projet d'Ajaccio.

---

(1) Guerre. *Arch. hist.*

24 Août 1809

« Les nommés Poggi et Renucci, évadés il y a quelques mois de la grosse tour de Toulon, parcourent en cachette les communes des cantons de Fiumorbo, Serra, Sorba, pour y fomenter des troubles, faire des recrues que des officiers corses, au service des Anglais, attendent et reçoivent aux îles de la Magdeleine. » (1)

Cependant on comprendra que les menées anglaises ne nous préoccupent plus autant qu'elles l'ont fait dans le précédent chapitre. Nous les négligerons donc à partir de ce moment — malgré qu'elles aient été constantes jusqu'en 1814 — pour ne plus nous consacrer qu'à ce qui a trait a la conspiration d'Ajaccio, objet exclusif de ce travail.

Dès qu'il eût touché le continent, le maire Levie avait expédié le courrier qu'il avait entendu dérober à la surveillance de la haute police de Corse. C'était un flot de dénonciations et de calomnies qui, adressées à tous les corses influents qui résidaient en France, les sollicitaient de s'intéresser à l'œuvre qu'il poursuivait. Tous avaient eu leur part. Celle qui était destinée à l'empereur avait été particulièrement soignée. Elle lui fut remise â Vienne, au lendemain de Wagram. Les nouvelles du pays cela fait toujours plaisir, même lorsqu'on est empereur et surtout lorsqu'on se trouve à l'étranger. Napoléon, ayant été occupé par ses opérations militaires, n'avait sans doute pas entendu parler de l' « affaire d'Ajaccio ». Au moment où elle se jugeait au pays natal, il s'occupait, lui, de celles de l'Autriche. Il est infiniment probable que le duc d'Otrante avait négligé de lui transmettre tous les rapports de Morand.

Aussi, dut-il être stupéfié en apprenant le jugement de la Commission militaire, à la fois par le rapport de Morand

---

(1) Guerre. *Arch. hist.*

et par la protestation des ajacciens : « Comment ! chez moi, dans mon pays, dans le berceau ? Allons donc ! » Son premier mouvement — toujours le bon — a dû être de l'indignation. Puis sont venues des lettres, et encore des lettres. Il en arrivait de toutes parts : de Joseph, de sa mère, de Fesch, d'Elisa et de tous les membres du syndicat de réhabilitation d'Ajaccio. Elles arrivaient en colonnes, comme l'ennemi, dont elles durent un moment masquer les positions ! Pensez donc, toute la valise du maire avait été déchargée dès son arrivée à Toulon, et toutes les lettres émises de ce premier point avaient provoqué, de leurs destinations respectives, des essaims d'autres lettres qui avaient volé vers Vienne. C'est que les ajacciens savent bien faire les choses !

L'indignation de l'empereur calmée, la curiosité l'entreprit. « Si cependant Morand était coupable !... » Il savait par expérience combien ses concitoyens sont méchants et perfides. Mais on oublie toujours quand on est grand ! En tous cas, lui, il peut s'informer, puisqu'il en a les moyens. La curiosité le tente. Napoléon connaissait les hommes. Il le prouva une fois de plus, en cette occurrence. Deux partis s'offraient à lui pour l'éclairer sur l'affaire d'Ajaccio. Il pouvait confier une mission spéciale soit à un « français de France », soit à un « français de Corse ». Un français de France eût été soupçonné de prendre fait et cause pour Morand, alors même que son dévouement à la vérité eût été sincère. Un français de Corse devait sûrement prendre la défense des corses, et alors, puisqu'on avait déjà les rapports de Morand, on leur confronterait les rapports d'un corse, qui serait Casabianca, lequel était d'ailleurs sénateur du pays. De cette confrontation sortirait peut-être la vérité, et encore !... La chose fut ainsi envisagée et réglée avec l'habituelle promptitude de l'empereur :

Et alors Maret écrivit au « titulaire » de la sénatorie de de Corse :

Schoenbrunn, le 27 septembre 1809.

« Monsieur le comte Casabianca, nous vous prions de vous rendre sans délai dans votre sénatorerie au milieu des départements du Golo et du Liamone, et particulièrement dans les villes de Bastia, de Calvi, d'Ajaccio, de Sartène, de Corte et de Bonifacio, et que vous soyez de retour à Paris dans le courant de janvier. Votre mission comme celle des sénateurs dans leurs sénatoreries doit être toute d'observation. Vous vous environnerez pendant votre séjour des fonctionnaires publics et des personnes les plus considérables du pays. Leurs communications avec vous auront l'effet de répandre le véritable esprit du gouvernement et de faire parvenir à votre connaissance les observations tant sur les hommes que sur les choses dont il importerait au bien de notre service que vous fussiez informé.

« Nous vous autorisons à nous écrire directement de tous les chefs-lieux où vous irez pour nous communiquer vos observations et les renseignements que vous aurez recueillis. Vous ferez néanmoins un rapport général que vous nous remettrez à votre retour et qui comprendra non seulement un compte rendu sur la situation du pays, mais aussi les observations que vous croirez devoir nous présenter tant sur les fonctionnaires publics actuels et les hommes dignes d'être appelés à des fonctions publiques, que sur les parties de l'administration qui pourraient être en souffrance et qui exigeraient ou des encouragements ou des modifications. Nous avons donné des ordres à nos ministres de l'intérieur et de la guerre pour que vous soyez reçu et traité comme le sont les sénateurs voyageant dans leurs sénatoreries et à notre ministère de la marine, afin qu'il fasse former à Toulon une corvette pour que vous partiez en Corse. Nous avons le droit, Monsieur le comte Casabianca, de compter sur votre zèle, lorsque nous voulons recevoir de vous des informations utiles aux intérêts de l'État et au bien-être des peuples. » (1)

---

(1) *Arch. Nat.*, 1054.

Le surlendemain Maret écrivait aussi à d'Otrante :

Schoenbrunn, 30 septembre 1809.

— M. le duc, M. le sénateur Casabianca doit se rendre sans délai dans sa sénatorerie. Il est chargé de visiter les principales villes de la Corse. L'intention de S. M. est que les honneurs prescrits par le décret du 24 Messidor lui soient rendus. Veuillez en conséquence donner les ordres nécessaires pour que M. le comte Casabianca reçoive dans l'étendue de sa sénatorerie les honneurs militaires déterminés par la section I du titre 9 de ce décret. J'ai l'honneur, Hugues Maret. (1)

La décision de l'empereur afflige Casabianca. Il était si heureux à Paris ! Aller en Corse, à l'entrée de l'hiver, même avec les « honneurs militaires », ne lui souriait qu'à demi. Pourquoi donc avait-on placé sa sénatorerie si loin ! Ne pouvait-on la faire venir à lui ? Et puis, il était comme le maire Levie : un voyage coûte toujours ! Aussi, sans désemparer, écrit-il à l'empereur :

« Sire ! Je me suis empressé d'accuser à S. E. le ministre secrétaire d'État la réception de la lettre clôse de V. M. du 29 sept. dernier qui m'enjoint de me rendre sans délai en Corse pour y remplir ses intentions. Malheureusement indisposé de l'effet des eaux d'Aix-la-Chapelle, où j'avais eu l'honneur d'accompagner S. A. I. madame Mère, je ne serai en état de me rendre en Corse qu'après ma guérison. Soigné par un médecin habile, des plus renommés de la capitale, j'espère qu'elle ne sera pas tardive et je me ferai alors un devoir aussi respectueux qu'agréable d'exécuter les ordres de V. M. Si cependant ces ordres étaient instants et d'une exécution subite je ne pourrais que la supplier, d'agréer tous mes regrets de ne pouvoir les remplir. Je suis, etc. (2)

Cette mission du sénateur en Corse ne s'effectuera que

---

(1) Guerre, *Arch. Hist.*
(2) *Arch. Nat.*, A F iv, 1051

dans trois mois. C'est un délai immédiatement mis à profit
par les chefs de la police de Paris pour « éplucher à fond »
l'affaire d'Ajaccio dont l'empereur s'informe. Il faut être en
état de lui répondre. Chacun veut se couvrir. Ce diable de
maire avait fait quelque bruit avec sa valise! C'avait été
une véritable machine infernale! Pourquoi la douane ne
l'avait-elle pas saisie à son passage à Toulon puisque les
objets de fabrication corse n'étaient pas admis en fran-
chise!

Levie n'était pas parti seul d'Ajaccio. Il avait été accompagné d'André Ramolino, directeur des contributions, cousin de madame Mère et qui s'était fait le complice du maire
en partageant ses visites et ses calomnies. Leurs dénonciations concertées avait envahi les bureaux du ministère
de la police aux mêmes moment et degré que le cabinet
impérial à Vienne. Chacun s'était efforcé de leur donner
du crédit. Le cardinal Fesch et madame Mère étaient
tombés, les premiers, victimes de cette entreprise de la
mauvaise foi des ajacciens. Leurs lettres, à leur tour, avait
abondé dans toutes les directions où elles tendaient à
surprendre les dispositions de Napoléon. Mais on jugera
de la grandeur réelle de l'empereur à l'incrédulité tenace
qu'il oppose toujours et partout où se terre l'habileté de
ces fourberies. Il demande des preuves. Il veut être éclairé.
On ne peut le tromper. Il se révolte d'instinct contre le
mensonge.

Pelet, conseiller d'Etat, délégué au 2me arrondissement de
la police générale, s'est hâté de s'informer auprès d'Arrighi,
préfet du Liamone. Il lui demande candidement ce qu'il
pense de la « conspiration d'Ajaccio. » C'était donner dans
le plan de la campagne destinée à tromper le pouvoir.
Ce pauvre Pelet n'a pas soupçonné le piège où il tombait.

S'informer auprès du préfet d'Ajaccio ! Mais c'était justement l'embûche tendue à sa bonne foi. Cette information « administrative » avait été, en effet, prévue par le syndicat de réhabilitation dont le préfet était membre sinon officiel, du moins occulte. Aussi la réponse d'Arrighi ne se fait-elle pas attendre. Elle est même conçue de manière habile. On pense si elle avait été préparée ! Le chef du département apporte un argument nouveau pour faire croire qu'il sort du programme de ses « administrés » Il signale un retard de «six semaines » apporté à la publication du jugement de la Commission. Cette charge n'est pas sérieuse. Elle étonne plutôt dans la bouche d'un administrateur que tous les rapports signalent comme « indolent et paresseux. » Mais elle est surtout injuste, vu les difficultés de rédaction en deux langues du dit jugement et de son impression par morceaux qui furent ensuite juxtaposés, les imprimeurs de l'île, à ce temps, ne disposant que de machines rudimentaires.

Mais tous les arguments étaient bons pour accabler Morand. Pauvre général ! Il a eu son 1814. Tout le monde le trahissait, l'accusait. Il devait pourtant vaincre tout ce monde avant de tomber les armes à la main, à l'ennemi.

Arrighi donc répond :

Ajaccio, 9 novembre 1809.

« J'ai toujours douté de la réalité de ce complot. Le jugement a été tenu secret longtemps. On ne l'a affiché qu'à la fin de septembre, *six semaines* après la date. On ne peut concevoir que la Commission ait déclaré qu'il était constant qu'il y avait eu conspiration et n'ait condamné aucun coupable. (Il veut dire à mort). L'opinion générale est que des propos vagues dont les auteurs sont inconnus, accrédités par un visionnaire et par un jeune homme immoral qui mérite peu de confiance, ont fait croire à l'existence d'un complot sur lequel on n'a jamais rien dit de concordant et de vraisemblable. En général on n'y a pas cru et le peuple a manifesté cette opinion tant aux débats qu'après le jugement. » **(1)**

Toujours des imbéciles, toujours des visionnaires ! C'est le plan adopté. On doit s'y accrocher sans défaillance.

Il faut pourtant savoir la vérité coûte que coûte. A cet effet, le ministre de la police a recours à des mesures plus expéditives. Il est vrai qu'il se couvre de l'empereur en disant, dans un rapport ultérieur, qu'il a agi « sur son ordre. » Il ordonne l'arrestation des témoins, Mazel, Bonhomme et Casalonga, qui ont déposé devant la Commission d'Ajaccio. Ces pauvres gens ont été simplement accusés de faux témoignages par le syndicat d'Ajaccio. C'est ce qui motive *ipso facto* leur emprisonnement. C'est atroce. La police impériale n'y va pas par quatre chemins ! C'est que l'empereur veut, à tout prix, être éclairé sur cette conspiration rendue si ténébreuse. Ces témoins dénoncés pour faux témoignages seront entendus — non en Corse, Napoléon se défie de son pays — mais à Paris. Le ministre lui-même devra procéder à leur interrogatoire. Ainsi on saura la vérité à l'abri des intrigues locales devenues fameuses dans l'histoire de la mauvaise foi.

Ces témoins ont été exceptionnellement chargés par le fiel ajaccien. Il s'est surtout concentré sur eux. C'est que leurs dépositions ont été la base du jugement de la Commission militaire. C'est ce qui explique que les deux autres témoins, Valeri et Tolla, n'ont pas été inquiétés. On a pensé que leurs témoignages n'ont été que la conséquence des premiers.

A la nouvelle de ces arrestations, le comité d'Ajaccio exulte. Il croit tenir un premier résultat de sa campagne monstrueuse. Il ne soupçonne pas que ces témoins n'ont été arrêtés que pour être de nouveau interrogés, et qu'ils vont mettre

---

(1) *Arch. nat.* AF 4.

à nu sa machination. Pour lui, c'est le commencement de la disgrâce de Morand. Plus tard, Renucci, dans son histoire de Corse, ne sachant comment expliquer l'arrestation de ces témoins et le maintien du général dans l'île, dira que « Mazel, Bonhomme et Casalonga n'ont pas été déférés aux tribunaux parce que leurs dépositions eussent déshonoré Morand, et par conséquent flétri l'administration impériale. »

On verra plus loin combien ce jugement « d'historien » est erroné. Il ne se justifie que par l'ignorance où les corses ont été tenus de tous les faits qui se sont accomplis à Paris comme conséquences de cette affaire d'Ajaccio.

La nouvelle que Mazel, — le précepteur de ses enfants, — vient d'être arrêté, affecte particulièrement Morand. Il s'en plaint au ministre de la guerre, son chef direct :

« — Bastia, 10 novembre 1809. — Mazel, précepteur de mes enfants, vient d'être arrêté à mon quartier général par ordre de S. E. le ministre de la police générale. L'exécution de cette mesure a été confiée à M. le préfet du Liamone. Cette circonstance ne me laisse aucun doute sur mon remplacement. En attendant mon successeur, je n'en servirai pas moins avec le même zèle et le même dévouement. » (Plus loin) : « Je ne saurais vous dissimuler, Monseigneur, que le gouvernement a été trompé sur tous les événements de la Corse. »

« J'ai en mains de quoi confondre mes ennemis, et cette douce satisfaction me fait supporter avec courage les désagréments que j'éprouve en ce moment. »

Post-scriptum : « Vous sentirez, Monseigneur, combien il est urgent pour le bien du service de S. M. que cette dépêche lui soit transmise » (1).

Morand se montre indigné de cette arrestation effectuée à son domicile, par des ordres transmis en dehors de

---

(1) Guerre, *Arch. admin.* (Même lettre adressée aussi à l'empereur)

son autorité. Il sent bien qu'il y a dans cette mesure un manque de confiance envers lui. Il en présage une disgrâce prochaine.

Le général n'a pas moins de bonté que d'énergie. L'arrestation de Mazel le frappe en plein cœur. Ce précepteur qui, pendant les quatre années qu'il est attaché à son service, n'a montré que de la douceur de caractère, de la probité, de l'érudition, il ne le laissera pas tomber dans les fers sans lui donner une preuve de son affection. Devant les sbires du préfet, il le soutient, le console, l'assure de son amitié et de son souvenir. Non ! Il ne l'abandonnera pas. Il écrit au ministre de la police :

« Si Mazel est coupable, qu'on le frappe. Mais en attendant que la preuve soit faite, qu'on se montre humain à son égard. Sa santé est chancelante. Que V. E. le prenne en pitié Qu'Elle ménage aussi Bonhomme et Casalonga, impliqués dans la même accusation, jusqu'à ce que vous en ayez examiné les termes avec votre haute clairvoyance(1). »

Plus tard, il écrira encore à Rovigo, le nouveau ministre de la police, pour sauver son ami :

Bastia, 7 juillet 1810.

« Monseigneur, M. Mazel, précepteur de mes enfants, gémit depuis sept mois dans les prisons de la Force, sous le poids d'un mandat d'arrêt lancé contre lui. C'est une victime innocente, que la trame la plus horrible ourdie pour me perdre a voulu sacrifier. J'écarte, Monseigneur, de ma pensée les moyens perfides mis en usage pour atteindre ce but, et plein d'une juste confiance dans la justice du Grand Napoléon, je me borne à solliciter la mise en liberté de Mazel, dont la santé s'affaiblit chaque jour et le désespoir ne peut que causer sa mort. »

Morand a-t-il des défenseurs dans la capitale ? Il eut fallu à cet effet voir les archives de la famille. Sa fille est déjà mariée

---

(1) *Arch. nat.* F7.

au général de Montbrun, dont l'armée tient en haute estime la valeur et à qui le sort réserve une mort glorieuse à l'ennemi (1). Mais de Montbrun se trouve à ce moment en Espagne. Peut-il agir en faveur de son beau-père, faire éclater l'injustice des accusations dirigées contre lui? Rien ne nous a éclairé sur ce point. Les dossiers sont vides de pièces d'intercession. A peine voit-on la trace de l'influence de Berthier, prince de Neufchâtel et de Wagram, qui présente à l'empereur un mémoire en faveur du commandant de Corse, et qu'on retrouvera plus loin. Mais Morand agit comme s'il était seul en face de ses ennemis. Il ne compte que sur sa concience et sur son énergie. Il multiplie ses correspondances et ses plaintes. Sur ce point, il ne le cède pas aux ajacciens. S'ils n'avaient pour eux les ressources de Fesch et de Madame-Mère, ils eussent été vivement confondus et désarmés. Ces hautes protections qu'il sait dirigées contre lui ne font que redoubler sa défense.

Ajaccio, 15 novembre 1809.

« ...Je suis donc sans troupes et sans moyens, et avec cela, le jouet de quelques individus d'Ajaccio qui ont assez de crédit pour me calomnier à Paris et me faire censurer par le gouvernement « sans que j'aie été entendu ! » Mes calomniateurs proclament maintenant que je dois quitter la Corse ! » (2)

Ces accents émus n'attendrissent apparemment personne. La calomnie opère. « Calomniez, calomniez, il en restera toujours quelque chose ! » Enfin nous avons trace du passage à Paris du maire d'Ajaccio par la lettre suivante qu'il adresse au ministre de la police générale, lequel a déjà

---

(1) Le général Montbrun, né à Florensac (Hérault) le 1er mars 1770. Tué d'un coup de canon en 1812 à la Moskowa, son nom est inscrit sur l'arc-de-triomphe.

(2) Guerre *Arch. adm.*

été prévenu par le cardinal Fesch, protecteur de la cause des ajacciens. Levie écrit :

Paris, le 14 décembre 1804.

« Monseigneur, les évènements qui m'ont fait me rendre à Paris sont d'une nature si délicate qu'il importe beaucoup à mes fonctions d'instruire V. E. des circonstances qui pourraient avoir échappé aux renseignements qui vous ont été donnés et qui doivent contribuer à vous faire connaître la « vérité dépouillée de tout ce qui pourrait la masquer ! » La sage mesure que vient de prendre V. E. pour l'arrestation de plusieurs individus suspectés de faux témoignage pour les mêmes évènements me fait vous instruire que le nommé Jean-François Tolla, jardinier à Ajaccio, dénonciateur (le seul qui n'ait pas été arrêté) également suspect de faux, ne contribuerait pas pour peu à vous faire connaître les différentes intrigues dont on s'est servi pour donner une apparence de réalité à l'existence du comité anglo-corse. En vous exprimant ma reconnaissance pour celle des *très fidèles* (*!*) sujets d'Ajaccio pour la justice que vous désirez leur rendre, je suis conduit à vous faire savoir que lorsque le crime désastreux, celui de conspiration, a été dénoncé dans cette ville, l'indignatio a été générale, mais que bientôt après réflexion y a jeté la consternation. Oui, il n'est que trop vrai, Monseigneur, que le lieu natal du plus puissant génie a été choisi pour être le théâtre de l'audacieuse trame dont vous tenez les renseignements. S. M. I. et R. demande la vérité et déjà la Corse renaît après sept ans de perdus pour son amélioration. (Allusion à l'administration Morand.) Si vous désirez, Monseigneur, d'ajouter au rapport qui vous a été fait, je suis ici pour obéir en ce que V. E. voudra bien me commander. J'ai l'honneur, etc.

François Levie, maire d'Ajaccio,

(Rue de Courty, Hôtel de Mayence, n° 5.)

En marge il est écrit :

« *Ecrire pour l'entendre vendredi à onze heures* (1).

---

(1) *Arch. nat.* F. 7.

Avant que le maire le dénonçât, Morand l'a présenté en ces termes à Rovigo :

Bastia, 18 août 1809.

« Le maire d'Ajaccio est un être faible et sans moyens, que l'intrigue a déterminé à partir pour Paris à l'effet de solliciter la grâce de son parent, Levie *Piedifalco*. Ce maire a si peu d'activité que le comité anglo-corse a tenu ses séances dans un appartement attenant à sa maison, pendant plus de trois semaines (1) »

Quelques jours plus tard, Morand écrit encore au même pour s'exprimer avec discrétion et mesure, sur les ajacciens :

« *Août 1809*. Avant de terminer mon rapport je ne dois pas laisser ignorer à V. E., que la ville d'Ajaccio est le point le plus difficile à gouverner de toute la Corse, à raison de l'influence que certains personnages que j'ai eu l'honneur de vous signaler, se croient autorisés à exercer sur toutes les autorités. »

En marge de ce rapport, on lit de la main d'un auteur autre que celui de la pièce et qui serait dans l'entourage de l'empereur, le duc de Bassano peut-être :

« Plusieurs magistrats, et surtout le sieur André Ramolino, ont cherché à entraver le jugement de la Commission militaire dans la crainte que S. M. indisposée contre les habitants d'Ajaccio, ne fasse suspendre les travaux qu'elle a ordonnés, et ne fixe à Bastia le siège de la Cour (2). »

C'était le moment où Ajaccio, par ordre de l'empereur, s'agrandissait en dehors des murs qui venaient d'être rasés. On construisait à ce temps, le quai, le cours Ste-Lucie, la canalisation de Canneto, la place Bonaparte. L'hôtel de ville, la préfecture, l'hôtel du général étaient en projet.

---

(1) *Arch. nat.* F. 7. 8764.
(2) Id.

La cour siégeait à Ajaccio.

La mission Casabianca. — Le sénateur Casabianca était remis de l'indisposition où l'avait trouvé l'ordre de l'empereur. Il a pris le chemin de la Corse, moins peut-être pour obéir à l'empereur que pour se soustraire aux importunes sollicitations des ennemis de Morand, qui ont vu en lui le « sauveur ». Tous les corses de Paris, en effet, ne lui laissaient plus de repos. Chaque jour son domicile était assailli par des visiteurs insulaires qui, non-seulement, insistaient pour qu'il allât au plus tôt accomplir sa besogne, mais qui lui assuraient encore que tout le pays l'accueillirait en « libérateur ». Plusieurs mêmes profitaient de cette occasion unique pour obtenir du sénateur d'Ajaccio quelques marques de sa générosité (!) et mettaient sa bourse à contribution. De sorte que, en prolongeant plus longtemps son séjour à Paris, Casabianca s'exposait à subir une épreuve plus dure encore que celle du voyage en Corse ! Il fallait donc qu'il s'exécutât pour mettre un terme, à la fois, à ces visiteurs importuns et aux demandes « fâcheuses » dont chaque jour ils l'assaillaient. Ni sa santé ni ses revenus sénatoriaux n'eussent pu suffire à contenter tous ses compatriotes de Paris. De plus, son impuissance à satisfaire tout le monde pouvait lui occasionner une impopularité qui eut mis le comble à ses tribulations. C'était, en quelque sorte, la situation du rapporteur Dubalen qui se renouvelait avec cette différence, toutefois, qu'à Dubalen on « donnait » et qu'à Casabianca on « demandait ». Si bien que le sénateur finit par comprendre que de deux maux il fallait choisir le moindre mal et qu'il partit pour la Corse, chassé par les corses de Paris devenus trop exigeants.

Son arrivée dans l'île, par Bastia, s'effectue au milieu des honneurs « sénatoriaux » ; le canon tonne, les troupes

présentent les armes, les autorités complimentent l'envoyé
de l'empereur. Mais avant de se mettre au travail, Casabianca a une opinion déjà faite. Il aborde son enquête avec
un terrible *a priori :* Morand est coupable. Dès lors il ne
cherchera que les preuves de cette culpabilité. Avant de
quitter la France il a vu à Aix les condamnés de la Commis
sion militaire. Il les a interrogés dans leur prison. D'eux,
il a obtenu l'assurance que le complot d'Ajaccio avait été
« imaginé » par Morand. Il a vu le témoin Casalonga qui, —
chose étrange — avait été confondu avec les déportés et
voyagé avec eux. Cette promiscuité avait eu le résultat
attendu, que Casalonga s'était laissé intimider par les
coupables (1). Il déclarera plus tard, à Paris, devant Rovigo
que, pendant qu'il était en prison, en leur compagnie, il a
entendu leurs menaces, subi l'influence de leurs propositions corruptrices. Il dira aussi qu'il reçut, dans sa prison,
la visite du sénateur Casabianca accompagné de son secrétaire et que cette visite lui a donne l'impression qu'il fallait
désavouer son témoignage pour faire « une bonne action
en faveur de la ville natale de Napoléon (2). »

Que de manœuvres, que de subterfuges et de vilénies
pour cacher la vérité !

Ni ces tentatives de subornation ni les révélations de
Casalonga n'ont été connues des ajacciens. Aussi sont-ils
intrigués de ne pas avoir pu réussir leurs projets qu'ils savent pourtant avoir pétris de leurs plus impénétrables infamies. « Et quoi, le voyage du maire n'a été d'aucun effet?
Quoi, nos accusations contre les témoins n'ont été d'aucune

---

(1) *Arch. nat.* A. F. 5, *Bulletins de police.* Interrogatoire des témoins
d'Ajaccio.

(2) « Ils m'ont montré une lettre de Madame Mère disant que le complot d'Ajaccio allait être dénoncé comme une infamie de Morand. Ils
m'ont supplié de revenir sur ma déposition. Levie m'a même promis
cinquante louis d'or pour ma mère. » A. Fv. 7.

valeur ? » Ils étaient consternés ! Ils croyaient le général puissant. Non Il n'était qu'innocent. Et l'empereur était juste.

Mais Morand s'impatiente des lenteurs apportées à reconnaître les fourberies ajacciennes. Quand on ne se sent pas coupable, on admet difficilement que des juges tardent à vous rendre justice. Pour hâter la conviction de ses censeurs de Paris, il écrit à Pelet :

Bastia, le 9 février 1810

. . . .

« J'ai donc fait mon devoir dans cette circonstance (conspiration d'Ajaccio) comme dans toutes les autres, mais s'agit-il en ce moment de la politique du gouvernement qu'a sanctionné toutes mes opérations ? Ou bien veut-on me punir d'avoir maintenu l'ordre et la tranquillité dans cette île avec une poignée de soldats, d'y avoir levé *neuf* bataillons, 2.000 conscrits et 1.200 marins, d'y avoir éteint les vendettas, fait, en un mot, ce qu'aucun général dans aucun temps n'y a fait avant moi, même avec des forces supérieures (1). »

Mais le sénateur Casabianca opère.

Avec une indiscrétion qui suffirait à elle seule, à marquer sa partialité, l'enquêteur divulgue au public les charges, à mesure qu'il les recueille, contre Morand. Ces manœuvres malveillantes parviennent au général, qui en informe directement l'empereur

Bastia, le 24 février 1810

Sire,

L'arrivée en Corse de M. le sénateur Casabianca, dans la circonstance actuelle, a dû fixer l'attention des habitants de cette Ile ; la première nouvelle répandue dans le département du Golo, a été mon rappel de la Corse (M. Suzzoni,

---

(1) *Arch. nat.*, F. 7. 8764.

beau-fils du sénateur, ne me l'a pas laissé ignorer). Peu de jours après, ma destitution a été publiée à Ajaccio.

«M. le sénateur dans sa tournée, a exprimé d'une manière assez positive, le désir qu'il avait de ne recueillir rien que des doléances contre moi. Quelques particuliers d'Ajaccio et de la Rocca, animés contre moi du même esprit de parti, se sont empressés de fournir à M. le sénateur, des dénonciations aussi injurieuses que calomnieuses, contre mon administration, qu'ils ont représentée comme tyrannique et arbitaire. Ceux qui connaissent la Corse, savent qu'un tel gouvernement ne serait supporté que peu de jours par ses habitants ! (C'est là une politesse de Morand pour les compatriotes de S. M.).

« Si l'exercice de la haute police est un pouvoir extraordinaire, si considéré relativement à ses attributions sur les autorités constituées, il est souvent hors de la ligne des lois. Il est constant qu'une mesure de police, qui, au premier aspect paraît tyrannique et arbitraire, n'est, par le fait, que la garantie de la tranquillité et du bon ordre.

« Si, dans l'espèce, on admet la recherche des faits, sans admettre et vérifier les motifs qui ont nécessité une mesure extraordinaire, il n'est pas un seul agent du gouvernement qui ne devienne un jour la proie de la plus noire calomnie.

« Qu'il soit permis, Sire, à un des plus fidèles sujets de Votre Majesté, qui, d'après vos sages instructions, a gouverné la Corse avec justice, mais paternellement, qui n'eut jamais dans la pensée de préférer un abus d'autorité, à l'exercice d'un pouvoir réglé par son souverain, qu'il soit permis, dis-je, à celui que les corses considèrent comme leur père et qui vient de recevoir de leur part, le témoignage le plus marquant de leur affection, de réclamer près de Votre Majesté, que toutes les dénonciations ourdies contre sa personne, lui soient communiquées. Il y répondra, Sire, bien victorieusement, et Votre Majesté daignera lui rendre une justice éclatante (1).

Après quoi il écrit au ministre :

(1° *Arch. nat.* AF IV, 1054.

Aiaccio, 7 mars 1810

« Je viens d'être instruit que le sénateur Casabianca avait accueilli des dénonciations portant que j'avais favorisé le commerce avec la Sardaigne. J'ai le cœur ulcéré, Monseigneur, de cette nouvelle atrocité. Mais je me borne en ce moment à vous transmettre une analyse qui vous fera connaître la correspondance qui a existé entre le prince Koslowicks, ambassadeur de Russie, et moi; les motifs et en même temps la perfidie de mes ennemis. (Suit le dossier). En suite de la guerre avec la Sardaigne, et le départ de l'ambassade russe de Palerme, l'ambassadeur russe à la cour de Sardaigne s'est trouvé hors d'état de communiquer avec Saint-Pétersbourg, et l'ambassadeur Kourakin, à Paris, sans l'intermédiaire de la Corse. Il m'a envoyé des parlementaires avec des dépêches pour la cour de Saint-Pétersbourg, en priant le général de donner garantie à ces mêmes parlementaires pour la sûreté du retour. Voilà mon crime (1) ».

Morand ignore cependant, qu'avant même de clôturer son enquête, le « bon vieux (2) » a demandé le rappel du commandant de la 23e division militaire. En effet l'envoyé de l'empereur, visiblement gêné de la présence en Corse, sur le théâtre même de ses opérations, du général dont il juge la conduite et qu'il n'ose interroger, écrit au ministre :

Bastia, 19 mars 1810

«... J'ai déjà en mains des documents importants qui sont accablants pour la moralité du général Morand. Il se-

---

(1) Guerre. *Arch. hist.*

Pour retourner contre ses ennemis ces accusations d'improbité, Morand sollicite du gouvernement l'envoi de deux inspecteurs des finances pour vérifier les caisses publiques. Cette demande fut agréée et le rapport des inspecteurs accuse des déficit de plus de 150.000 francs. (*Arch. nat.*, F7 8764.)

(2) L'abbé Rossi : *Osservationi* (B. n. manuscrit 856) appelle l'envoyé de l'empereur : « Quel buon vecchio ». Casabianca avait, en effet, 71 ans.

rait nécessaire, qu'avant même la rédaction de mon rapport, il fut rappelé... (1) ».

Manœuvre indigne !

A Paris on sut lui faire l'accueil qu'elle méritait. Elle a été pénétrée par le ministre et par l'empereur lui-même. Non ! Morand restera en Corse ; il y restera malgré une deuxième lettre de Casabianca demandant à nouveau, avec même plus d'insistance, le rappel du général. Le gouvernement a été d'avis qu'avant d'adopter une mesure de rigueur, il fallait qu'elle fut motivée, non pas par des données personnelles et imprécises, mais par une accusation formelle, étayée sur des preuves convaincantes et surtout contradictoires.

C'est ainsi que se comprend la justice, et il faut plaindre les hommes qui la comprennent autrement ; tôt ou tard ils souffriront eux-mêmes du mépris où ils auront laissé tomber, chez les autres, leurs droits les plus sacrés.

Ce dut être une lutte fiévreuse de chaque jour, dans l'île, entre Casabianca qui veut immoler Morand, et Morand qui se défend « hardiment » contre les noires entreprises de son accusateur. Le général ne se laisse pas entamer. Sa vigilance et son énergie sont indomptables. On se demande ce qu'eut pu faire ce chef d'armée, si au lieu d'agir obscurément en Corse, il eut été mis à la tête d'une division de la grande armée ! Sa destinée était de lutter en Corse contre les corses, qui, exceptionnellement étaient tous « parents de l'empereur », et le triomphe qu'il remportera ici ne sera pas moins méritoire, aux yeux des observateurs impartiaux, que ceux remportés par ses collègues sur le territoire continental.

____

(1) *Arch. nat.* F. 7, 8764.

L'enquête du « bon vieux » l'irrite et l'attriste tour à tour. Morand s'épanche auprès de Clarke, ministre de la guerre :

Ajaccio, 7 avril 1810

« Le héros qui nous gouverne vous ayant investi de toute sa confiance, il sera sans doute permis à un des ses sujets les plus fidèles et les plus dévoués de verser dans votre sein ses plus secrètes pensées... A l'arrivée du sénateur Casabianca, le bruit s'est vite répandu qu'il avait été envoyé pour scruter ma conduite et recevoir des dénonciations contre moi, et qu'enfin ma perte était prochaine. Car il est dans l'ordre des choses que les hommes en place, lorsqu'ils sont fidèles à leurs principes et à leur devoir, doivent avoir des ennemis ».

Il fait connaître ses dénonciateurs :

« Je vous signale d'abord l'avocat Maëstroni, homme à passion, peu délicat, qui a été expulsé dans les 24 heures de l'administration départementale du Liamone, par le général Bonaparte, aujourd'hui notre auguste empereur, à son retour d'Egypte, alors qu'il toucha à Ajaccio. Le second est M. Gaffory, procureur impérial, qui, à raison de sa mauvaise conduite, a dû recevoir, il y a quelques mois, une lettre à *trois cachets*, qui lui prescrivait de donner sa démission. Enfin, le troisième est M. Colonna d'Istria, procureur impérial à Ajaccio (futur auteur d'*Ajaccio-vindicata*), jeune présomptueux, qui n'a encore donné aucun gage de son dévouement, mais zélé partisan des deux premiers et l'esclave de leur volonté. Ils veulent me faire rappeler, non pas tant pour se débarrasser de moi que pour étendre leur domination dans ce pays, fief de deux ou trois familles pour lesquelles « je suis un objet de gêne ». Lorsque j'aurai prouvé mon innocence au gouvernement je rappellerai à V. E. que j'ai sollicité à différentes reprises, depuis trois ans, mon rappel de Corse et qu'il m'a toujours été refusé de la manière la plus flatteuse. Aujourd'hui, monseigneur, la maladie inflammatoire que je viens d'essuyer par suite des tracasseries sans nombre que j'ai éprouvées me fait craindre des suites fâcheuses et je solliciterai de nouveau mon rappel si ma présence ici n'est plus nécessaire. » (1)

La tournée Casabianca est tumultueuse.

Les ennemis du général se sont groupés autour de lui. Ouvertement ils dirigent leurs attaques contre Morand. Celui ci ne s'afflige pas de ces manifestations. On le provoque et on l'outrage sans que le sénateur intervienne pour modérer ses trop fougueux partisans. Morand voudrait éclater, mais il ne se laisse pas entraîner par son irritation. Il se contient sagement. Il affecte même une assurance peut-être exagérée. C'est toutefois une politique fort judicieuse où il garde une force que lui eussent dérobée des manifestations de sensibilité. Aussi au lieu de frapper s'attache-t-il à

---

(1) Guerre, *Arch. hist.*

Il semble curieux de rapprocher ici les plaintes de Morand de celles qu'adressait sir Elliot, vice-roi de la Corse, à son gouvernement :

Bastia, 24 septembre 1795.

« ...Rien de ma vie privée, mandait-il à Portland, ne compense les vexations dont ma vie publique est l'objet. Aussitôt donc que me le permettront mes obligations envers le roi de Corse, je supplierai ardemment mon souverain de me rappeler à son service ou du moins dans ses Etats. J'ose espérer que le calme sera rétabli ici dans le courant d'octobre ou de novembre, et que, dès lors, Votre Grâce voudra bien me considérer comme *emeritus*... Si donc le roi Pasquale Paoli ne parvient pas à me faire pendre le mois prochain comme un rebelle ou un prétendant, vous me permettrez de partir. J'ai la conviction qu'on ne trouverait pas beaucoup de personnes, si tant est qu'on en puisse trouver une, ayant passé deux années laborieuses, plus difficiles et plus terribles, plus dépourvues de satisfaction personnelle et de plaisir, que celles qui ont suivi mon départ d'Angleterre... J'ai été trop longtemps soutenu, malgré mes grands ennuis, par l'espoir de faire du bien à ce pays et d'accroître la prospérité de l'Angleterre ; mais, en vérité, ce vieux serpent radoteur de Paoli m'a dégoûté, et le caractère corse n'a pas fait bonne figure dans les circonstances actuelles. Il est bien mortifiant pour moi, qui désire tenir ce caractère en honneur, d'avouer que non seulement je n'avais jamais eu la conception des turpitudes et des bassesses, du manque absolu des sentiments dignes du gentilhomme que j'ai eu lieu de constater ces derniers jours dans la haute classe de ce pays ! »

(M. Jollivet : *Les Anglais dans la Méditerranée.*)

rassurer ses rares amis et à éclairer les populations qu'on soulève contre son autorité. Tant qu'il sera commandant en chef de l'île il usera des droits qui lui ont été dévolus. Il ne faut pas qu'à cet égard l'opinion le croie déchu. C'est pourquoi il fait imprimer et publier sous les pas de l'enquêteur, la proclamation suivante où perce une légère ironie :

Quartier général de Bastia, 21 avril 1810.

« Braves habitants ! Que de moyens mis en usage pour vous persuader que les pouvoirs de la haute police n'existaient plus en Corse et que le général qui en était investi allait être rappelé sur le continent. Vains efforts ! Vous avez répondu à ces insinuations astucieuses, dont vous avez su pénétrer les motifs, en conservant le calme et l'attitude de la sagesse ; vous avez fait plus, vous m'avez en cette occasion, donné de nouveaux témoignages de votre constante affection dont le souvenir ne s'effacera jamais de ma mémoire. Cependant quelques malveillants, depuis environ trois mois, ont cru pouvoir impunément exercer des vendettas et commettre d'autres crimes. Leur nombre s'élève malheureusement bien au-dessus de ceux commis en 1809 ; d'autres enfin se sont permis de porter ostensiblement toutes sortes d'armes sans être munis d'autorisation légale.

« Vous connaissez mes sentiments pour vous, braves habitants ! Ils sont aussi invariables que l'attachement que vous m'avez inspiré et c'est à ce titre qu'il me sera bien doux de continuer à consacrer tous mes instants au maintien du bon ordre et de l'harmonie entre nous ; je saurai m'occuper sans relâche de la répression de tous les délits. Car le *Grand Napoléon* qui chérit paternellement tous ses sujets veut qu'ils soient soumis et fidèles aux lois de l'État sur tous les points de son empire. » Morand. (1)

Enfin « le bon vieux » a terminé sa tournée. Il a parcouru toute la Corse, inspecté tous les services, entendu tous les

---

(1) *Arch. nat.*, F 7, 8764.

témoins. Il n'a oublié qu'une chose, c'est d'entendre Morand, l'inculpé. Mais il est convenu que le général ne doit pas se défendre. La justice de l'empereur, on ne la considère pas faite d'autre élément que de la haine qui dirige celle de Corse. La conviction du sénateur était déjà faite avant même que de pénétrer dans sa sénatorerie. Maintenant elle s'est fortifiée de preuves qu'il a négligé de rendre contradictoires ! Cette négligence lui paraît de bon aloi, l'accusation devait suffire. Les charges qu'il apporte contre Morand sont foudroyantes. Sa valise aussi, à lui, en est pleine. Elle en est bourrée autant qu'en était bourrée la valise du maire Levie qui, pourtant, n'avait convaincu personne. Cette fois, la réhabilitation d'Ajaccio sera certaine. Chacun l'attend, Casabianca l'a promise à tous. Qui donc pourrait douter de la parole de l' « envoyé de l'empereur ? »

Et pendant que le fielleux sénateur est en route pour Paris, Morand le fait accompagner d'une lettre confidentielle qu'il adresse à Rovigo :

— *Bastia, le 23 avril 1810.* Le sénateur Casabianca vient de s'embarquer sur la corvette, *La Victorieuse,* en rade de Saint-Florent pour rentrer sur le continent. J'ai fait rendre à M. le sénateur tous les honneurs dûs à son caractère. J'ai fait plus. J'ai usé envers lui de tous les égards possibles. Cependant je ne dois pas dissimuler à V.-E. qu'il a manqué aux procédés, au rang et à la place que j'occupe ; que dans toutes ses courses lui et les personnes à sa suite ont provoqué des dénonciations contre moi et ont manifesté peu de satisfaction lorsque le peuple osait faire mon éloge. En Balagne, par exemple, la plus riche contrée de la Corse, on leur a dit que jamais « il n'y avait eu autant de paix et de sécurité que depuis mon arrivée.... » J'ai appris que le sénateur Casabianca s'est oublié au point d'écrire à certains fonctionnaires marquants dans l'île, des lettres où on lisait ceci : « *Quelle opinion avez-vous sur la conspiration d'Ajaccio ? Croyez-vous que le général Morand l'ait forgée?* » J'ai lu, non sans indignation, de pareilles expressions. » (1)

LE RAPPORT DU SÉNATEUR CASABIANCA

Ce document avait été longtemps attendu par Napoléon. Il a dû lui être un leurre tant son contenu est banal et entaché de parti-pris. S. M. avait sans doute espéré mieux que ça de son sénateur d'Ajaccio en qui, s'inspirant d'une réputation surfaite, il avait mis tant de confiance. Ce document est en effet plein d'absurdités. Il a canalisé tous les cancans de l'île.

Les représentants du peuple dans les départements méridionaux avaient promu ce Casabianca général de division le 29 Messidor an II (Saliceti et Lacombe Saint-Michel). Malgré qu'il eût servi « avec dévouement » l'ancien régime, Casabianca, qui avait été lui-même chef de la 23e division militaire de Corse, eût pu avoir pour Morand les égards dus à un compagnon d'armes. Ils eussent honoré son enquête sans atteindre sa conviction. Il n'en a rien fait. Nous le plaignons.

Nous avions hâte de découvrir cette pièce qu'on nous avait représentée comme accablante pour Morand. Nous avons été frappé nous-même de sa stérilité. Elle ne nous a pas payé des laborieuses recherches employées à la retrouver. Malgré qu'il parle de « philosophie et de morale », l'auteur n'a pas réussi à convaincre S. M. La « philosophie et la morale » s'accommodent mal d'un rapport conçu avec une aussi extraordinaire animation contre un accusé dont l'auteur a volontairement négligé de recueillir la défense et

(1) Guerre, *Arch. hist.*

dont pourtant il requiert la destitution et le déshonneur. Il n'est qu'en Corse qu'on voie s'étaler une passion aussi éhontée. Entre particuliers, elle y est, hélas ! admise ; mais de juge à prévenu, elle est doublement abominable. L'empereur lui-même qui, pourtant, vu son origine, était enclin à la passion, dut être révolté de celle qui avait pris possession de son émissaire. Aussi ce rapport fut-il soumis lui-même à l'épreuve d'un humiliant contrôle qui fit conclure à son annulation et à des réparations accordées à Morand. Cet échec honteux ne toucha pas autrement Casabianca, qui garda sa sénatorerie et sa réputation surfaite. Mais la vérité, tôt ou tard, vient toujours châtier les forfaits.

Cet enquêteur n'eut garde d'oublier tout d'abord qu'il était corse et qu'il se devait avant tout d'exalter son pays et ses compatriotes. C'est là un sentiment fort honorable qu'il convient de respecter. Mais on ne saurait admettre qu'il doive s'exercer au préjudice de tiers et qu'il fasse librement litière des droits de la justice et de la vérité. Or, le rapport de Casabianca ne contient aucun passage qui ne soit un hommage rendu « aux vertus corses ». On y cherchera en vain le reflet des opinions émises sur son pays par ceux qui l'ont précédé dans son étude ; les Miot, les de Vaubois, les Franceschi, ne comptent pas. Le sénateur ne les a pas connus. La Corse n'existe que depuis qu'il l'a découverte au nom de l'empereur. On ne saurait que féliciter cet enquêteur d'avoir aussi délibérément réhabilité son pays. Tout y est bien. Les services fonctionnent à merveille. Tous les corses sont dévoués à l'empereur et ne demandent qu'une occasion de faire éclater leur dévouement. (Elle se présentera en 1814 !) Le rédacteur ne s'aperçoit pas cependant qu'il a mis une ombre au tableau. C'est au sujet de la « Corse criminelle » qu'il l'estompe. Cette note est attristante. Il dit en effet :

« La loi du jury a été en vigueur dans cette île depuis sa création (non de l'île, mais du jury). Jusqu'à l'avènement au trône de V. M. et pendant tout ce temps, on compte seulement *dix* ou *douze* jugements à la peine capitale dont aucun n'a été exécuté. Aussi les crimes étaient-ils si encouragés par l'impunité qu'on ne se donnait plus la peine d'en informer les tribunaux. Mais V. M. ayant pris les rênes du gouvernement, cette loi fut suspendue par sa haute sagesse, et depuis cette suspension salutaire, la cour de justice criminelle du département du Golo (il n'est pas parlé de celle du Liamone) a rendu jusqu'à ce jour 232 arrêts portant la peine capitale, dont la plus grande partie a été exécutée. » (1)

Ainsi, d'un côté, en dix ans, il y a eu 10 ou 12 condamnations à mort prononcées par le jury ; de l'autre, en *neuf ans*, 232 peines capitales ont été prononcées, rien que dans le département du Golo. Est-ce édifiant ?

Mais ce n'est là qu'une entrée en matière. L'auteur nous amène traîtreusement à la conspiration d'Ajaccio. C'est le morceau capital. Pourtant, il a l'air de ne lui donner que le second plan. Est-il besoin de dire que pour lui cette affaire n'a « jamais existé ». Elle a été inventée de toutes pièces. Dame ! les ennemis de Morand le disent ! Morand proteste, il est vrai, mais Morand ne doit pas être entendu. Cet homme-là est dangereux. Il sait la vérité. Il a les preuves indéniables du complot. Il a, en outre, des arguments

---

(1) Casabianca se trompe. La suspension du jury ne s'est pas faite à l'avènement de Napoléon au trône, mais de Bonaparte au consulat Elle a été ordonnée, on se le rappelle, par Miot en 1800. Cette erreur est singulière chez un homme qui étudie son pays à un moment pourtant si proche de l'évènement qu'il invoque. Mais que penser de 232 personnes condamnées à mort dans un demi-département pendant une durée de neuf années !

de défense terribles. C'est pourquoi il a fallu l'écarter des
débats. C'est donc en son absence que Casabianca attaque
le général. Ce n'est pas généreux, mais c'est corse ! Dès le
début, il lui porte un coup mortel, qui annonce ses intentions ultérieures.

Paris, le 17 mai 1810.

« Le chef de la 23ᵉ division militaire est inculpé de plusieurs fautes graves, je pourrais même dire des crimes. »

Et le sénateur s'explique. Avant de passer à la conspiration d'Ajaccio, il faut démolir dans l'esprit de l'empereur
ceux qui l'ont éventée et châtiée. Après, on démolira la
conspiration elle-même. Il faut procéder par ordre. Il n'y
aura de bienveillance que pour les coupables. Aussi Morand, le premier, est un « concussionnaire »; il a favorisé
la contrebande avec la Sardaigne ; il aurait même prélevé
des bénéfices sur les marchandises anglaises importées en
Corse. Voilà, certes, de quoi indisposer l'empereur. Ces accusations seront reconnues calomnieuses plus tard, avant
même que Morand se soit rendu à Paris pour s'en défendre. C'est pourquoi nous ne les reproduisons pas ici. Du
reste, elles reviendront sous la plume de ses accusateurs
restés en Corses, qui se chargeront bien de les faire valoir
pour flétrir le général, après sa mort, dans son honneur et
sa mémoire. Ainsi s'expliquent les relations de tous les
auteurs corses, unanimes à accuser Morand de concussion
et d'opérations délictueuses (1). Le « bon vieux » leur avait

---

(1) « On nous écrit de Paris (!) : « Comment est-il possible que Morand
dans un pays pauvre comme la Corse, ait pu amasser tant de richesses
pour donner cent mille francs de dot à sa fille, dépenser cent mille francs
pour acheter une villa et orner sa femme de bijoux ? » — *Ajaccio Vindicata.*

C'est avec des arguments de cette nature qu'en Corse on écrit l'histoire et sacrifie les meilleures réputations.

communiqué son rapport avant même de le présenter à l'empereur, et tous, successivement l'ont reproduit. Il est resté dans la tradition. Or, si ces accusations avaient été reconnues exactes, point de doute que Napoléon, qui s'est montré sans pitié pour les voleurs, n'eût frappé avec son habituelle rigueur le commandant de la Corse.

Après avoir ainsi présenté Morand, Casabianca passe à ses « complices. » D'après lui tous les témoins sont « indignes, d'une immoralité reconnue». Et, pourtant, ils étaient «les amis de Morand ». Et encore leurs dépositions n'ont-elles été obtenues que par « la violence, la force et la tromperie ». (Nous avons déjà vu cela chez Colonna d'Istria). Les officiers mêmes de la Commission militaire ont été subornés ; le sénateur le prouve :

« Cependant il fallait, en dépit du bon sens et de la raison, décider que la conspiration existait et cela fut prononcé à l'*unanimité*. Mais ce qui présente une contradiction manifeste c'est que la Commission déclara en même temps qu'il n'existait point de conspirateurs comme s'il était possible que l'une put exister sans l'autre ! »

On le voit : Casabianca répète l'opinion déjà émise par le préfet Arrighi, et qui est l'argument le plus solide de ceux présentés en faveur de la réhabilitation. Dans ce pays où chaque jour on constate des crimes sans qu'on puisse reconnaître les coupables, on se refusait à croire « qu'il y ait eu conspiration là où on n'avait pas retenu de coupables. » Et encore cet argument était-il faux, même dans son exposé, puisque quatre coupables avaient été frappés de la déportation. N'importe, «le bon vieux» racontera à l'empereur tout ce qu'il a entendu dire par les ennemis de Morand et par les parents des condamnés et par les gens intéressés à réhabiliter Ajaccio.

« Morand a donc inventé de toutes pièces cette conspiration ».

Ce n'est pas tout. Le général étant couvert par le jugement *unanime* de la Commission militaire il fallait attaquer la principale pièce qui servit à asseoir ce jugement, le rapport de Dubalen. Or, Casabianca s'attache à poursuivre cette œuvre qu'il sait capitale. Il va démolir le commandant Dubalen, nous le montrer « l'homme féroce et corrompu » que, déjà, nous avons vu sous la plume de Colonna d'Istria lequel s'est visiblement inspiré du rapport sénatorial :

« Sire ! Nous avons à Calvi une prison qui n'est pas moins horrible et malsaine que ne l'était la Bastille. Eh bien ! c'est la prison dont se servait le plus souvent le commandant Dubalen pour faire enfermer ceux qui avaient de jolies femmes ou de jolies filles !... On sera bien étonné d'apprendre qu'un homme, même de pareilles mœurs, se soit permis de faire monter à rebours sur un âne une femme de l'Ile-Rousse, tenant la queue du dit âne et de la faire promener dans toute la ville pour la seule raison qu'elle n'était pas sage dans sa conduite !»

Ce rapport enfin termine ainsi :

« Sire ! Ecoutez la voix de tous les chefs des différentes administrations de la Corse, écoutez celle de tous vos « fidèles » sujets : délivrez-les de cette haute police qui les avilit et les humilie. Daignez les faire rentrer sous l'empire de la constitution, tels que vos autres peuples du continent, accordez-leur des législateurs et des juges en la Cour de cassation. De leur côté, ils tâcheront par leur conduite de mériter tant de bienfaits et de se rendre dignes de Votre auguste et très puissante protection ». (1)

Tout ce fatras d'accusations mensongères, exposées en soixante pages de manuscrit, usurpant la forme d'un travail sérieux, n'a pas réussi à tromper l'empereur. C'est que

---

(1) *Arch. nat.* AF_{IV}, 1051.

Napoléon est corse aussi et qu'il a souffert de la calomnie corse. Aussi suspecte-t-il le rapport de Casabianca. Il le passe au creuset de la critique. Il fait mander Rovigo : « Tenez, examinez cette affaire à fond et faites-moi, à votre tour, votre rapport en tenant compte de la défense de Morand, car il faut bien qu'il se défende aussi, lui ! » Voilà comment parle un vrai et grand souverain. Il doit tout savoir et peser chaque chose. Il peut se tromper, certes, puisqu'il est homme, mais il livrera, par sa loyauté et son amour du bien, la moindre part possible à l'erreur dans les délibérations de son esprit et de sa conscience.

RAPPORT DU MINISTRE DE LA POLICE GÉNÉRALE

Rovigo va juger à son tour cette affaire si véritablement *corsée*. Il a entendu Mazel, Bonhomme et Casalonga qui sont détenus si injustement à la Force. Il sait leur innocence. Il voudrait les élargir. Mais il n'ose. Il doit provoquer les instructions du souverain. Puisque l'empereur lui demande un rapport et le lui fera conformément à son habituelle loyauté et avec la conviction qu'il s'est faite en pesant tour à tour l'accusation, les témoignages et la défense. Morand n'aura même pas la peine de se déranger. Les pièces justificatives qu'il a envoyées, corroborées des renseignements pris à Paris, suffiront pour le laver du fiel de ses accusateurs.

Rovigo rend compte à l'empereur :

« Sire !

« Quelques ennemis du général Morand se sont joints aux partisans des condamnés de la Commission militaire pour l'accuser.

« Ils ont attaqué la conduite de ce commandant. On l'accuse
d'avoir imaginé cette conspiration, d'avoir dicté ou fait dic-
ter au témoin Casalonga la dénonciation qui a fait le fondement de la procédure, de l'avoir forcé par des menaces et
de mauvais traitements à présenter cette dénonciation et
d'avoir employé comme agents intermédiaires les sieurs
Mazel, Bonhomme, Dubalen, officier d'état-major, ayant
fait les fonctions de rapporteur. M. le maire d'Ajaccio s'est
rendu à Paris. Il a adressé ses réclamations à V. M. et
présenté des mémoires qui ont pour but de justifier son
parent *Piedifalco*, ainsi que les trois autres condamnés, et
d'inculper le général Morand. Il était utile d'examiner si
les griefs argués contre ce général étaient réellement fon-
dés. D'après les ordres de V. M. j'ai fait arrêter et conduire
à Paris, Mazel, Bonhomme et Casalonga et les ai interrogés
et confrontés.

. . . .

« Les interrogatoires et confrontations ne présentent rien
qui vienne à l'appui des inculpations dirigées contre Mazel,
Bonhomme et Casalonga, rien par conséquent qui prouve
que le complot d'Ajaccio ait été supposé et que ces particuliers aient été les agents d'une trame aussi odieuse ».

« M. le sénateur Casabianca, envoyé en Corse avec la
mission de prendre des informations, a adressé à V. M.
des pièces qui attaquent la conduite du général Morand. »

. . . .

« La moralité de M. le général Morand et sa vie entière
paraissent devoir écarter l'idée qu'il ait imaginé une fausse
conspiration, supposé des coupables et des témoins pour
perdre des innocents, et qu'il ait abusé à ce point de la
confiance du gouvernement. »

. . . .

« Rien ne prouve au surplus que Casalonga n'ait pas fait
librement et volontairement la dénonciation qu'il a présen-

tée. Rien ne démontre qu'on ait employé les menaces et la violence pour l'y contraindre. Les sieurs Mazel et Bonhomme paraissent innocents des torts qu'on leur a imputés. Il est difficile de conserver quelques doutes à cet égard, d'après les interrogatoires et confrontations qu'ils ont subis. On ne voit pas d'ailleurs quel intérêt ils auraient eu à devenir les auteurs et fabricateurs d'une fausse conspiration. »

. . . .

« Imaginer un complot contre la sûreté de l'État, supposer des coupables et des témoins, faire condamner des innocents, abuser au dernier degré de la confiance de **V. M.** et tout cela pour empêcher le départ d'un bataillon, ainsi que l'on en accuse le général Morand, est le comble de la perversité et de la déraison. *La vie entière de ce général, ses services et sa probité qui doit être bien connue de V. M., repoussent une pareille inculpation que rien d'ailleurs ne justifie.* »

« On pourrait tout au plus reprocher au général Morand d'avoir cru trop légèrement au complot (1). Il lui eut été facile de surveiller de près les démarches des personnes qui lui étaient dénoncées et de se bien assurer de leurs intentions. Il eut été convenable de prendre ces précautions avant de traduire les accusés devant une Commission militaire et de fixer l'attention du public sur une conspiration vraie ou fausse, ce qui produit toujours un mauvais effet. Les individus jugés par la Commission militaire sont, la plupart, de mauvais sujets dont les dispositions et les sentiments, peu favorables au gouvernement, étaient connus et qu'une même manière de penser paraît avoir réunis plusieurs fois dans la maison de *Piedifalco*. » (2)

Duc de Rovigo.

---

(1) C'est une concession de Rovigo aux ennemis de Morand, car *tous* les juges ont cru au complot qui l'ont jugé sur les *lieux mêmes*. Il est difficile d'admettre qu'ils se soient *tous* trompés et que les juges de Paris eussent été seuls dans la vérité. D'ailleurs, 1814 concluera !

(2) *Arch. nat.* F 7, 8764.

Pour conclure, Rovigo demande l'élargissement de Mazel, Bonhomme et Casalonga, arrêtés injustement ; il demande en même temps une atténuation de la peine des condamnés de la Commission militaire, pour faire preuve de justice et d'indulgence pour tous.

Entre temps, l'empereur avait aussi consulté Fesch. Il avait une grande confiance dans les lumières du cardinal en ce qui tenait aux choses de la Corse. Son oncle était, en effet, très versé dans les questions d'économie insulaire. Il les avait particulièrement étudiées. Ainsi pour les travaux d'embellissement à exécuter à Ajaccio, nul n'eut plus d'action que Fesch sur les résolutions de Napoléon. Mais le cardinal ne savait de « l'affaire » que ce que lui en avait conté le maire. Deux rapports de lui, adressés à l'empereur sur la conspiration d'Ajaccio, ne reflètent que la plus grande malveillance envers Morand. Ce pauvre cardinal, de concert avec madame Mère, ne craignit pas un seul instant d'être trompé par la fourberie ajaccienne. En toutes circonstances on le voit plaider, malgré vents et marées, la cause de la ville natale. Cette affection se maintient jusqu'au bout. A sa mort il la comblera encore de dons. Mais il lui refusera son corps. En effet, comme archevêque de Lyon, il préféra cette ville « au berceau » et il lui légua sa dépouille (1). Cette dernière volonté du cardinal ne fut pas respectée. A l'aurore du second empire, les ajacciens toujours prompts à témoigner d'un dévouement fallacieux réclamèrent le corps du cardinal et celui de sa sœur et leur firent de magnifiques funérailles dont les bonnes grâces du futur Napoléon III devaient être le prix.

---

(1) « Le cardinal avait demandé quelques jours avant sa mort que son corps fut inhumé à Lyon. En attendant l'autorisation du gouvernement il fut déposé le 15 mai 1839 à l'église Saint-Laurent. »
Vouthiers : *Les Bonaparte après 1815.*

Mais ni Fesch ni Casabianca n'auront le pouvoir de
omper l'empereur. Déjà, en 1801, on les avait vus coali-
és contre Miot, administrateur général en Corse, à qui ils
vaient recommandé, pour des fonctions publiques, de
arfaits chenapans dont Miot avait judicieusement écarté
s candidatures (1). Ils avaient alors, ensemble et de con-
ert, témoigné de leur vif ressentiment en usant de leur
nfluence auprès du Premier Consul, à l'effet de discréditer
t de faire rappeler son délégué dans l'île. Mais ils avaient
choué. Ce premier insuccès n'eut pas le don de les assa-
ir et à nouveau, en 1810, on les retrouve coalisés contre
Iorand auprès de l'empereur. Et un nouvel échec afflige
urs nouvelles intrigues. Napoléon ne les croit pas, il ne
s écoute pas. En revanche il écoute et leur préfère Rovigo.
l se range à son avis qui, certainement, était le meilleur,
e plus juste.

Morand n'était pas coupable et les condamnés de la Com-
nission militaire on pourrait adoucir leur sort, même
es grâcier. Mais, avant tout, il est des gens qui souffrent
njustement de la malveillance d'Ajaccio : les témoins. Ce
ont les premières victimes de cette malheureuse affaire. Il
aut les élargir sur le champ. Cependant, pour que leur re-
our en Corse n'occasionne pas de nouveaux troubles, on
es gardera sur le continent.

Maret écrit donc à Rovigo :

Saint-Cloud, le 4 août 1810.
« Monsieur le duc. — J'ai l'honneur d'annoncer à V. E.
Jue S. M. ayant pris connaissance du rapport que vous lui
vez présenté sur le complot d'Ajaccio et par lequel vous
vez conclu à la mise en liberté des sieurs Mazel, Bon-
1omme et Casalonga, détenus à la Force, a décidé que ces
1étenus seraient mis en liberté, mais en surveillance, et

---

(1) Miot : *Mémoires.*

placés de manière à ce qu'aucun d'eux ne puisse retourner en Corse. » (1)

L'ordre de l'empereur reçut une exécution immédiate. Ces innocentes victimes de la malveillance ajaccienne sont aussitôt mises en liberté. Mazel est autorisé à se retirer dans la propriété de Boisjoly que le général Morand possède dans l'Eure et où Madame Morand est heureuse de lui redonner sa place auprès de ses enfants. Bonhomme a fixé sa résidence à Grenoble en attendant que le gouvernement l'autorise à rentrer à Ajaccio, ce qu'il obtiendra l'année suivante. Quant à Casalonga, il est dirigé sur l'île de Ré où il a demandé à contracter un engagement dans l'infanterie coloniale. Il mourra capitaine, en 1837, en Algérie.

Pour ce qui est des condamnés de la Commission militaire, l'heure de leur délivrance n'est pas encore sonnée. Néanmoins, sur les pressantes et louables démarches de Fesch et de Madame Mère, des ordres sont donnés pour que les rigueurs de la détention soient moins grandes pour eux en attendant leur grâce qui interviendra seulement en 1813. Ils seront alors autorisés, sauf *Piedifalco* qui s'est enfui, à rentrer dans « leurs communes respectives » où ils resteront placés sous la surveillance de la haute police qu'exercera le général Berthier, successeur de Morand.

Ainsi furent solutionnées ces deux noires conspirations dont la ville d'Ajaccio-la-*blanche* avait été à deux reprises le théâtre ; l'une ourdie par les menées anglaises pour s'emparer d'Ajaccio, l'autre par l'astuce ajaccienne pour surprendre la bonne foi de Napoléon-le-grand.

L'une et l'autre ont piteusement avorté sous la pression de la justice et de la vérité qui sont toujours d'accord, sou-

____

(1) *Arch. nat.* F 7, 8768.

vent méconnues et conspuées par la malveillance et le vice,
mais plus souvent encore victorieuses des criminelles entraves employées à les étouffer.

L'empereur ne s'en tint pas à ces mesures d'équité
générale et proportionnelle envers tous ceux qui furent
impliqués dans la première conspiration d'Ajaccio. Il voulut encore, par de solennels témoignages de sa clairvoyante
justice, marquer le sentiment qu'il avait éprouvé et gardé
de ces deux tristes affaires.

Le châtiment d'Ajaccio. — A l'occasion de son mariage
avec Marie-Louise, le 11 mars 1810, tous les départements
avaient envoyé des délégations à Paris pour participer aux
fêtes de la Cour et complimenter S. M. l'empereur et roi.
Les préfets de la Corse apparurent aux Tuileries. Ils durent être radieux. Ils étaient les chefs de « l'île berceau ! ». Chacun d'eux marchait à la tête d'un groupe de
notables de Bastia et d'Ajaccio. Ils durent afficher des airs
de « légitime orgueil » et prétendre avoir, sur les autres
groupes, un tour de faveur. N'étaient-ils pas les « cousins
de Napoléon-le-grand ? » Mais quelle humiliation les attendait ! Leur « cousin » ne les reconnaissait plus. Il ne voulut
pas les recevoir, on dut même leur montrer la porte et ils
durent s'en retourner. Aussitôt que les motifs de ce désastre
furent connus, les deux préfets de la Corse se disputèrent.
Ils faillirent en venir aux mains, chacun à la tête de sa délégation. Pietri, du Golo, reprochait amèrement à Arrighi,
du Liamone, d'avoir été la cause de cette « honte ». Il ar-
guait, fort justement, que Bastia ne devait pas souffrir de
l'inconduite de sa sœur Ajaccio. Ce dut être dans le vesti-
bule des Tuileries, au milieu de toute cette foule chamar-
rée qui le remplissait, un curieux sujet d'observation que
ces corses apportant « jusques aux pieds du trône » le spectacle de leurs divisions et de leurs haines. Les huissiers

furent requis pour inviter ces braves gens à ne pas troubler la solennité des réceptions... qui continuèrent sans eux On n'a pas dit quelle fut la mortification des ajacciens. Mais chacun l'imagine. Leur délégation était « de tout premier choix ! » Elle avait été triée sur le volet ! C'était la fine fleur de la cité déshonorée. Une adresse devait encore être lue au souverain que les meilleurs littérateurs du crû avaient élaborée. Napoléon, le cruel, n'avait pas voulu l'entendre. Elle resta inédite dans leurs mains (1). Elle fut même rap-

---

(1) « *1er Mai 1800*. A l'occasion du mariage de S. M. I. et R. avec l'archiduchesse d'Autriche, Marie-Louise, le conseil municipal d'Ajac_ cio délibère qu'une délégation ajaccienne sera envoyée à l'empereur pour lui présenter les félicitations de sa ville natale. Sont élus membres de cette délégation : André Ramolino, Castelli (président de la Cour d'appel), François-Maria Levie, Alexandre Colonna d'Istria, procureur impérial (auteur d'*Ajaccio vindicata*), François Peraldi· Suit l'adresse :

    « Sire !

« Les grandes actions de Votre Majesté ne laissaient aux Français qu'un sentiment d'admiration et de reconnaissance respectueuse Ils jouissaient de vos bienfaits. Il ne leur manquait plus que de jouir de votre propre bonheur ! »

« Vous avez fait oublier le passé ; le présent est plein de votre gloire et vous venez de fixer l'avenir.

« Heureux le monarque qui, tenant dans ses mains les destinées des nations, ne se sert de sa puissance que pour les protéger, que pour leur donner une paix durable. Les bénédictions des peuples sont la plus douce récompense.

« S'il est difficile, Sire, de vous louer, il est plus aisé de vous chérir ; on trouve en vous le meilleur des pères comme le plus grand des souverains.

« Quelles espérances ne devons-nous pas concevoir : les vertus héroïques ont fait alliance avec les vertus aimables. Le Danube et la Seine ne verront désormais qu'un même aigle porteur de la foudre.

« Les noms de Napoléon et de Marie-Louise rappelleront sans cesse l'époque la plus brillante de votre empire.

« Ils vous rappelleront l'amour de vos peuples, de ces peuples, Sire, qui sont à leur tour l'objet constant de vos affections les plus tendres.

« Vos concitoyens pénétrés de la joie la plus vive, unissent leurs voix à l'acclamation universelle ; tout ce qui vous touche, Sire, touche fortement leurs cœurs. » *Ephémérides ajacciennes* (1). (Cette adresse, Napoléon refusa de l'entendre.)

---

(1) *Reg. des délib.*

portée à Ajaccio lorsque les délégués du berceau y rentrèrent « honteux et confus ! » Les historiens de la ville, qui avaient attaqué Morand, se gardèrent bien de souffler mot de cet « incident ». On fit encore, à cette occasion, une troisième conspiration, celle du silence (1).

Le triomphe de Morand. — Quant à Morand, il ignora peut-être cette catastrophe. La Corse, de son temps, n'avait pas de journaux. Lorsque la délégation rentra, il se trouvait à Bastia, de sorte qu'il n'avait pas pu juger de la longueur des nez ! Mais il eut une bien autre satisfaction que celle qui lui fut venue de la honte des ajacciens. L'empereur lui décernait une haute compensation de la calomnie dont il avait souffert, et de tous les tourments qu'il avait éprouvés à faire éclater son innocence. Morand fut l'objet d'une mesure de faveur de son souverain puissant et juste. Pour témoigner en effet, de son contentement envers le commandant en chef de la Corse, Napoléon lui décernait, par ses lettres patentes du 15 août 1810, le titre de baron avec jouissance d'une rente de deux mille francs à prendre sur ses revenus de Westphalie et de Hanovre.

Ces exemples de justice souveraine sont trop rares, hélas ! dans l'histoire des peuples pour que nous n'éprouvions pas une légitime satisfaction à les enregistrer et à les porter à la connaissance de toutes les victimes qui souffrent et qui espèrent. Pour la conservation de l'univers, dans l'ordre où il a été établi, il faut bien que le vice soit mêlé à la vertu, comme le jour à la nuit ; mais tous les crimes ne restent pas impunis, toutes les injustices ne demeurent pas triomphantes. Tôt ou tard la revanche se fait au nom des lois éternelles dont le secret nous échappe, mais dont la constance éclate chaque jour.

---

(1) Abbé Rossi : *Observations historiques.* (*Bibl. nat.* manuscrit 856.)

Morand, tant persécuté par l'opinion corse qui a flétri jusqu'à sa mémoire, même après que l'empereur l'eut solennellement réhabilité, a trouvé un jour, en nous, dans l'indépendance de sa volonté et de la nôtre, un vengeur, le vengeur attendu. Qu'importe si notre œuvre est tardive et qu'elle ne puisse réparer les ruines accumulées par la calomnie. Morand revit dans la postérité comme revivent encore dans elle ses calomniateurs. La réhabilitation étroite, égoïste, mesquine, qui ne se fait que dans les dommages matériels, a certes des considérations respectables. Mais au-dessus d'elle plane magnifiquement la réhabilitation du droit, de la justice et de la vérité violés, et elle se fait hautement en face de nos misères toujours présentes, toujours douloureuses, à jamais guérissables. C'est dans cette œuvre purement morale que devrait résider, — si l'histoire était utile à quelque chose — la confusion des méchants et la consolation de leurs victimes.

Morand qui était confiant dans la justice de son souverain, mais qui néanmoins a dû souffrir cruellement des périls auxquels a été exposé son honneur, s'est réjoui modérément de la faveur qui lui a été décernée. Il n'a semblé l'apprécier que dans ce qu'elle assurait le triomphe de son honneur contre ses ennemis.

Il écrit au ministre de la guerre :

Ajaccio, 5 décembre 1810.

« Sa Majesté l'empereur, par son décret du 15 août dernier, a daigné m'honorer du titre de baron de l'empire avec une dotation. Cette nouvelle m'a vivement pénétré A l'occasion de cette faveur insigne je n'ai pas manqué de déposer aux pieds de notre auguste souverain l'hommage de la plus respectueuse reconnaissance. »

Le général avait donné, à cette occasion, une fête intime

à ses rares amis d'Ajaccio, puis s'était transporté à Bastia, sa résidence de prédilection, pour renouveler, devant un cercle plus étendu, sa joie et sa satisfaction légitimes. Ces deux fêtes furent données sans bruit et sans ostentation. Le nouveau promu entendait ne donner aucun prétexte de rancune et d'animosité à ses ennemis que la faveur impériale était loin d'avoir désarmés, au contraire !

Cette délicatesse de sentiment ne fut pourtant de nul effet. La situation, entre Morand et les notabilités du pays, était devenue grosse de froissements et de conflits systématiques. La calomnie avait fait son œuvre ténébreuse et vile et il en était « resté quelque chose !

Parmi les ennemis du général combien n'y en eut-il pas qui s'étaient déclarés lâchement contre lui à la seule annonce de sa disgrâce éventuelle. Combien encore qui avaient accueilli de bonne foi toutes les accusations dirigées contre son honneur et qui n'eurent pas le courage de s'excuser de leur stupide erreur ! Pauvre humanité, que de faiblesses et que de hontes, même et surtout, parmi ceux qui prétendent éclairer tes pas !

Morand demande donc à nouveau son rappel. L'occasion lui semble plus que jamais favorable. Il écrit d'abord à Clarke, ministre de la guerre :

Bastia, le 28 février 1810.

« ..... J'ai demandé plusieurs fois, monseigneur, mon rappel de la Corse. Il m'a toujours été refusé, de la manière la plus flatteuse. Aujourd'hui, sous la protection du gouvernement, je serais à la veille de voir le fruit de plus de huit années de travaux et de peines perdus ; il appartient au gouvernement de juger dans sa sagesse de la position difficile où je me trouve et des effets qui pourraient en résulter. Quant aux dénonciations qu'on cherche à accumuler contre moi, c'est un triomphe de plus qu'on me prépare, car je

-suis en mesure de les détruire de la manière la plus victorieuse. » (1)

Ce n'est pas assez. Il écrit encore à Rovigo dont il a
apprécié la haute valeur :

— *Bastia, le 13 avril 1811.* Au milieu des fatigues et
des peines que je me donne pour justifier la confiance du
gouvernement, je suis destiné à être tracassé et dénoncé
de toutes parts par les individus qui, naguère, avaient juré
ma perte. Il faudra absolument, ou que le gouvernement
me donne un autre poste, ou que les intrigants qui veulent
gouverner cette île soient réduits au silence. Car la place
n'est plus tenable. Ce système est d'ailleurs très nuisible
à la tranquillité publique malgré le dévouement des corses
à l'empereur et l'attachement que beaucoup d'entre eux
veulent bien me témoigner. (2)

En attendant son rappel, qu'il demande avec une instance
de plus en plus pressante, Morand ne cesse de s'occuper
du pays confié à sa garde avec le plus entier dévouement.
Il organise le régiment de la Méditerranée en conformité
des ordres qu'il a reçus et avec les effectifs qui lui viennent
du continent. *Le 6 mars 1811,* il écrit de Bastia.

« J'ai reçu 1961 conscrits du dépôt de Toulon pour la
formation de ce nouveau régiment. Mais je manque du
drap nécessaire au confectionnement des uniformes et
des skakos, le bâtiment qui m'apportait cette cargaison
ayant été capturé en mer par les Anglais. »

Le *10 mars,* de la même année, il annonce d'Ajaccio :

« Je viens de passer en revue sur la place Bonaparte
les deux beaux bataillons du régiment de la Méditerranée,
armés et équipés, et forts chacun de 840 hommes ce qui

---

(1) Guerre. *Arch. hist.*
(2) *Arch. nat.* F 7, 8764.

fait pour la ville une respectable garnison de deux mille
hommes, telle qu'on ne l'a jamais vue. »

Cette année est cruelle pour l'île de Corse. La famine s'y
est tout-à-coup déclarée. Les récoltes ont été désastreuses.
C'est une nouvelle épreuve pour le dévouement de Morand.
Il tient à signaler qu'en face de la misère, il n'y a pour lui ni
amis ni ennemis. Tous les corses sont égaux devant ses
moyens. Et alors il entreprend de soulager les infortunes.
Il fait des tournées dans le pays. Il ordonne que tous les
approvisionnements de l'armée contenus dans les vastes
magasins de la guerre, à Bastia, à Ajaccio, à Calvi, à
Bonifacio, à Corte, soient mis à la disposition des habitants, à titre remboursable. Il signale au gouvernement les
misères des corses « qui se nourrissent d'herbes des
champs » et appelle sur eux, par de pressantes correspondances, les secours de la métropole. Il les obtient et il
surveille leur distribution avec une sollicitude qui étonne
même ses plus rudes ennemis.

La ville d'Ajaccio est particulièrement secourue, dans
cette pénible épreuve, par la famille Bonaparte qui a encore
oublié et pardonné les vilenies de ses habitants. On doit
faire le bien pour le bien, pour la satisfaction de sa conscience. On aurait tort de croire que le bien engendre le
souvenir et la reconnaissance. Il n'engendre que l'ingratitude ; mais il donne en revanche le contentement de soi.
C'est l'essentiel. Les Bonaparte devaient faire une nouvelle
expérience de ce qu'il faut attendre du cœur ajaccien. Ils
donnent sans compter et sans supputer ce qui sortira des
secours qu'ils répandent avec leur prodigale affection. Pour
fortifier nos témoignages, nous aurons recours à ceux qui
résident dans le registre des délibérations de la municipalité d'Ajaccio :

« *Séance du 1ᵉʳ mai 1812.* — Le maire Levie expose au conseil que pendant « cette année de disette et de famine » la famille impériale a témoigné à la ville d'Ajaccio, sa ville natale, la plus grande sollicitude. S. E. le cardinal Fesch a envoyé 20.000 francs, pour faire du pain que l'on fabrique encore. L'empereur et roi a accordé plusieurs secours aux habitants, puis, il a envoyé, sur sa cassette, la somme de 10.000 francs qui sera distribuée incessamment. Madame Mère vient de faire passer (*sic*) 15.000 francs pour être de la même manière distribués entre les pauvres de la ville ; qu'en conséquence, il y a lieu de voter une adresse de remerciements à l'empereur, au cardinal et à Madame Mère. Ces adresses sont votées sans discussion (1) ».

Ajaccio comptait, nous l'avons dit, moins de 5.000 âmes. La famille Bonaparte, *à elle seule*, donnait pour 45.000 en espèces, de secours à la cité, *sans compter des subsides personnels* accordés à plusieurs des habitants !

Dans ces secours ne sont pas compris ceux envoyés par le gouvernement.

Voilà comment furent châtiées les conspirations d'Ajaccio ! Nous sommes en 1812 ! C'est la veille de 1814 !.

Le départ de Morand. — Enfin Morand est délivré. Il a obtenu son rappel. C'est le comte César Berthier, frère du maréchal, qui le remplace, par décret du 11 avril 1811.

Berthier arrive à Bastia seulement le 3 juillet. Ce retard est dû aux croisières anglaises qui bloquent la ligne de Toulon en Corse.

Le 20 du même mois, il entre officiellement dans Ajaccio.

« J'ai été reçu magnifiquement dans la ville natale de S. M. Le peuple était sur tout mon parcours m'acclamant aux cris de « Vive l'empereur ». Les habitants versaient sur mon chemin des grains de blé en signe de prospérité, jus-

---

(1) Les Ephémérides ajacciennes.

u'aux portes de la citadelle, où je m'installai au plus tôt (1) ».

Plus loin Berthier, cependant, tempère cet enthousiasme
ɔ déclarant dans son premier rapport :

« L'esprit public, en Corse, est médiocre ».

Il entendait que le « dévouement au gouvernement » ne
ɔi avait pas paru exagéré !

Plus tard il écrira encore :

Ajaccio, 8 août 1813.

« Il faut en Corse, Monseigneur, une verge de fer qui
·appe sans relâche les coupables. Il faut une sévérité per-
étuelle qui comprime la vengeance que le temps et une
ɔngue éducation peuvent seuls déraciner. J'ai la douleur
ɔ ne pouvoir me reposer sur aucune autorité du pays. On
ppose à ma bonne volonté un système qui m'isole et em-
ɔche le bon ordre. » (2)

Morand donne de ses nouvelles par cette lettre au minis-
e de la guerre :

Livourne, le 18 juillet 1811

« Après avoir remis le commandement de la 23e division
ilitaire à M. le général comte César Berthier, et donné à
ɔ général tous les renseignements qui ont dépendu de
ɔi, je me suis embarqué pour Livourne, où je suis arrivé
er. Je repars aujourd'hui pour Paris, en passant par le
iémont. Arrivé dans la capitale, je m'empresserai d'aller
ɔendre les ordres de V. E. (3) ».

---

(1) Guerre. *Arch. adm.*
(2) Général Berthier au ministre de la police.
(3) Guerre. *Arch. adm.*

Bastia, le 14 juillet 1811.

« J'ai l'honneur de vous rendre compte que M. le général Morand
ɔst embarqué ce matin à Bastia pour le continent, à bord du brick le
ɔureur, qui m'a amené. Je pars cette nuit pour Ajaccio, où je vais
ɔblir mon quartier général. Je répondrai de là aux différentes lettres
ɔe V. E. m'a adressées. La tranquillité est partout. J'emploierai mes
ɔorts et mon zèle à la maintenir pour remplir les vœux de S. M. »

(Berthier au ministre de la guerre.)

A son arrivée à Paris, Morand se rend chez le ministre, puis chez l'empereur. Il se montre satisfait de l'accueil qui lui a été fait partout. Il écrit au ministre :

Paris, le 17 août 1811

« Monseigneur, j'ai été trop sensible au bon accueil que Votre Excellence a bien voulu me faire, pour vous laisser ignorer que S. M. l'empereur et roi m'a témoigné, le jour de sa fête, être satisfaite de mes services en Corse. Toujours confiant dans vos bontés, j'attends les ordres de V. E. relativement à la destination spéciale qui m'a été annoncée par décret de l'empereur du 11 avril dernier (1) ».

Le général Morand est nommé, par décret du 22 juillet 1812, commandant la 34e division d'infanterie du 11e corps d'armée.

Mais avant de se rendre à son poste, il va goûter trois mois de repos bien gagné — après un séjour de près de dix ans en Corse — dans sa modeste propriété de Boisjoly, dans l'Eure, pays de sa femme, où il témoigne « toute sa tendresse à sa pauvre mère, qu'il trouve agonisante, et qu'il n'avait pas revue depuis si longtemps ! » (2)

C'est à Boisjoly que lui parvient un nouveau décret de Napoléon, qui nomme Morand « général de division, commandant le 1er corps de la grande-armée qui se forme avec les 16 deuxièmes bataillons du 1er corps. »

Nous retrouvons Morand gouverneur de Stralsund, par une dernière lettre qu'il écrit au ministre de la guerre :

Stralsund, le 14 avril 1812

«... Monseigneur, depuis deux mois que je me trouve ici je n'ai encore reçu aucuns papiers publics. Veuillez me

____

(1) Guerre. *Arch. adm.*
(2) Id.

faire la grâce d'ordonner que le *Moniteur* me soit expédié régulièrement (1) ».

En avril 1812, on apprend que le général de Montbrun, un des plus estimés chefs de la grande-armée, est tombé héroïquement à l'ennemi, tué d'un coup de canon à la bataille de la Moskowa.

On sait que de Montbrun avait épousé une fille de Morand en 1808. Ce mariage avait eu même le don d'alimenter la malveillance des corses. Elle signalait que le général Morand n'avait pu constituer cent mille francs de dot à sa fille, qu'au moyen de ses pratiques illicites sur la contrebande de Sardaigne. On n'a qu'à se reporter aux pages d'*Ajaccio-vindicata* et des diverses brochures insulaires que ce libelle a inspirées pour trouver trace de ces infâmes assertions, et de toutes celles qui sont relatives à la propriété de Boisjoly qu'on y appelle « somptueuse demeure édifiée avec les déprédations de Corse ! » Il suffit de quelques lignes pour anéantir ces nouvelles accusations. Boisjoly était la propriété de la femme de Morand; elle est mentionnée dans son contrat de mariage. Quant à la dot de sa fille, mariée au général de Montbrun, si elle fut de cent mille francs, celà n'a rien de surprenant, vu les appointements dont jouissait le général en Corse, et ses facilités d'économie dans un pays où la vie était pour rien (à ce moment).

Berthier, dans une correspondance qu'il adresse au roi en 1815, déclare que ses appointements, avec ses frais de réprésentation, s'élevaient pendant son commandement en Corse, à près de cent mille francs (2).

Le général Morand pouvait bien économiser chaque année plus de la moitié de ses appointements, et constituer, en

---

(1) Guerre. *Arch. adm.*
(2) Id.

dix ans, la dot et plus qu'il réservait à chacun de ses enfants, sans qu'il y ait eu pour cela un prodigue, ni même de déprédations.

On a donc une nouvelle fois calomnié l'ancien commandant en chef de la Corse, en publiant contre lui ce surcroît d'odieuses accusations.

Six mois après que le général de Montbrun a été tué à l'ennemi, sa belle-mère, la baronne Morand écrivit à l'empereur la requête que voici :

Paris, 16 février 1813

« Sire ! qu'il me soit permis de porter aux pieds de V. M., l'expression de ma reconnaissance pour les bontés que vous venez d'avoir pour ma fille, Madame la comtesse de Montbrun. Son mari est mort au champ d'honneur, et les regrets que V. M. a daigné manifester de sa perte, feront toujours la gloire de notre famille.

J'ai deux fils qui, j'espère, marcheront sur ses traces et sur celles de leur père. Ils touchent au moment de servir V. M. Ils brûlent du désir d'arriver à l'âge qui les mettra au nombre de vos plus fidèles sujets. J'ose vous demander, Sire, d'accorder à leur père, à mon époux, le général baron Morand, le titre de comte et une dotation dans la Poméranie suédoise où il est employé. Le dévouement de mon mari vous est connu. Toute sa nombreuse famille ne cesse de faire des vœux pour que les désirs du grand Napoléon s'accomplissent ». Baronne Morand (1).

Le général Morand tombait à son tour au champ d'honneur, en se couvrant de gloire, au combat de Lunebourg. Comme son gendre Montbrun, il fut tué d'un coup de canon qui le coupa en deux, le 2 avril 1813 (2).

----

(1) Guerre. *Arch. adm.*

(1) On lit dans *Ajaccio-vindicata* cet odieux jugement : « Morand fut nommé commandant en Poméranie suédoise. Il prit la fuite avec quelques troupes à l'annonce de nos désastres en 1812. Puis, s'apercevant qu'il avait été trop peureux, il fit une sortie et fut tué. Ce fut une mort trop glorieuse pour cet homme infâme !... » Comment un magistrat

Nous avons trouvé, dans ce dossier, deux notes échangées entre le cabinet de la guerre et celui de la chancellerie, qui sont d'une haute philosophie :

Le ministre :

« Le général baron Morand n'est-il pas compris dans les généraux qui viennent d'être nommés grands-cordons de légion d'honneur ? »

La chancellerie :

« Oui, mais il vient d'être tué d'un boulet dans les premiers jours d'avril (1) ».

Le général laissa quatre enfants, deux garçons et deux filles :

I   Adolphe-Nicolas-Vincent-Joseph **baron Morand**, lt-colonel, né le 7 juillet 1798, † à Paris le 5 décembre 1854.

II   Edouard-Adam Morand, officier, né le 10 octobre 1801, † pendant la campagne de Morée.

III   Marie-Madeleine-Anatole Morand, néc en 1790, † à Paris, le 22 mars 1870. Mariée : 1° à Louis-Pierre de Montbrun, comte de l'empire, général de division, 2° à Louis-Marie Véron, baron de Farincourt, général de brigade.

IV   Geneviève-Angélique Morand, mariée à Benoit Sibuet, chevalier de l'empire, général de brigade (2).

La veuve du général Morand fut gratifiée, par décret de l'empereur du 2 septembre 1813, d'une pension de six mille francs, sans préjudice de la dotation attachée au titre de son mari.

Pauvre Morand ! Tu fus victime de l'implacable destinée. Ce rayon de gloire qui a illustré ta dernière heure, ainsi que tu le rêvais dans tes tourments d'Ajaccio, n'a pu dis-

---

fort réputé en Corse, a-t-il pu écrire ces lignes sans se couvrir de honte ?

Abbé Rossi. (B. nat. manusc. 856.) « Morand fut un homme sans humanité, sans lois et sans justice ».

(1) Guerre. *Arch. adm.*

(2) Révérend : *rmorial du 1ᵉʳ empire.*

siper entièrement les brumes de la calomnie dont ton nom est resté enveloppé.

Puisse cette modeste œuvre d'un auteur qui n'a eu aucune de tes satisfactions, mais qui, en revanche, a souffert de toutes tes souffrances, rendre à ta mémoire le juste tribut d'admiration et de compassion qu'elle mérite !

De tous les auteurs corses qui ont parlé du général Morand, Renucci a été le seul qui, après l'avoir déchiré, lui ait dédié, à sa mort, quelques lignes d'éloges :

« Ce fut un homme de courage, de bon sens et d'énergie. Il écrivait seul tous ses rapports. Il aima l'ordre et la justice. Il aimait le peuple et particulièrement celui de Bastia. Il détestait les gens qui se disent nobles et voulaient se passer de lui, surtout les familles qui se considèrent comme des feudataires en Corse. En beaucoup d'occasions, il s'est montré bon et généreux, quoique tenace dans ses résolutions. Mais il était hanté parfois de l'esprit de domination qui lui faisait perdre la notion du juste (1) ».

Juste ! Il le fut à l'excès, autant que brave, autant que fidèle à son devoir, à son pays et à son souverain.

Il est mort au champ d'honneur, face à l'ennemi, sans connaître la flétrissure du parjure et de l'abandon, que préparent déjà, à tant d'autres, les évènements de 1813 pour 1814.

Il reste maintenant à voir ce que sont devenus ses francs ennemis d'Ajaccio, ceux qui, sans connaître les dangers de la guerre et restés dans les basses intrigues de Corse, ont si souvent protesté de leur « dévouement » à Napoléon pour en arracher — jamais des honneurs — mais toujours des faveurs et des secours en argent.

---

(1) Renucci : *Storia di Corsica.*

CONCLUSION

1814

IV

« La gloire n'est jamais où la vertu n'est pas. »
LEFRANC DE POMPIGNAN (*Didon*).

Si jamais il était resté un doute sincère sur la conspiration d'Ajaccio, en 1809, les évènements qui l'ont suivie se sont bien chargé de l'anéantir.

La justice sociale juge d'après les « antécédents. » Celle de la postérité a une arme de plus contre l'erreur et elle pèse aussi les « succédents. »

Quel formidable argument contre le rapport du sénateur Casabianca que le récit des faits qui se sont déroulés en 1814, sur le théâtre de sa propre sénatorerie ! Que reste-t-il, maintenant, de ce document vil et calomnieux qui prétendait tromper la clairvoyance de l'empereur, en lui exposant pompeusement « les crimes de Morand » et « l'attachement inébranlable des corses » à la personne et au gouvernement de sa Majesté ?

Faut-il voir dans l'écroulement de cet échafaudage élevé avec les matériaux de la haine et du mensonge, la manifestation de cette justice immanente que le temps porterait en soi? Et sur ces démolitions méprisables ne pourrait-on baser une croyance dans le retour des choses de... Corse !

Seulement quatre ans après cette conspiration, quel est le spectacle qui s'offre à nos yeux? Le parti de la vérité est par terre : Morand est mort, Napoléon est à l'île d'Elbe, Rovigo en exil. En revanche, les suppôts de la honte et de la calomnie sont debout et triomphent : le sénateur Casabianca a abandonné l'empereur déchu et s'est rallié à Louis XVIII; les corses ont renié, puis trahi le « grand corse » en appelant les Anglais ; quant à « Ajaccio la-blanche » elle n'a cessé de rester à genoux et de prier, mais seulement, cette fois, c'est en faveur des troupes britanniques et des agents de la monarchie des lis.

On se demande, en vérité, à quelle autre époque, et en quel autre coin de la terre, l'histoire a pu choisir des enseignements plus probants sur la bassesse des hommes et sur la force de la destinée !

En face de ces tourbillons de splendeurs et de turpitudes mêlées, l'âme faible s'inquiète et s'égare. Elle ne voit plus, au firmament de ses croyances, briller l'idéal de justice et de vérité qui doit guider ses œuvres. Elle retombe lourdement dans le doute et l'incrédulité.

L'homme est orgueilleux; il se croit fort et puissant, un être indépendant des choses de la nature, maitre des éléments qui doivent tracer sa carrière et fixer sa volonté ! Or, la moindre secousse dont le sort ébranle ses prétentions, le trouve chétif, misérable, désemparé. Dans sa confusion il n'avoue pas encore son impuissance et son erreur; il appelle à lui la raison et il lui confie de défendre sa cause. Et la raison elle-même le trahit, car la raison est multiple et s'adapte à toutes les formes de l'intérêt personnel. La raison défend la foi, elle défend l'erreur et tous ceux qui

'invoquent pour justifier une bonne comme une mauvaise
.ction, et c'est précisément elle qui crée ces moments de
roubles et d'équivoque qui jettent les ténèbres sur les lois
le la morale et les sentiments de la conscience. Il suffit
.'une heure de cette obscurité pour faire l'affolement des
sprits et pour détruire des siècles de conquêtes effectuées
ur l'erreur et sur la servitude !

Nous sommes en 1814 ! Où est le bien, où est le mal ?
.'étranger foule le sol de France et le Français l'acclame,
.ouis XVIII prend le trône de Napoléon et c'est Napoléon
ui est « l'usurpateur », lui l'élu de la nation, l'âme de la
.ation. Où est donc la patrie ? Que sont donc les vices et
.s vertus lorsqu'on voit la grandeur agoniser sans se-
ours, les traîtres accueillis avec transports, lorsqu'on
oit pâlir le drapeau des lâchetés qui se consomment allè-
rement à son ombre et que, là même où tressaillait la
loire, s'élèvent les accords de l'hallali scandant les actes
e la bestialité triomphante.

Mais, retournons dans Ajaccio, « la cité natale. »

Lorsque Morand, calomnié, avait présenté sa défense
evant l'empereur, il lui avait écrit, en 1810 : « Sire ! Je
ous suis dévoué jusqu'à la mort ! » Et le général avait
éroïquement tenu parole. Il était mort glorieusement
l'ennemi.

Quand les ajacciens, calomniateurs, avaient demandé
Napoléon la disgrâce et le rappel de Morand, ils avaient
roclamé : « Sire ! les habitants de la ville-berceau sont
os plus fidèles sujets ! »

Le sort qui avait éprouvé Morand devait aussi éprouver
.s ajacciens ; c'était de toute justice. Le temps, qui est un
rand maître, est, parfois aussi, un grand juge. Il apporte
.i-même au vice et à la vertu, l'occasion de comparaître
u grand tribunal de l'histoire.

C'est ainsi que, juste un an après que Morand fut tué à l'ennemi, les ajacciens furent appelés à éprouver leur fidélité.

Il faut dire que les habitants de la ville-berceau, accoutumés qu'ils étaient à ne jamais prévoir l'avenir, n'avaient pas envisagé les rudes évènements qu'il leur préparait. Leur fidélité, à eux, ils avaient conscience de la montrer tous les jours. Comme ils répugnaient à faire campagne, ils ne pouvaient mourir, aussi, à l'ennemi. Leurs expéditions ne dépassaient guère les bornes de la place du Diamant. Leurs fanfares n'étaient faites que des bouillonnements du pot-au-feu. Comment pouvaient-ils donc éprouver leur fidélité en dehors des manifestations publiques auxquelles ils se livraient, à l'intérieur de la cité ? On ne peut demander aux gens, raisonnablement, que ce qu'ils peuvent donner. Que pouvaient donner les ajacciens ? De l'huile et des prières. C'étaient les seuls produits de l'industrie locale et il faut bien reconnaître qu'ils s'en montraient prodigues. Les oliviers de ce temps ne rendaient que pour les illuminations publiques et... les beignets. Les illuminations étaient toujours pour Napoléon, les ajacciens ne gardaient pour eux que les fritures. On ne pouvait partager avec plus de désintéressement ! Il ne faut pas croire, qu'alors, on illuminait, une fois l'an, comme aujourd'hui. C'était tous les jours. Quand l'huile ne fumait pas en célébration d'un saint local (1), elle fumait en l'honneur d'une victoire de

---

(1) *Séance extraordinaire du 18 janvier 1809.* — Le Conseil a délibéré à l'unanimité de prier Son Excellence le ministre de l'intérieur pour qu'il permette à la ville de célébrer, le jour du 18 mars de chaque année, la fête de la vierge de Miséricorde, sa patronne et de poursuivre le vœu formé le 18 mars 1660, par les anciens magistrats de cette ville.

Signé : Conti, Martinenghi, Campiglia, Barberi, Giuseppe-Cuneo, S. Campi, G. Sappia, Braccini, Vico, Santa-Maria, Carbone, Touranjon, Peraldi, Porcioli, J. Appietto, Poggi, Pugliesi, Courand, Colonna, Illisible. *(Reg. des délib.).*

l'empereur. Et celles-ci, à elles seules, eussent pu suffire à remplir le calendrier ! Pensez-donc que les ajacciens illuminaient depuis Mantoue. Cela datait de 1797. Et on était en 1814. Dix-septans d'illuminations continues ; c'est pour quoi on a dit qu'Ajaccio était un temple ! Il entretenait le feu sacré et sa vestale était la fidélité !

Que de jarres d'huile avaient passé dans les manifestations de la joie d'Ajaccio ! Et il en restait encore pour des fêtes prochaines, si la destinée toutefois ne se lassait pas de les amener. Fallait-il que les oliviers donnassent !

Quant aux prières, on ne les comptait plus. C'est à elles, visiblement, que les habitants devaient les gloires de la cité. Napoléon, pour sûr, il en avait profité ! C'est pourquoi c'était en elles qu'ils avaient placé « leur orgueil et leur amour ! » La vierge de Miséricorde, en effet, les trouvait toujours à ses pieds. C'est que les ajacciens ne variaient guère leurs postures. Aujourd'hui, ils ne connaissent que la place du Diamant et le café. A ce temps, lorsqu'ils n'étaient point aux pieds de la Madone, on était sûr de les trouver aux pieds du trône ! C'était un jeu qui n'avait rapporté que du profit. D'un côté, ils gagnaient les grâces temporelles et de l'autre les grâces spirituelles ; que peut-on demander de plus en ce monde ? Aussi les manifestations de la piété populaire avaient elles été abondantes. Elles étaient, comme les victoires de Napoléon, intarissables. Le canon qui tonnait à la citadelle pour annoncer un triomphe sur l'ennemi, annonçait aussi la convocation du peuple à des actions de grâces. Les nouvelles de la guerre, les *Te Deum* et les processions suffisaient à remplir toute la journée d'un habitant de la « ville sacrée. » Que de messes pontificales chantées à la commande du préfet Arrighi ! Que de processions à travers la ville ordonnées par le maire Levie ! Car le maire et le préfet s'étaient partagés l'administration des pouvoirs divins : le préfet était le maître à la cathédrale et le maire sur la voie publique. C'était un accord facile et solennel comme seulement en engendre la vraie croyance. Aussi fut-il durable et respecté. Il n'y avait que Morand qui put le troubler de ses indiscrétions et de ses rires sataniques. Aussi avait-on relégué ce trouble-fêtes à la citadelle d'où il ne sortait jamais qu'avec des bruits d'enfer qui, au dire de Colonna d'Istria, ne répandaient que la « terreur et la fuite. » Ce diable d'homme n'avait pas de confiance en ces excès de piété locale. Il n'y voyait toujours que des manœuvres où se cachait l'Anglais !

Eh bien, toute cette huile, toutes ces messes, toutes ces processions, n'étaient-elles donc pas autant de témoignages de la fidélité d'Ajaccio ? Grâce à elles, Napoléon avait connu toutes les grandeurs ! Le Sacre, Auersterlitz, Erfurt, Marie-Louise, n'était-ce pas autant de dons obtenus de la Miséricorde par l'intercession des ajacciens « à genoux » ? Où donc était la nécessité de soumettre à une nouvelle épreuve une fidélité si avérée, si constante et si tenace d'où l'empereur avait déjà si visiblement tiré tant de profits ?

Hélas ! un jour, même le Très-haut finit par se lasser de ces bassesses ! Il ne voulut plus d'huile ni de prières. L'auguste patronne de la cité n'eut, elle aussi, plus la force de la protéger, et dès lors « le berceau » tomba dans les mains du diable. Ce fut une chûte dont plus d'un s'étonna. C'est l'épreuve insoupçonnée, fatale, survenant à cette « heure suprême » que Lamenais a réservée pour « les grandes âmes ! » Y a-t-il de grandes âmes à Ajaccio ? Nous allons bien le voir !

Qu'on songe donc que la famille Bonaparte avait été quinze ans une source intarissable de revenus pour les ajacciens. Ah ! leur huile avait été vendue à un prix infiniment supérieur à celui des marchés locaux. Pendant quinze

ans la petite et oisive cité avait été tenue dans l'éloignement des soucis et de la misère du monde. A aucun moment
de son existence elle n'a connu les douces quiétudes qui
furent les siennes à cette époque héroïque où Napoléon
travaillait pour ses concitoyens, comme un père laborieux
le fait pour ses enfants. Pendant qu'il brassait des conquêtes
en Italie, en Égypte, en Allemagne, en Russie, exposant
ses jours, épuisant son génie, les ajacciens, eux, restaient
quiets, dans le nid, piaillant d'amour, peut-être, mais
souvent aussi, de faim, et tendant le bec pour recevoir la
becquée !

Si Ajaccio était heureux ! La gloire coulait dans ses rues
et avec elle l'or, l'or qui pénétrait par tous les canaux
administratifs et privés, sous la forme des emplois et des
pensions, sous celle aussi de l'assistance individuelle dont
la poste n'a pas divulgué tous les secrets. L'empereur,
ses frères, ses sœurs, sa mère, le cardinal Fesch étaient
tour à tour, et parfois simultanément, mis à contribution
par tous ces parasites, ces *tapeurs*, qui vivaient à leur ombre, et chacun de ces Bonaparte donnait, donnait toujours, dans l'application de cette formule évangélique « la
main droite ignorant ce que donnait la gauche. »

Le travail abondait. Mais les ajacciens ne travaillaient
pas. C'est le Français, l' « État », qui était chargé d'ouvrir
et d'animer les chantiers. Ce fut une époque d'inouïe prospérité où prirent leur origine, les premières fortunes de
ces ajacciens que le pape a, dans la suite anoblis, comme
pour achever une œuvre de l'empereur !

La ville s'agrandissait et s'embellissait. La famille impériale avait souffert d'être sortie d'un « trou. » Elle entendait
maintenant que ce trou fut développé et capitonné comme
un berceau. Et à cette œuvre avaient été employés les prisonniers de guerre, les soldats de la garnison, et les galé-

riens napolitains dont la cité avait reçu un dépôt. Les annales d'Ajaccio vont nous conter ses embellissements progressifs :

Le 1er septembre 1800. — Le préfet Galeazzini procède en présence du conseil municipal, à la mise en vente des sites à bâtir devenus disponibles par suite de la démolition des remparts ordonnée par le Premier Consul.

Le 28 mai 1800. — L'administrateur-général Miot, par ordre du Premier Consul, fait dresser par des ingénieurs de l'Etat, un plan d'agrandissement et d'embellissement d'Ajaccio, en conformité des vœux du conseil municipal. Ce plan est destiné à être mis sous les yeux du chef de l'État.

Le 14 juillet 1802. — Miot inaugure, à Ajaccio, la place du Diamant qu'il est le premier à dénommer « place Bonaparte », en mémoire de celui qui en a ordonné la construction.

Mais voici venir le grand œuvre :

Le 1er novembre 1807. — Un décret impérial est signé qui ordonne la réalisation, d'un seul coup, de tous les *desiderata* de la ville d'Ajaccio. C'est l'ouverture d'une période prodigieuse d'activité et de richesses qui fait, de la ville natale de l'empereur, un vaste chantier où sont occupés de nombreux ingénieurs : percement de rues et de boulevards ; adduction d'eaux de source pour remplacer les puits ; construction d'un quai en dalles de granit qui fera l'objet de la jalousie de Bastia ; agrandissement des écoles d'enseignement secondaire avec nomination de professeurs nouveaux et augmentation du traitement des anciens ; ouverture du cours Sainte-Lucie ; dessèchement des marais des Salines, aux portes de la ville, signalés comme un foyer d'insalubrité ; construction d'un hôpital militaire ; d'un pont sur la Gravona ; agrandissement du jardin botanique, déjà créé par le Premier Consul, et son rattachement

u Muséum de Paris ; augmentation du nombre des ingé-
iieurs de l'État ; construction d'un hôtel pour la résidence
.u général commandant la 23ª division militaire. Des
ırdres sont en outre donnés pour que des études soient
aites en vue des constructions de la préfecture et de l'hôtel-
le-ville. (1-2)

Les délibérations municipales chantent les gloires de
a cité.

Le 25 *juin* 1804. — Séance extraordinaire du conseil
nunicipal. Le maire Stephanopoli dit : « Messieurs, l'objet
le votre réunion est des plus intéressants : toutes les villes
lu continent français ont déjà fait retentir leur joie pour
'élévation de Napoléon Bonaparte à la dignité impériale.
Celle d'Ajaccio qui se glorifie de l'avoir vu naître, quelles
narques d'allégresse ne doit elle pas faire retentir pour
se réjouir d'un évènement si glorieux ! Messieurs les
conseillers, c'est à présent, je pense, que la ville d'Ajaccio
loit se distinguer ; vous êtes ceux qui la représentez et
c'est à vous à prendre les mesures les plus convenables sur
cet objet. » Le conseil vote un crédit de 5.000 francs pour
llluminations, courses, feux d'artifice, grand'messe avec
Te Deum, etc.

Le 14 *juin* 1806. — « Le conseil municipal de la ville
d'Ajaccio, département de Liamone, s'étant réuni dans la
salle des séances de la mairie pour des affaires extraordinaires à ce autorisé par la lettre de M. le préfet, en date du
12 du courant. »
« Un membre a pris la parole et a dit : « Messieurs, il est
un devoir bien doux de rappeler votre attention sur un
objet intéressant et cher à nous tous : Le héros que nous

---

(1) Toutes ces citations et celles qui suivent ont été prises dans les
registres des délibérations de la municipalité.
(2) « Il faut avouer que la plupart des travaux effectués en Corse
sous le 1ᵉʳ empire l'ont été dans la seule ville d'Ajaccio, comme ville
natale de l'empereur. » Robiquet : *Notes sur la Corse.*

avons vu naître, que le vœu unanime des Français a appelé au trône, que le monde admire, a remporté une victoire aussi prodigieuse par sa promptitude, aussi heureuse par ses succès qu'on n'en trouve pas d'exemple dans les annales de l'antiquité : c'est la victoire d'Austerlitz. Le grand Électeur de l'empire, le prince Joseph à la tête d'une armée victorieuse a conquis le Royaume de Naples ; il en est devenu le Roi et nous tous nous nous sommes réjouis à de si grands évènements. »

« Pour suivre l'élan de nos cœurs, je propose deux députations chargées, l'une de féliciter S. M. l'empereur des Français et roi d'Italie, sur l'heureux résultat de la bataille d'Austerlitz, l'autre, de présenter les félicitations de la ville d'Ajaccio à S. M. le roi de Naples sur son avènement au trône, »

« Le conseil partageant l'avis émis par l'honorable membre, a délibéré à l'unanimité, etc. »

Le 16 juin 1806. — Le conseil municipal, réuni extraordinairement, élit, au scrutin secret, deux députations d'hommes « connus par leurs talents autant que par leur civisme » pour se rendre, l'une, à Paris auprès de l'empereur, pour le féliciter à l'occasion de la victoire d'Austerlitz, et l'autre, dans le royaume de Naples, pour féliciter Joseph Napoléon, grand électeur de l'empire français, au sujet de son élévation à la dignité royale. Sont élus pour la première députation : François Levie, maire, André Ramolino, receveur des contributions, Louis Cuneo d'Ornano, président du tribunal de commerce, J. B. Bertolosi, général de brigade, au service du roi de Naples, J. N. Martinenghi (plus tard maire de Louis XVIII), J. P. Peraldi et André Campi. — Sont élus pour la seconde députation : P. Chiappe, procureur général, Alex. Colonna d'Istria, procureur impérial (auteur d'*Ajaccio-vindicata*), J. Pô, adjoint au maire, S. Muzzi, chanoine, Costa, juge, Pietrapiana, avocat, Meuron et Joseph Levie. Chacune de ces deux députations devra remettre une adresse de la part des habitants d'Ajaccio ».

Naissance du roi de Rome, 13 *mai* 1811. — Ajaccio donne des réjouissances publiques pour célébrer la naissance du roi de Rome. Parmi le programme des fêtes on observe « qu'une procession solennelle est faite autour de la ville de la statue de la vierge de N. D. de Miséricorde, patronne de la cité, avec le concours de la population à la tête de laquelle se trouvent le préfet Arrighi et le maire Levie ».

Le 15 *mai* 1811. — Le conseil municipal se réunit pour voter une adresse à S. M. l'empereur et roi, à l'occasion de la naissance du roi de Rome. Il y est parlé « de la manière spontanée et enthousiaste avec laquelle la population ajaccienne a reçu la nouvelle de cet évènement, de l'amour qu'elle professe pour Napoléon-le-Grand, et de la fierté, de l'orgueil qu'elle exprime en le comptant au nombre de ses concitoyens : « Puisse le roi de Rome, Sire, ressembler au grand Napoléon ». La vierge de Miséricorde, patronne de la cité, est exposée à l'adoration des fidèles, pendant quinze jours, puis portée en procession à travers la cité avec l'assistance de toute la population et des autorités ».

Les délibérations et les délégations du conseil municipal d'Ajaccio étaient innombrables. Aux Tuileries, on était fatigué de les lire et de les recevoir. C'était, en somme, une fatigue assez logique, car toujours il fallait donner. Lorsque l'individu ne profitait pas directement, c'était par le canal de la collectivité qu'il recevait. Quand ce n'était pas l'État qui gratifiait, c'était l'empereur ou sa famille qui « reconnaissaient ».

Les délégués se succédaient et se ressemblaient toujours ! Ils ne changeaient que par les chamarures qui s'accumulaient sur leurs habits ! De chaque visite ils rapportaient des grades, des titres ou des pensions. C'était leur manière de faire campagne ! Colonna d'Istria, (d'*Ajaccio-vindicata*) lui, avait pris part à quatre expéditions de ce genre, près de l'empereur. Il y avait pris goût. Aussi les continua-t-il auprès de Louis XVIII ! L'argent répandu pour assurer l'ouverture et la marche des travaux ne donnait satisfaction qu'aux besoins matériels des habitants. Il fallait aussi que leur orgueil et leur vanité participassent aux libéralités impériales. Napoléon eut pu justement garder rigueur de la conspiration d'Ajaccio, refuser par conséquent sa faveur à une population qui venait, par deux fois et successivement, de comploter contre son gouvernement et contre sa bonne foi. Il n'en fit rien. N'avons-nous pas dit que cet ogre ne mangeait personne, pas même ses ennemis personnels, et que ce corse ne se vengeait du mal que par le bien. Mais de si belles vengeances ne désarment que les gens sincères. Elles ne sont d'aucun profit pour les natures perfides. Il est des fois où la noblesse de cœur apparaît comme le signe de la faiblesse ou de la lâcheté !

« *Par décret du* 11 *avril* 1811 l'empereur a créé un seul département de la Corse, du Liamone et du Golo. A l'occasion de cette mesure administrative Ajaccio est désignée comme chef-lieu et le gouvernement y fixe la résidence du préfet, de l'évêque, de la cour d'appel, du général de division commandant en chef, et de tous les chefs de services. »

Les ajacciens, alors, ne se possédaient plus de joie. Ils exultaient. « *Civis romanus sum !* ». Ils étaient citoyens de Rome ! le premier peuple de l'univers ! Ce fut un comble qui leur fit perdre la notion du juste (1). La pensée dut leur venir de méconnaître la faveur impériale et d'attribuer à un droit les privilèges qui leur étaient faits. Ce n'est ainsi

---

(1) En mai 1864, un journaliste corse, Jean della Rocca répondant à un journaliste parisien, J. Clavé, qui, dans un article de la *Revue des deux mondes*, avait signalé les abus corses, fit usage de ce singulier argument : « La Corse a donné à la France Napoléon, cela vaut bien quelques millions ! » (Voir : *la Corse calomniée).*

En 1900, un publiciste d'Ajaccio, M. Marchi, rapporte dans le journal le *Drapeau*, que les ouvriers de cette ville quittèrent le travail en 1848, en comptant sur les faveurs de Louis Napoléon.

que peut s'expliquer cet affolement de 1814, où nous les verrons immoler sans regrets, comme sans hésitation, le héros qui a été l'unique source de leur orgueil et de leur heureuse vie. Ils aideront à tuer la poule aux œufs d'or ! (1)

Les cruels évènements approchent à mesure qu'Ajaccio s'éloigne de son humilité originelle. En 1812 tous les travaux ordonnés par l'empereur sont exécutés ou à la veille de l'être. Le plus grand bienfait dont la ville ait à se féliciter réside dans l'adduction des eaux de Canneto. C'est le général Berthier, successeur de Morand, qui inaugure, au nom de l'empereur, cette importante canalisation.

Le 1er janvier 1812. — A onze heures du matin, le général commandant en chef suivi des autorités civiles et militaires, et de tous les habitants de cette ville, s'est rendu au lieu dit le *fortin* où la fontaine provisoire de Canneto a été construite. Rendu sur les lieux avec ce nombreux cortège, le général en chef a rappelé au peuple le munificence de l'empereur, l'étendue d'un bienfait qui portait l'abondance et le bonheur dans le sein de la cité ; les nouveaux devoirs qu'il lui imposait, et l'obéissance et la soumission qu'il devait avoir pour en hériter de nouveau. Immédiatement après ce discours, à un coup de canon, qui a servi de signal, de cinq bouches l'eau est jaillie limpide et pure, que le peuple a reçue avec des acclamations et des cris d'allégresse « Vive l'empereur ! » Le général en chef s'est ensuite transporté, toujours accompagné de la foule et des autorités, à l'église cathédrale où il a fait chanter un *Te Deum* et dire une prière pour S. M. l'empereur et roi (2) ».

Le conseil municipal reconnaît, par une délibération officielle, le bienfait de cette œuvre considérable :

31 *décembre* 1811. — Sur la proposition du maire Levie,

---

(1) « Les corses sont le peuple le plus orgueilleux de la terre ! »
L. Griffon : *Aperçu sur la Corse.* (1841)
(2) *Arch. nat.*, **F** 7.

le conseil municipal vote une adresse de félicitations au comte Berthier, général commandant en chef en Corse, représentant de l'empereur, pour les bienfaits qu'il n'a cessé de répandre dans le pays et particulièrement dans la ville d'Ajaccio « berceau de tant de rois » qui lui doit la canalisation des eaux de Canneto, ce bienfait que la volonté de l'empereur avait depuis longtemps arrêté, pour le bonheur des habitants, ne recevait qu'une lente exécution. Nous nous abreuvions d'eau fangeuse et malsaine, et le voyageur que la douceur du climat, l'agréable situation, et les illustres souvenirs avaient fixé parmi nous, n'osait pas s'abandonner au charme d'habiter l'île fortunee de Napoléon ».

Lorsque les travaux urbains, ordonnés par décret du 12 avril 1807 sont achevés, le conseil municipal est réuni à l'effet de « reconnaître » les bienfaits de l'empereur. Il procède, dans sa reconnaissance du moment, à la dénomination des voies récemment ouvertes ou embellies :

4 *mai* 1813. — Sur la proposition du maire, le conseil délibère que désormais : « La « rue de l'Evêchè » s'appellera « rue Napoléon ». Le cours « Sainte-Lucie » portera le nom de « cours impérial ». Le « grand cours », sur le quai, sera désormais le « cours Bonaparte ». La « place d'armes » restera « place Bonaparte ». Le faubourg s'appellera « cours de l'Impératrice ». Enfin la « rue Fontanaccia » sera baptisée « rue du roi de Rome » (1).

Enfin faut-il rappeler que le maire d'Ajaccio a été admis à jouir d'une faveur exceptionnelle de l'empereur. Il porte le titre officieux de « premier maire de l'empire », il jouit d'une pension annuelle de six mille francs accordés sur les revenus de la cassette impériale.

Tous les ajacciens étaient donc heureux !

---

(1) Registre des délibérations.

Il importe maintenant de rechercher quelle fut l'attitude d'Ajaccio envers Napoléon, dès que l'adversité vint le frapper, et quelle fut la conduite envers lui, au moment de la chute, de tous ces pensionnaires de sa bourse et de sa faveur.

Dès que les courriers officiels eurent abordés en Corse, quelques jours après l'abdication de Fontainebleau, ils ne furent pas peu surpris de la trouver aux mains des Anglais. Les évènements avaient anticipé, là, sur ceux de Paris. L'île natale n'avait pas été conquise, *elle s'était livrée.* Ainsi, au moment où Napoléon était mortellement atteint, mais non encore tombé, ses compatriotes, au lieu de le défendre, l'avaient déjà trahi et abandonné !

En vérité cet acte indigne n'est pas fait pour surprendre celui qui connaît un peu la Corse, non par les récits des fausses histoires contées avec l'imagination des insulaires, mais par la recherche passionnée de la vérité.

Il n'est pas de pays au monde où le document soit plus controuvé que dans ce pays. Aucun historien du continent ne s'est mis en garde contre l'astuce qui s'est employée, durant des siècles, à surprendre sa bonne foi.

Tous ont vu l'héroïsme là où il n'y avait qu'un marchandage éhonté. C'est surtout ici qu'on peut dire que la « légende est plus forte que l'histoire ! »

Cette terre que tant d'écrivains se sont plus à nous donner comme ayant été de tout temps la « terre classique de la liberté », n'a été au contraire, dans toutes les circonstances de sa vie connue, que « le berceau de la servitude ! »

On peut dire impunément des corses qu'ils sont pauvres, car on sert inconsciemment leur plan qui est de vivre toujours aux crochets de l'État. Ils ne protestent que lorsqu'on déclare qu'ils sont paresseux. (1) Oh ! alors on les trouve unis et violents pour foncer sur ceux qu'ils appellent leurs « calomniateurs ! » Leurs arguments courants sont que l'étranger les a toujours dépouillés de leurs richesses et que l'amour du travail a été chez eux si constant que l'antiquité l'a bien fait connaître en relatant que la Corse exportait à Rome de la cire et des esclaves.

On ne voit pas bien quelles sont les richesses que l'étranger aurait « volées » aux insulaires ! Celles qu'on est unanime à leur reconnaître sont dans ses forêts. Or, de forêts, toutes les îles de la Méditerranée en ont été couvertes de tout temps. Elles n'étaient donc pas particulières à la Corse. Et puis le bois n'a jamais été gratis. Chacun sait que pour exploiter les forêts de cette île il faut une main-d'œuvre et des capitaux qui excluent bien toute idée de pillage et de dépouillement illicite (2).

Enfin, les arbres de la Corse ont été si peu mis à profit qu'il en reste encore assez, de nos jours, pour justifier les plaintes générales qui s'élèvent à l'endroit du déboisement irraisonné et furieux qui se consomme dans l'île en augmentant encore sa « pauvreté. »

Quant aux esclaves qui étaient exportés de Corse, les anciens nous rapportent — c'est peut-être une calomnie — qu'ils n'eurent jamais aucune valeur sur les marchés de Rome. Il ne resterait donc que la cire et encore on peut

---

(1) Les corses, sont aujourd'hui ce qu'ils étaient il y a trente ans, un peuple misérable sur un sol riche, pour qui tout labeur est supplice. et toute réflexion douleur. » Feydel : *Mœurs et coutumes de la Corse* (1800).

(2) Napoléon a fait construire, par le général Berthier, en 1811-1813, la route forestière de Sagone à Aïtone. Les travaux ont coûté un demi million sans compter les dépenses d'entretien de la route. Or on a dû abandonner l'exploitation des bois de construction. Ils étaient beaux, mais, rendus à Toulon, ils revenaient trop chers.

légitimement arguer que ce ne sont pas les corses qui la fabriquaient, mais leurs abeilles !

Il n'est aucune des îles de la Méditerranée qui soit restée aussi peu productive que la Corse.

La Sicile est connue par ses vins fameux et par la fécondité de son sol qui l'a rendue successivement le grenier de Carthage et de Rome. (1)

Chypre, qui souffrit des même vicissitudes que la Corse, a une histoire qui conte ses luttes avec les rois de Tyr, les Vénitiens et les Arabes, mais qui nous enseigne qu'elle a eu sa période de floraison artistique avec des écoles de peinture, de sculpture et de céramique dont on a découvert de précieux vestiges. (2)

Rhodes, si elle n'avait acquis déjà une célébrité par le fameux colosse qui accuse que cette île eut au moins quelque importance dans l'antiquité, a du renom par ses écoles florissantes du XI⁰ siècle et par le séjour civilisateur qu'y firent les chevaliers de St Jean de Jérusalem qui l'habitèrent deux siècles. (3)

La *Sardaigne,* eut aussi, à peu près, la même histoire que la Corse, mais elle a su se distinguer par des cultures qui en ont fait de tout temps l'objet de la convoitise des peuples étrangers. Aujourd'hui encore elle fournit la Corse en bétail, en fromages, en chevaux et autres produits d'exportation. Elle abrite même ses bandits (4).

Les *Iles Baléares,* abondent en richesses de toute nature : fruits, céréales, cuirs. Les jardiniers de Minorque sont reputés ; les cordonniers de Majorque sont connus de

---

(1) Di Blasi : *Storia di Sicilia.*
(2) P. de Mas-Latrie : *Chronique de l'île de Chypre.*
(3) Guérin : l'*Ile de Rhodes.*
(4) De la Marmora : *Voyage en Sardaigne.*

toute l'Espagne (1). Ce sont deux petites îles qui forment un coin de terre délicieux pour l'ordre et la beauté du pays, et par la douceur de ses habitants. Il y a du style et du goût dans les costumes des habitants et dans l'architecture de leurs édifices publics. Ceux-ci sont même remarquables par leur finesse d'exécution et la richesse des sculptures.

La *Corse* n'a rien de tout cela. Aucun art, aucune industrie, aucun goût pour la culture de l'âme. Ses produits sont nuls. On ne lui connaît que le banditisme et l'imposture. C'a été, de tout temps, sa production. (2)

Senèque l'a déjà mentionnée, il y a deux mille ans, dans une épigramme célèbre où il accorde aux insulaires trois facultés primordiales : « de tuer, de mentir et de nier les dieux. » Nier les dieux passe encore ! Qui ne les a niés ? Les corses se sont toutefois bien amendés depuis. Ils se sont lavés de cette accusation. Ils sont revenus aux dieux, quand les dieux n'ont plus été qu'un. C'eut été trop pénible d'en prier plusieurs ! Le Christianisme a trouvé en eux des néophytes ardents dont Ajaccio s'est réservé de perpétuer et la race et les pratiques zélées. Mais le meurtre et la calomnie sont restés la production insulaire au même titre que la châtaigne et le merle. Ni le temps, ni la civili-

---

(1) Marès : *Le groupe des Baléares.*

(2) « Il est temps que la légende dont on entoure les bandits corses cesse. Ce ne sont que de lâches assassins. Au moment de mon passage en Corse (1890) ils étaient au nombre de six cents à garder le maquis. »
Vuillier : *Les Iles Oubliées,* page 347.

« L'orgueil français se révolte en voyant cette noble terre, qui a donné à la France le plus grand des hommes, opprimée par trois cents bandits qui rançonnent et qui tuent, qui bravent impunément les arrêts de la justice et les poursuites d'une légion entière de gendarmerie et qui, depuis 1821, ont commis 4319 assassinats. »
Le préfet Thuillier, *au Conseil général* (1850).

ation n'ont rien pu contre eux. Il est des empreintes qui
iennent à la nature du sol et qu'on n'y peut effacer !

Un peuple pauvre et paresseux (1-2-3) ne peut donc être
ibre. Il est forcément un peuple d'esclaves dont la vie se
iasse à rechercher des maîtres qui lui donnent du pain.
l faut qu'il vive aux dépens de ceux qui travaillent et qui
iroduisent et qui, partant, doivent commander.

Aussi, la liberté dut elle souffrir beaucoup de s'être vu exi-
er en Corse. Elle méritait mieux que cela, elle qui vit, sur
e vieux continent, se former tant de coalitions généreuses
iour l'acclamer et la défendre.

Un jour, l'abbé Galletti et le docteur Mattei se sont mis à
iompter les maîtres qui ont asservi leurs pays. Ils en ont
iompté vingt-deux. C'est quelque chose, pour un peuple
iui n'a jamais connu la servitude ! Est-ce à dire que les
peuples se soient imposés dans l'île par des procédés de
ionquérants ? Nullement. Ils ont été appelés par les cor-
ies eux mêmes qui, ne pouvant vivre de leurs ressources,
int appelé celles de l'étranger.

Les corses en effet se sont toujours donnés. Je n'invente
rien. On ne me croirait pas. Je me sers des connaissances
que leurs propres historiens nous ont transmises, peut-
être involontairement ! C'est eux qui nous rapportent que
les insulaires se sont donnés aux Papes en 1077, aux Pisans, avec l'autorisation des Papes, en 1091. Dès que Gê-

---

(1) « Il n'y a pas une seule charrette dans toute l'île. Les hommes
voyagent à cheval, et les femmes, portant des fardeaux, à pied. »
Delavaubignon : *Voyage en Corse* 1825.

(2) « Ajaccio a un bel hôtel de ville mais on n'y trouve pas un seul
ouvrier charron. » Valéry : *Voyage en Corse*, 1836.

(3) Un voisin de table, à la Bibliothèque nationale, me disait dernièrement : « Votre Corse c'est le pays des fléaux. On y compte en effet : le
banditisme, la malaria, la chèvre, l'incendie des forêts et les intrigues
politiques ; bientôt même ce sera la sécheresse. » Sévère mais juste !

nes eut triomphé au combat de Métoria, les corses abandonnèrent les Pisans vaincus et envoyèrent une députation à Gênes le 12 août 1347 pour lui offrir la possession de leur pays (1). C'est sans doute cet exemple qui a fait dire à l'historien Pompéï « que les corses, toujours généreux, sont toujours restés fidèles au malheur ! »

Lorque la banque de Saint-Georges se fut formée à Gênes pour remplacer l'Etat discrédité, elle atteignit rapidement une période de prospérité qui tenta la cupidité des insulaires. Alors ils demandèrent et obtinrent de passer du joug des Gênois sous celui de la puissante compagnie qui, suivant Ceccaldi, était alors « floridissima », ce qui veut dire qu'elle était pleine de profit !

Cela se passa en 1453. Mais l'île se trouva sans doute fort mal, par la suite, de cette domination de fermiers qui se montraient plus sévères et plus économes des deniers publics que ne l'avait été l'Etat de Gênes. Les corses demandèrent alors à revenir aux Gênois, ce qui fut fait en 1561. Ces divers passages n'avaient profité qu'à quelques individus du pays. Mais la masse n'en avait tiré aucun avantage. Cependant, elle y avait vu l'exemple qu'avec un peu de ruse elle pouvait vivre de son commerce de soumission. C'est pourquoi « la terre de la liberté » se donna toujours. Chaque donation faisait un groupe de fortunés, car les fortunés, là-bas, sont ceux qui portent la livrée des fonctions publiques et émargent au budget. Comme une nation ne pouvait suffire à fournir d'emplois tous les habitants, ce fut à deux, à trois nations que des insulaires vendirent, à la fois, leur île. Un temps, ils furent trois partis à se disputer la domination du pays, appelés par les corses : le parti de la métropole, c'est-à-dire, des insulaires qui n'a-

---

(1) Ceccaldi, Limperani, Jacobi : *Histoire de la Corse.*

vaient point reconnu d'autre pouvoir que celui de Gênes ;
.e parti de la banque de St-Georges qui, on le sait, avait pris
lans l'île un droit de fermage, à la sollicitation des habitants ;
,e parti de Sampiero, représentant des Français, qui commençait à poindre. Enfin, un quatrième parti, qui conservait
oujours des espérances, celui de Campo-Fregoso. Ce Campo-Fregoso était un prétendant qui n'avait d'autre titre auprès des corses que d'être issu d'un père gênois et d'une
mère insulaire. Comme il s'était allié à la famille des Leca,
alors puissante, celle-ci l'avait poussé à entreprendre la
conquête du pays. Était-ce pour la liberté ? Non pas. C'é
tait pour qu'il donnât des emplois supérieurs à tous ses
parents maternels. Il y eut dès lors des rencontres et des
combats qui répandirent beaucoup de sang. Fregoso recevait quelque soutien, au début, de son père qui était parvenu au dogat de Gênes. Mais ce doge ayant été chassé du
pouvoir, le prétendant de Corse fut livré aux seules ressources de ses parents. Quand il les soupesa, il les trouva
nulles. Ses parents s'étaient déjà donnés à d'autres ! (1)

Un autre prétendant devait survenir dans la personne
du baron Théodore de Neuoff. Ce célèbre aventurier se
présente aux corses avec des fusils et des souliers, « des
souliers qui prenaient aux yeux des insulaires les proportions d'une magnificence » (2), et les corses le couronnèrent
roi de leur île. Mais, dès que le roi Théodore eut créé de
nombreux officiers, prodigué les titres nobiliaires à tous,
épuisé toutes ses ressources, donné jusqu'à ses souliers,
les insulaires « toujours généreux » le déposèrent en dou-

---

(1) « Il arriva un jour que les corses subirent l'état le plus humiliant
pour un peuple libre Gênes, en effet, tomba sous la domination de la
France, et les insulaires, restés gênois, furent des sujets de sujets du
roi de France ! »　　　　　Voltaire : *Le règne de Louis XV.*

(2) Id.

ceur, et le rejetèrent comme un citron dont ils avaient exprimé tout le jus.

Tous ces passages, sous tant de maîtres, avaient fini par emplir le monde de mercenaires corses. Les armées de l'Europe en étaient saturées. Et il est arrivé fréquemment que les vendettas ébauchées en terre natale se solutionnaient en terre étrangère, sous des drapeaux que ces mercenaires, indifférents à l'idée de patrie, choisissaient pour occuper un emploi (1).

Enfin les corses se donnèrent encore deux fois aux Anglais, en 1794 et en 1814 (2).

Il n'est qu'aux Français qu'ils ne se soient jamais livrés. En effet, depuis le maréchal de Thermes jusqu'à Bonaparte, la France a fait dans l'île plusieurs expéditions, dont elle n'a assuré le triomphe que par la force des armes.

Sampiero ne fut qu'un de ces condottieri de l'école des Faccino Cane, des Otto ben Terzo, des Attendolo et des Sforza, que Machaviel nous représente comme des aventuriers au service de leur seul intérêt personnel. Comme cor-

---

(1) Guicciardini raconte que Pavie fut enlevée aux Français par une division composée de mille corses et de mille espagnols. Ainsi, déjà les corses se combattaient sous des drapeaux opposés. Plus tard on les retrouve encore ennemis dans le royaume des Deux-Siciles, où les uns, au service des Anglais, se battaient contre les autres, au service de Murat et de la France.

(2) « On ne s'explique pas cette tendresse des Corses pour les Anglais. L'Angleterre n'eût sans doute pas dépensé, comme la France, improductivement des sommes considérables dans leur île, mais elle y eût envoyé d'intrépides colons qui, ayant peu à peu refoulé les indigènes, auraient acquis toutes les terres propres à la culture et règneraient en maîtres sur leurs conquêtes. Au lieu de tristes maquis, on verrait en Corse de plantureuses prairies, des fermes bien tenues, des routes sûres mettant en communication des usines et des moulins. Voilà sans doute ce qu'eut produit en Corse la domination anglaise. Mais les habitants n'en eussent pas plus profité que les Peaux-Rouges n'ont profité de la richesse matérielle des Etats-Unis. » (J. Clavé : *Revue des Deux-Mondes,* mai 1864.)

se il était italien et devait servait l'Italie. Que penserait-on aujourd'hui d'un corse qui soulèverait son pays contre la France, au profit de Victor-Emmanuel ? Ce fut pourtant le rôle de Sampiero, avec cette différence toutefois, qu'il ne servait la France que pour se tailler en Corse, au détriment des Gênois, un petit royaume qui eut été un placement de tout repos. En effet, dès qu'il eut pris Ajaccio en 1553, Sampiero n'eut chose plus empressée que de réclamer, par lettre, de la faveur du roi de France « de garder pour lui et pour sa famille, la jouissance d'Ajaccio et de toute sa juridiction, au même titre que la compagnie de Saint-Georges avait obtenu cette concession de Gênes (1) ». C'était là un patriotisme bien entendu, mais non désintéressé. On ne sait si Ajaccio se fut trouvé mieux du gouvernement du corse Sampiero, que de celui des Gênois ! Poser la question c'est la résoudre. Arrivons à Paoli.

Le général des corses fut-il vraiment grand ? Nous n'hésiterions pas à répondre que oui, s'il fut mort à Ponte-Nuovo ; mais au-delà de ce désastre qui lui fut infligé, moins par les Français, que par la trahison des siens, combien ne nous apparaît-il pas pitoyable (2). Il vendit aux Anglais sa patrie dont il n'avait pas pu être le roi. Quand il eut détaché la Corse de la France, il attendit que l'Angleterre récompensât son œuvre. L'arrivée du vice-roi Elliot lui fut sensible. Ne pouvant reprendre les armes contre les Anglais, Paoli alors combattit, sans noblesse, son rival heureux :

---

(1) Jérôme Campi : *Notes et documents.*

(2) « Pourquoi Paoli se serait-il sacrifié à sa patrie, quand la moitié de ses compatriotes le trahissaient et le livraient à ses ennemis. Il a cru qu'il valait mieux jouir à Londres du fruit des soins qu'il avait pris pour la Corse, et attendre en paix les évènements, que de se soustraire à la faculté d'en profiter ».

de Pommereul (Histoire de Corse).

« Sa maison de Rostino devint en effet le centre d'une
opposition toujours aux aguets. Ce foyer sans cesse entretenu, d'où s'échappèrent pour se répandre au dehors, des
insinuations malveillantes, de perfides accusations à
l'adresse du vice-roi et de son entourage ». (1)

Finalement il accepta un lucratif exil à Londres, où la
postérité peut dire qu'il a vécu du prix de sa patrie ! (2)

Ah ! pourquoi Paoli n'a-t-il eu la mort d'un Spartacus
ou d'un Masaniello. Nous pourrions aujourd'hui le présenter au monde comme le seul héros de son pays !

Même à l'heure présente, les corses ne sont pas libres.
Ils sont les esclaves des clans locaux. Chaque village a ses
roitelets qui sont les vassaux du roi de leur île (3). Car
cette terre n'a pas cessé, au mépris de son rattachement à
la France, de vivre sous les lois de la monarchie absolue.
Tour à tour elle fut soumise aux Arena, aux Paoli, aux
Saliceti, aux Sebastiani, aux Abbatucci, aux Gavini (4).
Tous ont asservi leurs compatriotes au moyen des emplois.
L'emploi, ç'a été le rêve de tout insulaire de tous les temps.

---

(1) Jollivet : *Les Anglais dans la Méditerranée.*

(2) « Hyacinthe et Pascal Paoli, si célèbres parmi nous, ne furent
jamais que de minces escamoteurs d'écus et de gloire. Des circonstances, étrangères à leur pays, firent tout pour eux ; ils n'en surent modifier aucune, ni à son avantage, ni au leur ».

Feydel : Mœurs et coutumes corses, 1800.

(3) « Il se dépense dans beaucoup de communes plus d'énergie pour
la nomination d'un maire, qu'il n'en faudrait à une armée pour gagner
des batailles, et plus d'un conseiller municipal n'a dû son élection, dans
un hameau de 500 âmes, qu'à des combinaisons d'une profondeur digne
du sénat de Venise ».

Blanqui : Rapport sur la Corse à l'Académie (1838).

(4) « En Corse, grâce à la conscience du clan les lois sont anéanties.
Une moitié des citoyens s'y soustrait avec le concours de leurs représentants, et elles ne sont contre le reste qu'un instrument de vexations.
Il n'y a ni droit, ni justice : les administrateurs sont frappés d'inertie
par la peur de compromettre leur carrière ; les administrés sont per-
suadés, par l'expérience quotidienne, que rien ne se règle autrement
que par la faveur ».   Paul Bourde : *Voyage en Corse* (1888).

« Dans toutes les guerres les corses ont refusé de se prêter à des projets d'arrangements, tant que ce droit aux emplois ne leur a pas été reconnu et garanti ». Qui dit cela ? Un
pamphlétaire ? Non. C'est un historien insulaire des plus
estimés. (1) Pour marquer ses bonnes dispositions en
faveur de ses compatriotes, il a même mis en vedette, sur
son livre, ce vers du Tasse : « Des ruines oui, de la servitude jamais ! » N'est-ce pas une ironie ? Comment peut-on
réclamer des emplois et se prévaloir, en même temps, de la
gloire d'être libre ? Quel est l'employé qui ne soit pas lié
par des règlements d'obéissance à son patron, de fidélité
à son devoir ? Et c'est un peuple d'employés ou de candidats à l'emploi qui se proclame le « refuge de la liberté ? »
C'est au moins étrange ! On ressasse qu'en 1870-71 la France
compta 30.000 corses sous les drapeaux. Le fait mérite
confirmation. S'il était exact il ne prouverait qu'une chose :
que 30.000 corses coururent aux emplois. Tous les pays
trouveront en Corse des soldats à discrétion. La guerre
c'est le déchaînement légitime du banditisme. Or, le banditisme a toujours été, avec la paresse, l'instinct le plus
notoire des corses.

L'emploi, voilà la cause fondamentale de toutes les révoltes survenues en Corse. Tous les insulaires, de tous les
temps, n'ont rêvé que la livrée de la servitude : l'armée, la
magistrature, l'administration, le galon. Ils aiment l'argent
autant que les honneurs. Leur vanité est telle qu'ils préfére-
raient la puissance à la fortune, dans l'unique pensée de
nuire à leurs ennemis personnels et imposer à la considération du monde (2).

---

(1) Pompeï : *Etat actuel de la Corse* (1821).
(2) « Il y a dans le caractère du peuple corse, si porté à la liberté, un
penchant singulier à l'aristocratie ».
Lettres de Corse : Le Globe (1826).

Si les Gênois avaient pu donner des emplois aux corses, ils les eussent toujours eu avec eux, même au-delà des trois siècles où ils les tinrent sous leur férule. Si Paoli avait eu assez de services pour employer tous ses compatriotes, il ne fut pas succombé « au Pont-neuf », où son désastre ne fut amené que par la trahison de ses chefs achetés par les Français. Mais Gênes n'avait eu qu'un nombre si limité d'emplois, qu'ils n'avaient pu suffire à contenter seulement les amis de ses doges ; quant à Paoli, ses ressources furent toujours si réduites que ses soldats passaient à l'ennemi pour « les augmenter (1) ». Si bien, que las un jour de tant de défections, le général des corses finit par vendre ses compatriotes à l'Angleterre, en imitation des Gênois, qui les avaient déjà vendus à la France !

Paoli justifia les Gênois.

En vérité, la Corse est bien plutôt la terre des marchandages que celle de la liberté. On n'y voit que des achats et des ventes d'hommes et de dévouements depuis les marchés de Rome jusqu'à ceux de nos jours. Qui donc a dit que les corses ne formaient pas d'esclaves ? (2).

La France ne commença de tenir cette « terre de liberté » que du jour où elle la déclara « partie intégrante du terri-

---

(1) Sionville et Arcambal, généraux de Louis XV, désolaient la Corse ayant à leur solde deux légions de corses, formant un effectif de plus de cinq mille hommes qu'ils opposaient à Paoli. Voilà donc des insulaires qui persécutaient la liberté de leur pays pour de l'argent de France !
Abbé Rossi, *Bulletin historique*, août 1895.

Qui ne connaît ce distique célèbre, publié au lendemain de la bataille du « Pont-neuf » par un auteur anonyme :

« Gallia visciti, profuso turpiter auro,
« Armis pauca, dolo plurima, arma nihil »

(2) Un jour de Mortillet se rend en Corse pour se livrer à des études d'anthropologie. Ce savant partit avec un *a priori* : les insulaires sont braves, généreux, jaloux de leur indépendance !.. Or, tous ses travaux conclurent à la reconnaissance de ces vertus. O science ! voilà bien de tes coups !   (*Bulletin d'antrop.* 1887).

toire français ». Elle ouvrait ainsi ses carrières à la cupidité corse qui finit par les encombrer. Il arrivera un temps, où comme à Naples, toutes les fonctions publiques de France seront aux mains des insulaires.

Il ne restait dans la « terre de la liberté » que ceux qui étaient venus trop tard prendre possession de « leur place. » Aussi leur dépit devait-il leur suggérer un désir de revanche. Il s'agissait d'ouvrir de nouvelles carrières au placement des attardés. En cherchant bien, on finit par découvrir, du côté des Anglais, une source inépuisable de nouvelles sinécures. Et alors l'Angleterre fut appelée à prendre possession de la Corse « à la condition qu'elle garantirait aux insulaires le droit à tous les emplois. » De sorte qu'il fut une époque où les corses avaient envahi et occupé toutes les fonctions publiques, à la fois, en France, à Naples et en Angleterre. Chacun de ces employés défendant son poste avec acharnement, on a dit qu'ils étaient fidèles et dévoués ! C'est le métier des mercenaires. Or, les mercenaires sont-ils libres et patriotes ?

Et voilà comment de servitude en servitude, la patrie de Sambucuccio, de Sampiero, de Paoli et de tant d'autres « héros » qui devaient « étonner le monde », tour à tour trahie, vendue et livrée, devint la « terre classique de l'indépendance ». Pauvre histoire !

Toutefois, sous les Anglais, cet étonnant pays ne s'est jamais révolté, bien mieux, il leur est resté attaché malgré Napoléon et même contre lui. Faut-il que les « guinées y aient plu ! »

C'est ainsi que nous retrouvons la Corse anglaise en 1814.

Le Comité Anglo-corse de Bastia. — Lorsqu'il avait si rudement châtié la monstrueuse conspiration d'Ajaccio, le général Morand ne paraît pas s'être un instant douté que le même coup était en préparation à Bastia. En effet un comité anglo-corse existait déjà dans cette ville et il guettait, plus discrètement que celui d'Ajaccio, le moment propice pour accomplir son œuvre. Ce moment s'était présenté à l'occasion d'un emprunt forcé dont le général Berthier, en présence de l'isolement où il se trouvait, par suite des évènements de France, avait frappé la Corse en vue de subvenir à l'existence et à la solde de ses troupes. En temps ordinaire, cette mesure exceptionnelle n'eut provoqué aucune révolte. Mais elle coïncidait, alors, avec les malheurs de la France, l'affaiblissement des garnisons, le relâchement général des services. Qui donc eut pu penser que, dans ce moment critique, on devait craindre un soulèvement des corses contre Napoléon? C'est pourquoi Berthier avait négligé de se méfier de sa mesure. Étant donné l'heure critique, jamais le pays de l'empereur ne la repousserait comme illégitime. Ce fut pourtant ce qui arriva. « La chose la plus ridicule du monde est, au dire de M Faguet, de s'étonner de quelque chose ! » Cependant il conviendra qu'une révolte de la Corse contre Napoléon, au moment où il tombe, est une chose qui peut provoquer quelque juste étonnement !

Berthier avait informé le gouvernement de sa situation désespérée :

Ajaccio, le 25 février 1814

« …Les approvisionnements sont partout épuisés. Je manque de tout et la troupe ne touche plus de solde depuis le commencement de l'année. Si dans quinze jours je ne reçois pas de farines, je ne sais comment je ferai. » (1)

L'emprunt s'élevait à la somme d'un demi million et la ville de Bastia était désignée pour en payer, à elle seule, les deux cinquièmes. Cette répartition n'avait rien d'exa-

---

(1) Berthier au Ministre de la guerre. *Arch. hist.*

géré. Elle était même fort juste. Bastia « c'était la capitale. »
C'était, aussi, la contrée la plus riche du pays, vu son voisinage de l'Italie. Loin de l'accabler, la mesure exceptionnelle de Berthier eut dû l'honorer. Elle était en quelque
sorte un haut hommage rendu à ses moyens, à sa civilisation et à son patriotisme. C'était plutôt flatteur. (1)

Et puis la contribution n'était pas nouvelle. Déjà, en 1799,
le général Ambert, alors commandant en chef, s'était vu
acculé aux mêmes nécessités que, présentement, Berthier.
C'était la période du Directoire et de la campagne d'Egypte.
Il avait eu recours à des expédients pour nourrir ses
troupes et il avait ordonné un emprunt de trois cent mille
francs que Bastia avait, à elle seule, souscrit. Les souscrip-
teurs n'avaient, d'ailleurs, rien perdu à cette opération ; au
contraire, outre des compliments reçus pour leur civisme,
ils avaient recouvré de leurs capitaux des intérêts satisfai-
sants. (2)

Cette révolte de Bastia ne pouvait en aucune façon
s'excuser. C'était un fait de pure trahison, rendu d'autant
plus odieux qu'il se manifestait en face de l'ennemi et à son
profit. Car les rebelles de Bastia avaient agi pour le compte
et à l'instigation des Anglais. Il est impossible de nier ici,
comme il a été fait, en 1809, à Ajaccio, la collaboration
anglaise. Le comité anglo-corse de Bastia était frère du
comité anglo-corse d'Ajaccio, mais c'était un frère assagi
par les malheurs de son aîné. Il n'avait pas eu l'audace

---

(1) Le décret de 1811 avait bien fait d'Ajaccio le chef-lieu du département, mais Bastia se glorifiait, — à juste titre d'ailleurs, — d'être
restée la capitale. Cette ville, en effet, diffère sensiblement d'Ajaccio
par l'esprit industrieux et cultivé de ses habitants. Cette distinction
tient à une origine ethnographique, ainsi que j'essaierai de le démon-
trer dans une prochaine étude.

(2) Renucci : *Storia di Corsica.*

d'éclater en pleine prospérité de la France. Il avait attendu prudemment l'adversité. Et le sort l'avait favorisé !

Quel était le plan des conjurés de Bastia ?

Le même que celui qui devait être suivi à Ajaccio : de s'emparer de la citadelle et de la livrer à l'ennemi. Il fut exécuté rigoureusement. Le 11 avril 1814, en effet, grâce à des intelligences qu'ils s'étaient ménagées dans la garnison, composée en majeure partie de Croates, les membres du comité anglo-corse s'étaient introduits dans la citadelle et y faisaient les troupes prisonnières avec leur chef, le général Delaunay. (1)

Que font les révoltés ? Ce qu'eussent fait ceux d'Ajaccio si le sort les eut favorisés. Ils lancent une proclamation au pays, où ils se disent « las du gouvernement de la France », puis ils forment une junte qui se substitue à la municipalité impériale pour constituer un « gouvernement provisoire. » Ces choses se passent le plus paisiblement du monde. La rébellion ne trouve de résistance nulle part. Les habitants l'acclament même. Ils accourent des communes environnantes pour saluer déjà le nouveau pouvoir. Les magasins d'approvisionnements sont mis au pillage, les caisses publiques saccagées et finalement, pour consacrer ces crimes et leur assurer l'impunité, l'ennemi appelé.

La junte en effet délègue des représentants à lord Bentink, commandant en chef l'escadre anglaise de la Méditerranée, pour l'inviter à venir prendre livraison de l'île.

L'amiral n'avait pu en croire ses yeux. La Corse se livrant soudain à lui, après dix-huit ans de luttes et de

---

(1) C'était le jour de l'abdication de Fontainebleau. Mais en Corse on en était encore à ne connaître que la capitulation de Paris et nul n'y pouvait soupçonner, à ce moment, la déchéance, avec le retour des Bourbons. Par conséquent la conspiration de Bastia fut bien un acte de trahison envers la France et l'empereur.

campagnes stériles, c'était un rêve dont la subite réalisation tenait du prodige. Cependant il n'avait eu garde de repousser cette bonne fortune et, en attendant qu'il reçut des instructions de son souverain, il avait immédiatement débarqué dans l'île une brigade de troupes britanniques, commandées par le général Montrésor, qui s'emparait du pays natal de Napoléon, sans coup férir, dès le 24 avril. (1)

Un des premiers actes du général anglais avait été de conférer aux chefs de la conspiration de Bastia les plus hauts emplois de l'île. C'était juste puisqu'ils avaient vendu leur pays ! Les corses sont bien des amis de la liberté, des ennemis irréductibles de la servitude, mais quand ils donnent ils ne donnent jamais pour rien. Il n'est pas d'exemple dans leur histoire que leur patrie ait été donnée, par eux, pour rien ! (2)

De sorte que lorsque Napoléon descendit le calvaire de Fontainebleau, il avait appris, coup sur coup, la trahison de Marmont à Essonnes et la trahison des corses en son pays.

N'avait-il pas eu raison de se défier de ses compatriotes ?

Mais que se passe-t-il à Ajaccio ? C'est là que réside le poignant intérèt du drame.

Ajaccio c'est la mère. Le ciel qui l'a distinguée en lui donnant le héros, l'aura sans doute encore distinguée en lui donnant des accents sublimes pour en pleurer les malheurs. L'admiration du monde qui a pris l'enfant au berceau

---

(1) L'amiral Bentink, par lettre du 16 avril 1814, remerciait les corses de l'offre « grâcieuse » qu'ils lui faisaient et les assurait que, pour répondre à leurs vœux, il ordonnait au général Montrésor, « grand ami de leur pays », d'en prendre livraison au nom de S. M. britannique. Renucci : *Histoire de Corse*.

(2) Cependant tous ces traîtres ne furent pas impunis. L'un d'eux, le chef, Rinaldi, fut arrêté, au retour de l'île d'Elbe, collé au mur et fusillé, en exécution d'un arrêt d'une commission militaire constituée par le duc de Padoue.

retourne au berceau pour en saisir le deuil et les lamentations.

Après les chants de triomphe et de gloire, c'est sûrement une attitude de tristesse et d'abattement qui doit régner dans la petite cité ; la grande catastrophe a dû subitement éteindre le feu « d'orgueil et d'amour » dont elle s'illuminait à travers l'espace !

C'est une suprême épreuve que Dieu réserve toujours à ceux qu'il a comblés d'injustes bienfaits, et Ajaccio, qui a reçu des grâces infinies, va maintenant s'isoler et gémir les plaintes de sa maternité sublime !

Tous les ajacciens sont dévots ; chacun d'eux reflète plusieurs générations d'ardente piété. Nul d'entre eux, à qui l'exercice de la foi n'ait appris à connaître l'ineffable douleur de la mère de Jésus et à pleurer d'apitoiement aux accents du *Stabat mater dolorosa*, dont les puissantes harmonies ont fait dire que Pergolèse les avaient dérobées aux cieux. Oh ! le réconfortant spectacle ! L'Europe et la France immolent Napoléon, et Ajaccio, la mère, est en proie à la souffrance, elle répand les larmes du désespoir : « Rachel pleure son fils et ne veut point être consolée ! »

Quoi de plus attendrissant que ce spectacle de la force triomphante, acclamée par l'univers, opposé à ce sanglot lointain qui se perd dans la rumeur des flots !

Napoléon est le fils illustre de l'Imitation. Il a parcouru le monde, il l'a rempli de sa renommée. Le sort maintenant l'a cloué à la croix. Il est sur le calvaire de Fontainebleau, couronné d'épines, insulté, méprisé, flagellé ; il a le cœur meurtri et sur son visage livide apparaît l'amertume dont vient de l'abreuver la trahison.

Quelle douleur ne doit donc pas éclater dans le sein maternel à la nouvelle de cette chûte et de ce supplice. Plus de victoires, plus de cris, plus d'illuminations et de fêtes. Un long voile de crêpe est sans doute tendu dans le resplendissant azur de la cité natale ; un universel silence, fait de deuil et de tristesse a sûrement envahi ses rues et marqué, jusque dans les familles, l'angoisse qui est dans l'air :

« Oui, l'aigle un soir planait aux voûtes éternelles
« Lorsqu'un grand coup de vent lui cassa les deux ailes! »

Et à cette chûte fatale, le soleil qui avait été retenu prisonnier sur les murs de l'auguste cité, a dû reprendre son essor dans l'espace, ne laissant derrière lui que les ténèbres et le chaos !

Tous les regards du monde, oui, se portent pleins de compassion vers cet autre coin de terre que Dieu avait désigné pour une nouvelle Nativité et ils guettent l'expansion de la cruelle douleur !

Non, horreur, abomination, Ajaccio n'est pas dans la douleur et les ténèbres, Ajaccio n'est pas dans la résignation et la prière, dans les regrets et dans les larmes, non, non, Ajaccio est l'indigne marâtre qui tressaille et exulte à la nouvelle que son fils maudit « u bastardoni », agonise et meurt en expiation de la gloire dont il l'a remplie et des bienfaits dont il l'a comblée.

En effet, dès les derniers jours de mars, des courriers étaient arrivés en rade qui avaient apporté des nouvelles tour à tour joyeuses et sinistres. Champaubert, Montereau, Arcis-sur-Aube, la rupture de Châtillon, étaient autant de noms qui provoquaient les fluctuations de l'esprit local. Ils partageaient les ajacciens entre la crainte et l'espérance. Ce fut un moment terrible que celui où ils durent se tâter. Éclateraient-ils ? Leur cœur, certes, était acquis à Louis XVIII, mais Napoléon n'était pas encore à terre.

> Il faudrait pour frapper sa tête
> Que la foudre put remonter ! » (1)

Il pouvait se relever et cruellement châtier une nouvelle conspiration se révélant intempestivement... comme l'autre ! La crainte de Morand, on l'a dit, est le commencement de la sagesse ! Elle eut ici le don de rendre circonspects des gens que l'excessive indulgence de l'empereur avait habitués à la témérité. Aussi, les ajacciens n'accueillaient-ils qu'avec de prudentes réserves les bruits qui couraient sur les événements de France. Ils se rappellaient que déjà les Anglais avaient usé, durant la guerre d'Espagne, de fausses rumeurs pour amener dans le pays des troubles que leurs guinées avaient en vain tentés. Ces rumeurs nouvelles, c'était peut-être encore eux qui le répandaient ! Il fallait donc sagement s'abstenir, si on voulait ne pas attirer sur la cité le fléau d'une autre conspiration qui, cette fois, la perdrait irrémissiblement.

Et les ajacciens s'abstenaient de parler, de manifester, de prier même. On n'entendait plus le *Te Deum*. On eut dit que leur huile était épuisée. Ils se gardaient aussi bien des conciliabules anti-patriotiques. La maison de *Piedifalco* était signalée à la police et le général Berthier la faisait surveiller de près. Les habitants s'épiaient, (2) réciproquement : « *Attenti, ô figlioli !* », ce qui veut dire : « Enfants ! prenez garde à vos propos. » Et les vieux posaient leur index sur la bouche en murmurant : « *Zitu*, ne bronchez pas ! » Le moment était grave ! Chacun se souciait de ne pas livrer à quelque nouveau Casalonga des propos qui pour-

---

(1) « Elle remonta !... » V. H.. *Les deux îles.*

(2) « On ne peut se faire une idée du soin avec lequel un corse scrute les actes d'un homme qu'il veut perdre. Cette inquisition lui parait toute simple, honorable même. »

Hugo : *La Corse pittoresque.*

raient motiver la réunion d'une autre Commission militaire et la déportation. Ç'était déjà une terreur, et comme les visages étaient livides on peut dire qu'elle était blanche. C'est peut-être de là qu'on a dit dans la suite : Ajaccio-la-Blanche. La cité, en effet, était royaliste et elle tremblait !

L'étranger qui l'eût observée, à ce moment, n'eût certes pas hésité à écrire sur ses tablettes « que le berceau était dans la consternation d'une sublime maternité. » Or, il n'en était rien. Ce silence universel n'était point de l'abattement. C'était de la lâcheté, de la joie rentrée.

Pour réveiller ce peuple, pour donner de l'animation à ce tombeau, pour ranimer le « berceau », il suffira d'un cri, d'un geste : Lève toi et marche. » Alors ce sera une résurrection de lézards et tous ces reptiles « ramperont » sur les ruines de l'empire renversé, au bon soleil d'avril !

« Oui, c'est le moment, pour Ajaccio, de montrer ses grandes âmes ! »

Ce cri de résurrection devait être proféré — c'est un secret de Dieu — par le préfet Arrighi. C'est au préfet du département, à un parent de Madame Mère, à une créature de Napoléon qu'échut la triste mission de donner dans Ajaccio l'exemple de la défection à l'empereur et du ralliement à Louis XVIII. On n'est jamais trahi que par les siens !

C'est Arrighi, le premier, qui salue le pouvoir naissant et qui se réjouit de la chûte de son bienfaiteur, de son souverain, de son parent. Pas un instant il n'a eu la pensée de se retirer dans la retraite en gardant son dévouement, tout au moins son souvenir, au vaincu. Non, ce préfet est corse et, d'instinct, il tient à son emploi.

Il veut garder son emploi malgré tout, ce préfet impérial, dût-il pour cela briser son idole et s'abaisser au rang d'un *Piedifalco*. Mais cet acte lui apparaît si peu noble que pour l'accomplir il sent le besoin d'appeler à lui la population.

Il lui faut cette complicité pour le soutenir. Sans elle il succomberait sous le poids de la honte et du remords. On se croit toujours moins coupable lorsqu'on commet une mauvaise action en la faisant partager à autrui. On y trouve alors comme une excuse devant sa conscience et devant le tribunal de l'opinion. C'est ce qui explique tant d'actes de lâcheté commis en commun et que chacun des associés, pris individuellement, n'eut osé accomplir !

Pris d'envie de faire défection — dans l'intention probable et folle de garder son emploi avec les bienfaits reçus de Napoléon — Arrighi se montre soudain aux habitants d'Ajaccio, qui guettent les nouvelles du continent. Il a reçu avis de la déchéance de Napoléon « par les journaux » mais il ignore encore l'abdication de Fontainebleau, le seul fait qui doive pour lui compter puisqu'il doit être le renoncement final et la clôture officielle du drame.

Mais Arrighi n'a cure de ce détail. La proclamation de la déchéance lui suffit. Si Napoléon déchu, mais non vaincu, allait avoir besoin de concours et de dévouements ultimes, ce n'est pas en Corse, ce n'est pas à Ajaccio, ce n'est pas dans Arrighi qu'il devrait songer à les requérir. Et le préfet s'adressant à la population en brandissant son chapeau : « Mes amis, vive le roi ! » cria-t-il.

C'étaient le cri et le geste attendus. Et la résurrection se fait aussitôt avec un délirant enthousiasme : « Vive le roi ! » crièrent aussitôt les ajacciens. Ce fut un affolement tel que ne l'avaient jamais provoqué les plus grands triomphes de l'empereur.

Nous ne pouvons laisser passer cette attristante défection sans mettre en relief les motifs qui devront la faire condamner.

Il convient de dire quels étaient les bienfaits que cet Arrighi tenait de Napoléon.

Lorsqu'en 1812, en effet, et sur les plaintes de Berthier, le gouvernement s'était décidé à donner un successeur à Arrighi, celui-ci fut prié d'établir un état de ses titres et de ses services. Il constitua alors, lui-même, le document que voici :

Notes sur Hyacinthe Arrighi,
préfet de la Corse

En l'an VIII membre du corps législatif jusqu'au 19 germinal an 11, date du décret qui le nomme préfet du département du Liamone.

Le 26 prairial, chevalier de la Légion d'honneur.

Le 15 août 1809, reçoit un titre de baron avec une dotation de 4.000 fr. à prendre sur les biens domaniaux en Hanovre.

Le 30 juin 1811, officier de la Légion d'honneur.

Préfet de la Corse, par la réunion des deux départements du 16 juillet 1811.

Père de trois enfants. Le premier, mort à l'expédition de Saint-Domingue, aide-de-camp du général Leclerc. Le deuxième officier de dragons tué d'un coup de canon en Portugal, sous Junot. Le troisième (qui est l'aîné) survivant à ses blessures a été comblé par S. M. et fait duc de Padoue.

Le préfet Arrighi avait aussi trois frères. Le premier fut nommé évêque d'Aqui en 1807 et y mourut en 1810. Le second est vicaire général de l'évêque d'Ajaccio. Enfin le troisième a été nommé en l'an 13, lieutenant de louveterie.

Renseignements certifiés conformes par l'intéressé qui exprime à S. M. I. et R., sa respectueuse reconnaissance.

Ajaccio, le 31 décembre 1812,
H. Arrighi. (1)

Comme s'il eut craint que ce préfet eut reçu de lui trop de bienfaits pour le servir encore utilement, Napoléon se

---

(1) *Arch. nat.*, Fib 155-7.

décide à donner satisfaction à toutes les plaintes qu'il reçoit contre l'indolence de ce « petit-cousin » de sa mère.
Cependant il ne veut pas qu'on interprète sa mesure comme une disgrâce. Il sacrifiera ce membre de sa famille dans
l'intérêt du pays, mais il lui donnera des compensations
qui devront le maintenir dans la considération du monde.

Le ministre de l'intérieur à l'empereur,

le 25 juillet 1813.

Sire ! J'ai l'honneur de présenter à V. M. le projet de décret pour la nomination d'un nouveau préfet pour le département de la Corse, et pour donner une pension à M. le
préfet Arrighi. J'y joins un projet de décret qui lui confère
le titre de comte, que j'ai fait préparer en cas que l'intention
de V. M. fut de lui accorder cette grâce.

Signé (1) : *Illisible.*

Suivent les décrets que voici, signés :

I

Art. I. — Le baron Arrighi, préfet de la Corse, est admis à la retraite.

Art. II. — Il jouira d'une pension qui demeure fixée à
la somme de six mille francs.

Art. III. — Cette pension sera inscrite à N. trésor impérial et payée à domicile par semestre, à dater de ce jour.

Art. IV. — Les ministre des finances est chargé, etc.

II

Art. I. — Le baron Arrighi, ancien préfet de la Corse,
est nommé comte de l'empire (avec une dotation de 2.000
francs).

Art. II. — Notre cousin, le prince archi-chancelier, est
chargé de l'exécution du présent décret.

Napoléon (2).

---

(1) *Arch. nat.* AF iv, 6908.
(1) *Arch. nat.* AF iv, 6908
A l'occasion du remplacement du préfet de la Corse, mis à la retrai-

On se souvient que le général Berthier avait sollicité du gouvernement, que dans l'intérêt du service, il lui fut adjoint un préfet d'origine continentale.

Napoléon n'avait pas tenu compte de ce vœu. Il nomma lui-même à ce poste, et sans proposition du ministre, Giubega, alors sous-préfet de Calvi.

Ce Giubega était le fils d'un Giubega qui avait signé, comme témoin, à l'acte de baptême de Napoléon. Ce fut une signature qui rapporta une fortune pour la descendance du témoin. Le nouveau préfet, semblable en cela à son prédécesseur, n'a aucune valeur personnelle. Comme il

---

te, il est curieux de publier cette pièce qui fait connaître les propositions qui furent faites à l'empereur.

Propositions pour la préfecture de la Corse.

(sans date).

« Sire ! Votre Majesté m'ordonne de lui présenter des candidats pour la préfecture de la Corse; elle juge que le préfet actuel est trop âgé, qu'il manque de l'activité nécessaire. J'ai annoncé à V. M. un rapport sur les plaintes que portait contre ce préfet, le général Berthier. Ce rapport devient désormais inutile. Ce n'était point les intentions du préfet que suspectait le général, mais les préventions, les liaisons particulières de cet administrateur, ses dispositions à céder à des affections, lorsqu'il fallait les oublier. Le préfet de son côté reprochait au général l'oubli des formes auxquelles il était de son devoir de s'astreindre, et de ses excès d'autorité. Les faits cités par M. Arrighi étaient en sa faveur; mais le général répondait que ces apparentes violations de la règle étaient devenues nécessaires par les circonstances, par la négligence même du préfet.

« Je mets sous les yeux de V. M. les noms de trois auditeurs éprouvés dans divers postes de haute administraton. Deux ont été très bons sous-préfets, et ont depuis, été préfets en Catalogne; le troisième était intendant à Trieste. Le gouverneur et les intendants généraux en ont constamment dit le plus grand bien.

MM. Alban de Villeneuve, préfet du Lot-et-Garonne;
      de Viefville des Essarts, ex-préfet en Catalogne;
      Arnaud, ex-intendant à Trieste.

Aucun de ces candidats n'est étranger à la langue italienne. Arnaud en a plus d'usage (1) ».   Signé : *Illisible*.

---

(1) AF iv, 69C8.

n'avait pas eu le temps d'abandonner l'empereur en **1814,**
vu qu'au moment de la catastrophe il n'avait pas encore
rejoint son poste, chacun s'était pris à croire qu'il n'eut pas
eu, lui, la faiblesse d'Arrighi. C'était une croyance que
Giubega allait bien se charger de faire tomber de lui-même,
car, nommé à nouveau préfet, pendant les Cent jours, il fit
après Waterloo, une basse soumission au représentant de
Louis XVIII, de Saint-Genest, qui venait le remplacer (1).

Mais en 1814, ç'avait été à Arrighi qu'avait échu le péril-
leux honneur de rallier Ajaccio et la Corse aux Bourbons,
avant même, nous l'avons dit, l'abdication de Fontainebleau. Si « opportun » qu'il ait été, cet hommage de dévouement au nouveau pouvoir ne devait, hélas, rien rapporter
au préfet de Napoléon. Le roi ne l'agréa pas, et Arrighi,
révoqué, eut le temps de méditer sur l'ingratitude des
hommes ; lui qui avait été ingrat envers l'empereur fut
payé de l'ingratitude de Louis XVIII. Ce Bourbon, sans le
faire exprès, avait vengé là une vilenie faite à Bonaparte !

Car après avoir ramené les habitants de la ville au nouveau régime (qui était l'ancien), le préfet lui avait encore
ramené toute l'administration, ainsi qu'en témoigne la
lettre que voici :

---

6 avril 1815.

(1)   Le ministre de l'intérieur à l'empereur

« Sire ! Votre Majesté avait nommé le 15 mars 1814, aux fonctions de
préfet de la Corse, M. Giubega, sous-préfet de Calvi. Il fut installé
quelques mois après et ensuite révoqué, et remplacé par M. de Monthureux, que l'ancien gouvernement était sur le point de révoquer. M. de
Monthureux s'entend fort peu à l'administration et est très-dévoué aux
Bourbons. Je pense qu'il importe de le remplacer, et je propose à V.
M. de le remplacer par M. Giubega ».   Signé : Carnot.

Giubega est nommé sur l'heure préfet de la Corse.

Arch. nat. AF iv.

Lettre du préfet Arrighi
se ralliant aux Bourbons

Au chef du gouvernement provisoire,

Ajaccio, 28 avril 1814.

« Je m'empresse de vous adresser l'adhésion aux actes du sénat des 3 et 6 du courant, signée par M.M. Cuneo d'Ornano et Leca, conseillers de préfecture, Pinelli, secrétaire général, et par moi. Nous n'avons pu remplir plus tôt ce devoir, vu l'interruption des communications officielles avec la France La nouvelle des évènements qui ont eu lieu nous est parvenue par la voie des journaux. Veuillez, Monseigneur, agréer cette adhésion comme la première marque de fidélité au roi. Je présume que malgré les incertitudes auxquelles est livrée en ce moment une partie de l'île, par suite de l'apparition des Anglais, les autres autorités constituées s'empresseront de manifester ces mêmes sentiments, dès qu'il leur parviendra l'avis officiel de ce nouvel ordre de choses. Ces habitants qui se rappellent avec reconnaissance (tu quoque !) d'avoir goûté pendant plus de 23 ans les bienfaits des monarques de l'auguste famille des Bourbons, doivent se féliciter d'être redevenus les sujets du chef de la même dynastie ». (Pouah !).

Daignez agréer, etc. (1)

Arrighi, préfet de la Corse.

Quantum mutatus ab illo !...

Nous sommes loin du temps où cet Arrighi protestait de son dévouement à l'empereur, et se portait garant de la « fidélité » de la population d'Ajaccio !

O Morand ! que de satisfactions à ta mémoire !

Le maire *François Levie* n'entend point, lui, s'attarder à la curée. Du moment que le préfet a donné l'exemple de l'abandon, c'est que véritablement il y avait profit à l'effectuer. Alors il n'y avait pas de temps à perdre. Ce n'était rien que

---

(1) *Arch. nat.* F 1 c iii.

d'imiter le préfet, il fallait le distancer dans la voie de l'obéissance au nouvel ordre des choses. Pensait-il, ce maire, conserver ainsi la situation que lui avait faite l'empereur ? Il serait puéril d'en douter malgré que cette intention soit, aujourd'hui, assez invraisemblable. « Quand le sort veut perdre les hommes, il commence par les rendre fous ». Ce maire n'était ni plus, ni moins éclairé que tous ceux qui ont cru que Louis XVIII respecterait les droits ou les faveurs acquis sous Napoléon, et dans cet espoir égoïste, moteur de tant d'agissements vils, Levie s'était comme tous les autres, rallié, et comme tous les autres, rallié avec des paroles et des gestes de reniement pour son idole brisée. Ce n'était rien que de proclamer son erreur, il fallait encore faire oublier le temps employé à la servir.

Nous avons dit que le maire était parent à la fois de *Pied de Faucon* et de Napoléon. C'est un double titre qui l'a rapproché de l'empereur puissant. C'est un double titre qui l'éloignera maintenant de l'empereur déchu. Il pourra enfin tirer vengeance de la déportation du conspirateur et laver tous les affronts qu'il a éprouvés à cette occasion. Quant à son alliance avec les Bonaparte, puisqu'elle est un sujet de suspicion pour son dévouement à venir, il saura bien la racheter par un supplément de gages apportés « aux pieds du trône de Louis XVIII ». Qui pouvait penser, alors au retour de l'Ile d'Elbe ? Pourquoi donc mettrait-on des réserves à désavouer l'« usurpateur » dont le règne n'avait été qu'une « surprise » et un « fléau ». C'est pourquoi Levie ne se limite pas à une action personnelle. Cette population déjà ébranlée par le préfet, c'est derrière lui qui l'attire pour manifester la « fidélité de la cité ». Les tristesses des derniers évènements avaient éteint tous les lumignons de fête. C'était une économie de trois mois réalisée dans la consommation normale de l'huile destinée aux illuminations ; sa ville est donc approvisionnée pour de nouvelles fêtes.

Aussi recommencent-elles dès le 28 avril, jour où le préfet Arrighi a crié officiellement « Vive le roi ! » Le maire les annonce en faisant hisser « le cher drapeau des lis » sur le clocher de la cathédrale et le soir par son ordre, la mairie est illuminée pour saluer le retour « des rois légitimes ».

Le 13 novembre 1813. — Sur la proposition du maire Levie, le conseil municipal vote, par acclamation, une adresse à l'impératrice régente en réponse à l'appel fait par elle au peuple français. Ajaccio « proteste de sa fidélité et de son dévouement le plus absolu » envers le gouvernement et la personne de S. M. l'empereur et roi et de son auguste épouse. » (*Reg. des délib. munic.*)

Voilà la fidélité et le dévouement d'Ajaccio !

Un acte, plus abominable encore, est consommé dans la journée du lendemain que ne peut justifier aucun des sentiments de peur ou d'égoïsme invoqués pour excuser les autres. Il se trouvait dans la salle des délibérations du conseil municipal, un buste en marbre de l'empereur. Cet objet d'art, unique richesse de la cité, avait été donné par le cardinal Fesch, en 1806, à la délégation ajaccienne qui avait été complimenter le vainqueur d'Austerlitz. Or, ce buste est livré par le maire à la foule, il est arraché à son piédestal et, placé sur un brancard improvisé, solennellement porté sur le quai d'où il est précipité à la mer. Mais avant l'engloutissement final il a subi les souillures et les huées de la population affolée de haine et de fureurs. En effet, de mauvais sujets ont osé lapider l'auguste figure de l'empereur, prise *a panculati* et cette œuvre infâme n'avait provoqué que des lazzis et des approbations. Ce peuple qu'Il avait gavé de gloire rejetait sur *Lui* des flots d'écume et de fiel

O triste enseignement ! Le quai qui est le théâtre du sacrilège, est l'œuvre de Napoléon, l'un de ses premiers bienfaits à la cité. Et cette abomination l'inaugurait ! Il avait lui-même creusé dans son berceau, la roche tarpéienne par où il devait être précipité ! (1)

Le soir de ce jour néfaste, la ville illuminait, et dans un grand feu de maquis, allumé sur la place du Diamant, il fut fait des auto-da-fés de toutes les images qui représentaient les traits de « l'usurpateur ! »

Combien ne faut-il pas s'apitoyer sur les horreurs de cet affollement. Combien n'est-il pas à plaindre, ce pauvre maire, qui ne sut pas discerner, au milieu du tourbillon d'atrocités qui enveloppait « le berceau », la haute et noble tâche que semblait lui indiquer sa destinée. D'un geste il eut pu endiguer ce torrent de boues, ou bien être emporté par lui. Vainqueur ou vaincu la postérité lui eut gardé un souvenir impérissable d'estime et d'admiration. Lui seul demeuré fidèle à l'empereur dans la cité natale, alors que l'univers l'avait abandonné, c'était un titre de gloire qui l'eut signalé à travers les générations. *Etiamsi omnes ego non.* Belle et enviable devise pour perpétuer un exemple de fidélité au malheur ! Qu'elle incomparable occasion d'offrir au monde coalisé contre le génie, l'hommage pieux d'un attachement et d'un orgueil indéfectibles, là, au foyer.

Non ! Levie n'eut pas cette suprême pensée ; non ! aucun des ajacciens ne sentit le devoir, ne pratiqua la vertu, ne

(1) Témoignages de ma grand'mère et de tous les vieux de l'heure présente qui ont reçu les témoignages de leurs parents. Mais donnons une citation supplémentaire :

« La plupart de ses concitoyens considéraient Napoléon comme un étranger. Quand parvint à Ajaccio la nouvelle de sa chute, nul n'en témoigna du regret. Le peuple même donna libre cours à sa joie. Il arracha son buste d'une place d'honneur et le traîna solennellement jusqu'à la mer où il le précipita. »

De Sorbiers : *La monarchie nationale en Corse.* (1840)

sut résister aux instigations du parjure et de la lâcheté les
incitant à un ignominieux et problématique profit.

Nous ne saurions prétendre que le devoir et la vertu
commandaient, à cette heure de tristesse, de méconnaître
les faits accomplis et de repousser l'autorité de la France
et de Louis XVIII. Du tout. Il est des circonstances, hélas !
contre lesquelles on ne peut rien, ni comme individu, ni
comme collectivité, et que le plus sage est d'accepter avec
résignation. Or, c'est cette résignation qui n'a pas été appa-
rente à Ajaccio, c'est cette résignation qui, au contraire,
en laissant place nette au plus éhonté des enthousiasmes
a flétri à jamais la cité de Napoléon, la cité qu'un ajaccien,
inconscient du passé, devait qualifier, plus tard, avec cette
banale et orgueilleuse devise : *Napoleonis civitas !* (1)

Non, elle n'est pas la ville de Napoléon. Elle ne lui
a jamais appartenu ni quand il était enfant, ni quand il
était consul, ni quand il était empereur. C'est la ville
maudite de la « méchanceté et de la folie » ainsi que l'a
qualifiée le prisonnier de Sainte-Hélène, la ville qui tenta
d'arrêter ses pas dans la prodigieuse carrière, en détruisant
sa maison, en calomniant sa mère, en attentant à ses jours,
en insultant à ses triomphes, et finalement en le reniant et
en le vendant, d'abord aux Anglais, puis à Louis XVIII.

Ajaccio, c'est la fleur luxuriante des tropiques. Elle se
développe gracieusement sous les rayons d'un soleil
resplendissant ; elle se berce mollement entre les deux azurs
du ciel et de la mer ; elle séduit le passant par le déploie-

---

(1) A l'occasion des fêtes du Centenaire du Consulat il fut élevé
en face de la maison Bonaparte un pylône, de formes assez lourdes, que
surmontait une couronne impériale de feuillage arbritant les armolries
de la cité avec ces deux mots en exergue.

Voir : *Le centenaire du Consulat.*

ment de ses couleurs châtoyantes (1). Mais elle ménage aux sens de cruelles déceptions. Cette fleur n'a point de parfum. Elle ne recèle que des odeurs... qui ont tôt fait de retenir dans leur dépendance occulte et malsaine l'esprit qui se serait aventuré à leur accorder ses sympathies ; Ajaccio est la « quintessence » du pays de Corse, le paradis habité par l'enfer, le creuset où sont venu se fondre tous les dons de la caractéristique insulaire, la paresse, l'orgueil, l'astuce et la cupidité. (2)

Les ajacciens ont besoin d'emploi, ils veulent des emplois et pour arriver à cette fin il n'est aucun sacrifice qui leur

---

(1) « Ajaccio renferme des rues étroites et sales où le service de la voirie laisse beaucoup à désirer. Ses maisons hautes de quatre à six étages sont d'une uniformité et d'une absence de relief désespérantes. C'est nu et laid au possible. » G. Demange : *Souvenirs de voyage.* (1888)

(2) Il y a en Corse une végétation extraordinaire. La fertilité de son sol ne peut être comparée qu'à la paresse de ses habitants. »
Bulletin de la S. de G. C.. *Lettres de Corse.* (1887)

« Avec sa population de flâneurs, Ajaccio est superlativement maussade. » Parlant du cimetière : « Ici, les morts sont mieux logés que les vivants. Ils y sont même jalousés puisqu'ils ne font jamais rien ! »
Théo : *La Corse à travers le maquis.* (2 vol.).

« Les ajacciens ont de hautes prétentions à la civilisation. On raconte qu'un jour un employé au télégraphe a refusé de donner cours à une dépêche où il était dit : « Je suis dans le pays le plus sauvage du monde. » L'employé avait considéré cela comme une injure à son pays ! »
Metz-Noblat : *Dix jours en Corse.* (1886)

« Ajaccio ville neuve, est à moitié française, à moitié corse. Elle ne ressemble ni par sa structure, ni par ses mœurs à Bastia qui reflète la Toscane par ses marbres et les dorures de ses églises. En résumé toute la population, jouissant du beau climat, de l'île se chauffe au soleil, chasse, fume, joue aux cartes. »
Collardeau : *Ajaccio et ses environs.*

« Asinio. . . . .
Tu t'élances de tes bosquets
Comme une fraîche et vive rose ;
Mais le dirais-je ! hélas ! je n'ose,
Il ne faut te voir de trop près !... »
Colonel Esménard du Mazet 1862 : *La ville d'Asinio (Ajaccio).*

coûte, sauf toutefois le travail et la loyauté (1). Ceux qui ne sont pas propriétaires sont dans l' « administration » là où l'on commande et où l'on « surveille. » Ceux qui se livrent au commerce ou à l'industrie, observez-les, ils viennent de l'étranger ou sont immédiatement issus de lui. Et il ne faut pas croire que ceux-là font école et que leurs occupations engendrent des exemples et créent des antagonismes. Nulle-ment. Le temps et le climat les façonnent et les nivellent au niveau local. Les marins de la défense mobile, les soldats de la garnison, les détenus du pénitencier de Casteluccio, ces trois grands réservoirs de la population d'Ajaccio sont impuissants à modifier, de leurs éléments toujours nouveaux, le tempérament des ajacciens. Ils sont aujourd'hui ce qu'ils étaient hier, ce qu'ils seront demain, sous quelque gouvernement que le sort les place.

Les *Pugliesi* sont restés le type synthétique de cette race vaniteuse, avare et perfide que les Ligures ont vomie en 1492, sur ce coin de terre « salvatica et machiosa », comme une semence d'ivraie qui avait charge d'étouffer la floraison du bien. (2)

C'est d'eux que tient ce maire Levie lorsque, ayant l'occasion unique de s'immortaliser par une sublime fidélité à l'empereur déchu, il s'associe atrocement aux « mauvais sujets » qui insultent à son auguste malheur. Ce n'est pas un acte individuel, isolé, désavouable que ce

---

(1) « L'argent est la seule propriété que le corse puisse aisément garantir du pillage Il préfère l'argent à tout, de quelque part qu'il lui vienne. »
Feydel : *Mœurs de la Corse.*

(2) « Sauvage et couverte de maquis. » Ce sont les termes dont a été représenté l'emplacement d'Ajaccio par les Génois qui l'explorèrent avant la fondation. *(Inventaire des Archives communales.)*

lâche abandon, cette honteuse attitude, c'est un acte collectif, communal et officiel, accompli dans la rue, dans les assises mêmes de la cité et par la voix de ses représentants unanimes.

En effet, dès la première réunion du conseil municipal, de ce même conseil nommé par l'empereur, une attristante délibération est prise qui dit que « *la ville d'Ajaccio entend être la première à se féliciter de la chûte de* « *l'usurpateur* » *et à arborer le cher drapeau des rois légitimes !* » (1).

Ce n'est pas assez ! Le même conseil délibère que les noms des rues et places d'Ajaccio qui avaient reçu, deux années auparavant, des appellations rappelant la mémoire de Bonaparte, seraient désormais effacés pour faire place à des noms royalistes :

« Le cours Napoléon » s'appellera désormais le « cours royal » ; la « rue Napoléon » portera le nom de « rue Pozzo di Borgo » (du plus grand ennemi de l'empereur); la « rue du roi de Rome » fera place à « la rue des Bourbons. »

« La « place Bonaparte » reprendra son ancienne dénomination « place du Diamant »; le cours impérial cèdera son nom au « cours Louis XVIII. »

Voilà les gages de la « nouvelle fidélité » au nouveau régime. Les Bourbons doivent être satisfaits de la conduite des ajacciens. Ne se sont-ils pas « bien comportés » les concitoyens de l'empereur ? Que reste-t-il de Napoléon à Ajaccio ? Rien, pas même le souvenir ! Le berceau a tout effacé, souillé, brûlé. Il s'est refait une virginité !

Il est certain que cette attitude mérite bien une récompense, car « la fidélité et l'amour des ajacciens » ne sont

---

(1) Ce texte se trouve inscrit dans le registre des délibérations de l'époque, ainsi que le suivant. Nous les rétablissons de mémoire.

Voir : le reg. des délib. du temps.

évidemment pas gratuits ! Il leur faut le prix de l'opprobre !

Les descendants d'Ajax se souviennent, alors, qu'auprès de Louis XVIII, se tient un ajaccien fameux dont toute la notoriété a résidé dans la haine tenace de Napoléon et de la France, Charles-André Pozzo di Borgo. Or, c'est auprès de lui que, maintenant, ils vont diriger les intrigues et les efforts de la cité. Napoléon est tombé, vive Pozzo di Borgo. Vous pensez bien que la cité ne veut pas mourir. Napoléon lui a donné des bienfaits et elle entend les garder. C'est tout ce qui restera de lui au « berceau »: les dentelles dont il a été orné. Elles ont un prix qui n'a pas échappé à la cupidité des ajacciens. Ils ont mis la main dessus. Napoléon les leur a données, « gare à qui les touche ! » La préfecture, la cour d'appel, le siège de la division militaire, les travaux publics, sont des éléments de prospérité, des sources de revenus que Bastia convoite à bon droit. Ajaccio a bien voulu sacrifier l'empereur, mais elle ne sacrifiera pas son héritage ; ah ! cela, jamais !

Et la ville s'adresse alors à Charles-André Pozzo di Borgo. Elle l'a, lui aussi, insulté, chassé, persécuté. Mais il triomphe à cette heure ! Il a, dit-on, une puissance qui pourrait être utile à la cité. Alors, elle revient à lui, elle lui reconnaît ses mérites, ses vertus, ses injustes souffrances. La voilà l'idole de la cité ! et elle y a pris subitement la place de l'autre !...

En ce monde, il ne faut pas avoir de scrupules ! Ceux qui en ont en meurent ! Les lois de la morale ne sont bonnes que pour les chaires évangéliques ou académiques. A la vérité, personne ne les applique dans la vie courante. Les moralistes de profession, ceux qui pontifient dans l'ordre social, qui reçoivent des honneurs et des gratifications, chacun peut mettre à nu la non concordance de leurs pratiques avec leurs paroles. Je connais des hommes de lettres et de pieux personnages, que le monde vénère pour leur attachement apparent à la propagation du vrai, du juste, du beau, et qui sont d'ignobles hypocrites, qui n'ont aucune pudeur et ne savent résister aux moindres tentations de l'erreur, de l'égoïsme et de la malveillance ! Il faut connaître la « vraie souffrance » pour connaître l'ironie cruelle de certains apôtres de la vertu !

Donc Ajaccio n'a pas de scrupules, et elle s'en trouve bien. Elle est éternelle ! Et elle profite ! Napoléon puissant, elle l'a bassement adoré, puis renié, piétiné. Pozzo di Borgo s'élève. Elle l'adore aussi et l'implore. C'est lui, le général russe, « le redoutable ennemi » de la France et de l'empereur, que la « sacrée ville » élève sur le pavois. C'est à lui qu'on remet la protection de la ville, en concurrence avec « la vierge de Miséricorde, » la bonne patronne dont cette nouvelle niche, » créée sur le territoire confié à sa garde, ne semble pas troubler la sérénité ! La mère de Dieu accepte ce voisinage et elle prie toujours pour l'amélioration du peuple voué à ses divines grâces !

C'est donc à Pozzo di Borgo que les concitoyens de l'empereur adressent leurs vœux en s'exprimant cette fois en italien, comme si le français les eut gênés !

Adresse *à Son Excellence le major général Pozzo di Borgo, chargé des affaires de Sa Majesté l'empereur de Russie près du Gouvernement français.*

Ajaccio, 30 mai 1814

(Traduction de l'auteur). — « Les habitants de la ville d'Ajaccio ont appris avec joie la glorieuse carrière que vous avez parcourue, pendant la longue absence de votre patrie, et le rang élevé que vous avez su atteindre dans l'entourage des souverains de l'Europe, en récompense de vos hauts mérites, etc... »

(Passages quotés (*sic*).) — « Fidèles aux sentiments d'honneur qui nous ont toujours distingués (!), suivant en cela la France entière, nous avons été les premiers à arborer le drapeau des lis, à l'ombre duquel nous nous souvenons d'avoir vécu de longs jours de bonheur. Mais le cours des évènements, que vous connaissez, ne nous a pas permis de suivre jusqu'au bout les impulsions de nos cœurs et aujourd'hui nous nous humilions profondément devant le trône auguste des Bourbons, auxquels nous apportons le sincère hommage de notre dévouement parce qu'ils sont le fondement de la félicité nationale. »

« ...Nous sommes restés fidèles, inaltérablement fidèles ! et à ce titre nous vous supplions d'implorer pour nous la munificence du Roi. »

« ...Ajaccio est et restera fidèle aux Bourbons, tandis que Bastia s'est jetée dans les mains des Anglais, faisant ainsi un acte de révolte contre la France des rois légitimes, et c'est pourquoi vous voudrez bien vous unir à nous pour garder à notre cité la qualité de chef-lieu qu'on veut lui ravir. »

Daignez agréer...

Signé : Const. Stephanopoli, Colonna d'Istria (auteur d'*Aiaccio vindicata*), Dominique Conti, D. Campi, Cuneo d'Ornano, Luc Bertora, A. Leca, P. Pompeani, F. Levie (maire), Ange Forcioli, P. M. Levie, J. B. Frasseto, J. Beverini, J. B. Decosmi, F. Braccini, J. B. Barberi, Martinenghi, J. A. Baciocchi, M. Drago, J. J. Pozzo di Borgo, G. Stephanopoli, Joseph Pugliesi, illisibles.

Pozzo di Borgo n'est plus rancunier. Il a déversé toute sa haine sur Napoléon. Il n'en a plus envers ses compatriotes. Aussi le trouvent-ils accueillant. Mais quoi qu'on en dise, son pouvoir n'est pas tout puissant comme l'était celui de l'empereur. Il ne peut pas ordonner. Il ne peut qu'apostiller. On fait ce qu'on peut ! Et il écrit à l'abbé de Montesquiou, ministre de l'intérieur de Louis XVIII, la lettre que voici :

(Sans date.)

« La pièce ci-incluse m'a été envoyée par les principaux habitants de la ville d'Ajaccio. La partie quotée (*sic*) à la marge mérite seule d'être lue. Comme ces braves gens ne peuvent pas envoyer une députation au roi, je voudrais, s'il est possible, que S. M. n'ignore pas leurs sentiments, la langue dans laquelle ils se sont exprimés (italien) ne lui étant pas connue. La ville de Bastia a cru que les Anglais voudraient s'immiscer des affaires de Corse. Celle d'Ajaccio s'est déclarée pour les Bourbons ; pendant cette différence d'opinion, l'île n'a pas pu être totalement réunie pour faire acte d'obéissance au roi, je suis sûr qu'ils sont dès à présent tous unanimes à cet égard. *Mais la ville d'Ajaccio a certainement la priorité.* Il existe une vive discussion sur le chef-lieu du département. Je crois qu'il ne faudrait rien innover pour le moment. Ce billet est dicté par l'intérêt qu'inspire toujours la ville natale ; toute petite et toute obscure qu'elle soit, elle le serait encore davantage si ses enfants l'abandonnaient. »

Votre très dévoué serviteur,
Pozzo di Borgo. » (1)

Mais les ajacciens, nés malins, ne se fient pas outre mesure à l'influence de Pozzo di Borgo. Ils aiment mieux agir encore par eux-mêmes : deux cordes à leur arc, c'est plus sûr !

Du temps de Napoléon, l'édilité d'Ajaccio avait écrit force adresses, envoyé une multitude de délégations aux « pieds du trône ». C'est une habitude contractée, un chemin longtemps parcouru. C'est une tradition à suivre. Il faut maintenant racheter ce passé par de nouvelles délégations qui devront effacer le souvenir des précédentes, et entretenir les bonnes dispositions du roi.

Le 5 juillet 1814. — Sur la proposition du maire François

(1-2) *Arch. nat.*, Fᴵᶜ ɪɪɪ

Levie, qui prononce un *chaleureux discours* en faveur des Bourbons « ces augustes protecteurs de la Corse ! », le conseil municipal (le même qui, l'année précédente, remerciait le grand Napoléon de ses bienfaits envers Ajaccio) vote à l'UNANIMITÉ une adresse de félicitations et de souhaits au roi Louis XVIII, « le meilleur des rois » et nomme une délégation ajaccienne de cinq membres, présidée par Charles-André Pozzo di Borgo (le plus ardent ennemi de Napoléon), pour déposer cette adresse au pied du trône (L'auteur ajoute : nous taisons les termes de cette adresse honteuse pour l'honneur du berceau !) (1)

La voici cette mémorable adresse. Elle va dire à Louis XVIII, à la France, au monde, ce que la délibération municipale a gardé dans les cartons de la mairie ; et ce palais des Tuileries, que les ajacciens ont si fréquemment souillé du bruit de leurs pas, va, maintenant, être purifié par les platitudes, à genoux, d'Ajaccio.

Ajaccio, 3 juillet 1814.

Sire !

« La Corse se rappelle avec enthousiasme le règne paternel de votre auguste frère. Il sut à force de bienfaits, vaincre cette fierté indomptable (!) qui caractérisait un peuple que trois cents ans de guerre et d'infortune n'avait pu soumettre aux Gênois ; la bravoure française ramena l'âge d'or parmi nous. Le courage pouvait seul subjuguer le courage et le conduire à la véritable noblesse ; quelle fidélité, Sire, la ville d'Ajaccio, n'avait-elle point vouée au plus illustre comme au plus infortuné des monarques, etc.

« Notre conduite dans les temps difficiles, où les haines particulières fomentaient les malheurs publics, nous permet aujourd'hui, de nous présenter sans rougir devant V. M.; lorsque nous avons constamment été dans la ligne de nos devoirs combien nous allons bénir ceux qui viennent de nous être imposés, mais nos cœurs, Sire, pourront-ils suffire aux sentiments qu'ils éprouvent ?

---

(1) *Éphémérides ajacciennes.*

« Votre ville d'Ajaccio, en arborant la bannière des Bourbons, a *fait la·première*, connaître à la Corse le grand évènement qui vous rappelle au trône illustre de vos pères. Ce signe éclatant de paix assure notre bonheur comme il vient d'assurer celui de l'Europe entière ; non, rien ne saurait plus, désormais, troubler notre félicité. Daignez nous permettre, Sire, de renouveler aux pieds de votre trône auguste, le serment de notre fidélité inviolable envers V. M. et de faire entendre ce cri de ralliement trois fois français : Vive le roi Louis XVIII (1).   *(Signatures)*.

Les porteurs de cette adresse façonnent aussi la leur :

Paris, le 12 octobre 1814.

Sire !

« Nulle part la renaissance des lys n'a pu produire une joie plus vive et plus générale qu'à Ajaccio. Qu'il nous soit permis, Sire, de déposer, à vos pieds, l'hommage des sentiments exprimés par les habitants. Le même dévouement anime la population entière du département. Accoutumés à la magnificence des Bourbons, les corses regrettaient leurs augustes bienfaiteurs. Ni la République, ni le Consulat, ni l'Empire ne pouvaient les effacer de leurs cœurs reconnaissants. Les corses ont partagé tous les maux que la France a soufferts. Ils en ont supporté de particuliers, inconnus aux autres français. Mais un avenir prospère se présente aujourd'hui pour eux. L'auguste famille des Bourbons nous est rendue et V. M. règne pour le bonheur de tous ses sujets. Elle peut compter sur l'amour et la fidélité des corses. » (2)

Nous sommes de V. M., etc.

Signé : Chiappe ; Stephanopoli ; Colonna de Cinarca ; Barberi, députés d'Ajaccio.

---

(1) *Arch. nat.* Fic. III.

Ce document est contresigné par Giubega le nouveau préfet, nommé le 15 mars par Napoléon. Il était sans doute venu hâtivement réclamer sa part des vilenies du temps ; les lauriers d'Arrighi l'empêchaient de dormir ! Renucci nous le montrera en 1815, « l'épée au poing » sur le môle de Bastia, pour saluer l'envoyé de Louis XVIII. (*Storia di Corsica.*)

(2) *Arch. nat.* Fic III. Ces députés ont été changés au dernier moment.

Pauvre empereur ! De l'île d'Elbe il voit tout et sait tout. Combien son cœur n'a-t-il pas dû se gonfler de tristesse, aux récits de l'ingratitude de la cité natale. C'est d'elle que lui viennent les plus vives morsures de l'adversité. Quelle amertume dans son âme !

Il faut cependant qu'il vide le calice jusqu'à la lie !

Un service solennel est célébré dans la cathédrale d'Ajaccio, où a été baptisé Napoléon, en mémoire et en expiation de la mort du duc d'Enghien, « assassiné » à Vincennes. Oh ! non ! l histoire est parfois trop cruelle et provoque les nausées de dégoût... ou bien des larmes de la plus poignante pitié. Le célèbre avocat, du temps et de l'endroit, Pierre-Paul Pompéï, prononce même, du haut de la chaire, un panégyrique de la victime du premier Consul ! (1) « Tous les cœurs se sentent contristés et les yeux envahis de pleurs. Tout Ajaccio prend des airs de tristesse et d'abattement, la « ville sacrée » gémit sa repentance d'avoir donné le jour, — par mégarde — à celui qui devait être l'usurpateur ! » C'est un crime dont elle n'est point responsable et elle en demande pardon à l'auguste successeur de Louis XVI !

Mais non, tant de supercherie et d'infamie ne saura toucher Louis XVIII. Il n'a pas la magnanimité de Napoléon. Sa raison lui dit que cette ville qui n'a pas été fidèle à son empereur, dont elle a reçu tant de gloire et de bienfaits, ne saurait lui être fidèle à lui-même. *Que puisque dans cette cité scélérate, aucun homme ne s'était dressé*

---

ils ont pris la place de Colonna d'Istria (*Ajaccio vindicata*) de Cuneo d'Ornano, substitut du Procureur, et de Peraldi, conseiller auditeur, tous trois ayant été empêchés, pour cause de maladie ou de service, d'accomplir leur mission. Le premier est atteint d'ophtalmie persistante.

(1) Renucci : *Storia di corsica.*

pour défendre le héros issu de ses murs, le roi de France ne saurait espérer y trouver le moindre dévouement, en cas d'adversité.

C'est pourquoi le représentant des Bourbons venge, en quelque sorte, dans Ajaccio, l'insulte faite à Bonaparte. Il ne consent pas à ce qu'aucun des représentants de l'empereur, malgré leurs bassesses et leurs lâches désaveux, soit conservé dans ses fonctions et au service du pays.

Le préfet Giubega est révoqué et remplacé par de Monthureux. Arrighi offre des services qui ne sont pas acceptés. Le maire Levie, et son conseil municipal sont jetés à terre sans pitié. Bravo, Louis XVIII !

« Le 10 *décembre* 1814, le préfet prend un arrêté qui révoque François Levie, maire, Antoine Tagliafico et Joseph Pô, adjoints et les remplace par : Martinenghi, Bacciochi et Colonna-Bozzi. Ces derniers prêtent individuellement le serment suivant : « Je jure et promets à Dieu de garder obéissance et fidélité au roi, de n'avoir aucune intelligence, de n'assister à aucun conseil, de n'entretenir aucune ligue qui serait contraire à son autorité et si, dans le ressort de mes fonctions, où ailleurs, j'apprends qu'il se trame quelque chose à son préjudice, je le ferai connaître au roi. » (1)

Trois semaines après avoir révoqué le maire et les adjoints de l'empire, le préfet de Monthureux forme sa municipalité royaliste :

Le 30 *décembre* 1814. Sont nommés conseillers municipaux par ordonnance de Louis XVIII : Fiorella, Antoine, général en retraite, Colonna d'Istria, (2) Alexandre, (auteur d'*Ajaccio-vindicata*) procureur général à la cour, — Dominique Forcioli, (plus tard Forcioli-Conti) — Muselli, Jean André, et Luc Bertora, conseillers à la cour, — Cuneo d'Ornano, Fabien, substitut du procureur, — Peraldi, François,

---

(1 et 2) Registre des délib. mun.

conseiller auditeur à la cour, — Maestroni, Bonaventure, Peraldi, François, (d'Antoine) propriétaire — Forcioli, Antoine, — Valeri, avocat — Jacques Ponte — Georges Stephanopoli — et Joseph Levie, de feu Jérôme, tous trois propriétaires. »

Nous voudrions terminer cette œuvre par cette délibération relativement récente qui indiquera combien les ajacciens de nos jours sont restés attachés à leurs intérêts inséparables de la mémoire de Napoléon !

« Le 12 *juillet* 1893. De Lalance, conseiller municipal émet, au conseil, le vœu suivant « que la ville d'Ajaccio, comme les villes d'Orléans, de Versailles. de Clermont-Ferrand et de Nancy qui célèbrent les anniversaires des naissances de Jeanne d'Arc, de Hoche, de Desaix et de Drouot, célèbre aussi, avec une égale solennité, la naissance de Napoléon Ier. » (Ce vœu, applaudi, fut renvoyé à une commission. Il ne fut jamais adopté). (1)

On aurait donc tort de croire que la municipalité de nos jours est bonapartiste. Tous les conseillers en attenda nt « que les exilés soient de retour », réconfortent leurs espérances avec les douceurs du budget de la ville. Il faudr ait supprimer la caisse municipale pour voir ce qu'il resterait de la « fidélité » de ces braves gens (!) envers l'auguste mémoire ! (2)

La conspiration d'Ajaccio résume, en somme, toute l'histoire de ce pays.

---

(1) Éphémérides ajacciennes.

(2) Aucun Bonaparte ne demanda jamais à être inhumé à Ajaccio. Le prince Napoléon (Jérôme) y fut bien acclamé durant le second empire, pendant qu'il était puissant, mais en 1877 il n'y fut reçu qu'avec des manifestations de violences et d'injures. Peu s'en fallut qu'il n'allât rejoindre au fond de la mer Celui dont il représentait le masque. En 1879, à la nouvelle de la mort du Prince impérial, le maire d'Ajaccio fit donner un concert de réjouissance sur la place du Diamant, il se commit même, à cette occasion, une atrocité morale qu'il importe de

Tous ceux qui, avant nous, avaient entendu parler de Morand, ne lui avaient gardé qu'un souvenir de haine ou de mépris. Cette mémoire était passée à la postérité souillée des calomnies locales. Ni la haute récompense accordée par l'empereur à son fidèle représentant, ni la mort glorieuse du général, ni le temps qui modifie tant de choses, n'ont pu désarmer la malveillance ajaccienne. Elle est plus forte que la mort !

Qui donc a calomnié Morand ? Les corses. Qui donc a jamais songer à contrôler les termes de la calomnie insulaire ? Personne. Tous ceux, donc, qui lui ont donné du crédit se sont inconsciemment rendus complices de cette abomination. Tous ont fait aveuglement usage des notes recueillies et publiées par le sénateur Casabianca. C'était le mauvais grain du maquis qui avait ainsi pénétré dans l'histoire et il y avait levé cette croyance en un Morand « concussionnaire et bandit » qui, déjà disgrâcié par l'empereur aurait trouvé son châtiment dans les plaines de la Poméranie suédoise ! Pour les gens passionnés il n'est pas de plus belle mort qui ne puisse prendre la forme « d'un châtiment de Dieu ! » (1)

Mais, ô prodige ! « le châtiment de Dieu » semble s'être plutôt accompli de nos jours en frappant d'imposture l'histoire de la « ville sacrée. » Voilà le spectre de Morand qui

---

relater. Le fils de Napoléon III était représenté, dans le Musée de l'Hôtel-de-Ville, par un buste en marbre, de Carpeaux. Or ce buste fut mutilé en haine du mort, on lui creva les yeux ! La trace de ce forfait peut se constater encore. Elle atteste la férocité ajaccienne envers toutes les victimes du sort !

(1) Autre témoignage corse contre Morand : « Napoléon entendit les plaintes et les gémissements de ses compatriotes. Il investit d'une mission de confiance le sénateur Casabianca qui fit un rapport à la suite duquel le général Morand fut rappelé. L'empereur rendit la liberté aux condamnés d'Ajaccio et la procédure instruite contre eux fut annulée par la cour de cassation. » Patorni : *Histoire de Corse*. (1842.)

s'est dressé tout à coup. Il est la vérité qui sort des ténèbres ? Elle vient réclamer ses droits à la mémoire des hommes, à la justice de la postérité. Le mensonge a fini son règne. Il faut qu'il rende ses conquêtes impies. Cette ville qui a chanté, jusqu'à ce jour, son « orgueil et son amour » insulte à nouveau l'auguste figure qu'elle a sillonnée des rides de la souffrance. La cité maudite, Morand la signale aujourd'hui comme le foyer latent d'une effroyable astuce qui a trompé le genre humain. Non ! Ajaccio n'est pas noble et pure, non elle n'est pas le réceptacle de la gloire, l'asile de la vertu et de la piété ; c'est la « fleur du mal » dont les pétales éclatantes enserrent un calice où réside l'infamie. C'est le puits où avait été reléguée la vérité.

Ce puits, il appartenait à un buveur d'eau, « un méchant » de l'aller explorer, avec la torche vengeresse du droit.

Sa tâche est accomplie.

« *Pabà… chi sassata !… »*

NOTA : Ce livre a été conçu le 21 juin. Il a été mis en librairie le 10 octobre. C'est une « gestation » de près de quatre mois. S'il présente quelques faiblesses de forme, qu'on les excuse ! Il fallait frapper rapidement !

L'AUTEUR.

PIÈCES ANNEXES

Pièces Annexes

État des services
du général baron Joseph MORAND

Né le 18 juillet 1757 au château de la Rivière, à Allemans,
(Dordogne), fils de Jérôme, et de Marie Cressat

Volontaire au régiment de Guyenne
(infanterie). . . . . le   20 juin 1774.
Cadet gentilhomme au régiment de
Picardie. . . . . le   6 juin 1776.
Sous-lieutenant. . . . . le   2 juin 1777.
Lieutenant en 2me . . . . le   4 juin 1780.
Lieutenant en 1er . . . . le   15 juin 1783.
Capitaine . . . . le   18 juin 1787.
A abandonné . . . . le   6 mai 1787.
Entré dans la garde nationale de
Besançon . . . . le   1789.
Commandant la garde nationale de
Saint-Étienne. . . . . le   avril 1790.
Capitaine du 56me de ligne . . . . le   12 janvier 1792.
Aide de camp du général Ruault. le   20 août 1792.
Adjoint-général chef de bataillon. le   8 mars 1793.
Nommé général de brigade par les
représentants du peuple près l'armée

des Pyrénées-Orientales . . . . le 14 novembre 1794.
Confirmé dans ce grade . . . . le 13 juin 1795.
Employé à l'armée de l'ouest . . le 10 septembre 1795.
Employé à l'armée de l'intérieur. le 30 octobre 1795.
Commandant la place de Cambrai. le 20 décembre 1795.
A l'armée de l'intérieur . . . . le 24 mai 1796.
Commandant la place de Metz. . le 1er octobre 1797.
Commandant la place de Paris . le 24 juillet 1799.
Général de division . . . . . le 27 avril 1800.
Command. la place d'Alexandrie. le 18 juillet 1800.
Commandant la 23me division en
  Corse. . . . . le 22 décembre 1801.
Disponible. . . . . le 10 avril 1811.
Commandant la 34me division d'infan-
  terie du 11me corps d'armée . . le 22 juillet 1812.
Employé au corps d'observation de
  l'île d'Elbe . . . . le   7 février 1813.
Gouverneur en Poméranie . . . le 29 février 1813.
Tué d'un coup de canon devant Lune-
  bourg . . . . le   2 avril 1813.

Campagnes

1792-1793, Armées du Nord et de Belgique, 1794.
Armée des Pyrénées-Occidentales, 1795.
Armée de l'Ouest ,1796.
Armée du Nord, 1797-1798-1799.
Armée Sambre-et-Meuse, 1800-1801.
Italie 1812-1813. Grande armée.

Nota. — On eut pu ajouter aux campagnes du général Morand ses neuf années de service en Corse. Elle ont bien valu les autres !

Blessures

2 coups de feu au bras droit, le 18 mars 1793, à la bataille de Neerwinden.

Décorations

Chevalier de la Légion d'honneur le 11 décembre 1803.
Commandeur de la Légion d'honneur le 14 juin 1804.
Grand-cordon, à sa mort.
Créé baron de l'empire, par lettres. patentes du 15 août 1810, avec dotation de deux mille francs sur les biens de Westphalie. (1)

*
* *

L'empereur des Français au général MORAND, commandant en chef de Corse :

Paris, le 8 Ventôse an 13.

« Monsieur le général Morand, votre présence est nécessaire en Corse. Vous y avez ma confiance. Vous y resterez pendant la guerre. Exercez dans ce pays une sévère police. Traduisez devant des commissions militaires. Faites des exemples des lâches qui auraient des correspondances avec les Anglais. (2)

Napoléon.

Les armoiries du baron Joseph Morand

« *D'azur au chevron d'argent, accompagné en chef de deux étoiles du même et, en pointe, d'une épée haute, d'or; au comble du même, chargé de trois lionceaux de sable; au franc-quartier brochant des barons militaires.* (3)

Nota. — Il nous a été impossible de trouver un portrait du général Morand dans la collection de la galerie Mazarine.

---

(1) Guerre. *Arch. adm.*.
(2) Guerre. *Arch. hist.*.
(3) Révérend : *L'armorial du premier empire.*

Le comte Raphaël Casa-Bianca (1)
né le 27 novembre 1738, décédé à Bastia le 28 novembre 1825

Cet homme, d'esprit médiocre, mais très intrigant, comme tout bon corse, fut un des rares insulaires qui furent distingués par l'empereur. Il jouissait déjà d'une pension de 3.228 francs comme ancien général de division (6 germinal an VI) lorsqu'il sut encore obtenir de la faveur impériale, et successivement, le titre de comte de l'empire, de sénateur et la croix de grand-officier de la Légion d'honneur. Cette haute situation, de près de 30.000 francs par an, qu'il n'avait jamais osé espérer, fut pourtant impuissante à l'attacher à son bienfaiteur. Dès que se fit sentir la chûte de 1814 il fut un des premiers à abandonner Napoléon. En 1815 l'empereur lui pardonna et le maintint dans ses honneurs et revenus. Mais Casa-Bianca l'abandonna encore en 1815.

O Morand, te voilà vengé !

Raphaël Casa-Bianca

« Député de la Corse à la Convention nationale. M. Casa-Bianca, jusqu'alors, n'avait guère juré que de *maintenir la République et de détester la Royauté* jusqu'à concurrence pourtant du titre de « comte de l'empire » qu'il obtint après celui de membre du Sénat conservateur (4 nivôse an 8) et la décoration de grand officier de la Légion d'honneur. Jusqu'alors, Casa-Bianca n'avait guère juré successivement que *fidélité à la République, au Consulat, aux constitutions*

---

(1) Le nom est ainsi orthographié sur toutes les pièces originales de la Guerre et des Archives nat.

de l'Empire et à l'empereur, jusqu'à concurrence cependant du titre de pair de France qu'il obtint le 4 juin 1814 après la chûte de Napoléon. M. Casa-Bianca n'avait guère juré jusqu'alors que *fidélité à la Charte constitutionnelle et au roi de France et de Navarre*, jusqu'à concurrence cependant du titre de pair de France que l'empereur lui donna le 5 juin 1814. Casa-Bianca n'avait guère juré jusqu'alors que *fidélité à la Constitution et à l'empereur.....* » (1) « Si la peste donnait des pensions, la peste trouverait encore des flatteurs et des serviteurs. » Le sage Saadi avait sans doute écrit cet adage dans un moment d'humeur contre les girouettes de son siècle.

Au nom du peuple français

« Les représentants du peuple dans les départements méridionaux :

« Considérant la nécessité de donner aux troupes de la République, en Corse, des chefs qui méritent leur confiance et leur estime ; les longs services et le zèle pour la république du citoyen Casabianca général de brigade.

« Arrêtent, que le général de brigade Casabianca sera promu au grade de général de division et jouira des droits et appointements attribués à ce grade sous la condition expresse de l'approbation du présent arrêté par le citoyen Lacombe Saint-Michel représentant du peuple en Corse. (2)-

Fait à Ollioules, le 29e jour du 17e mois
de l'an 2 de la République une et indivisible.

SALICETI,
LACOMBE SAINT-MICHEL.

---

(1) Extrait du *Journal des Girouettes*.
(2) Guerre. *Arch. hist.* Cet arrêté n'a été pris, en somme, que par Saliceti, seul.

Notes sur Dubalen

Lettre de Masséna.

Au quartier général de Zurich.
Le 4 brumaire an 8.

Au citoyen Dubalen, capitaine des carabiniers de la 10e légère.

« Après l'amour de la patrie, la gloire est la première passion du militaire. Vous avez servi avec dévouement votre, patrie citoyen, lorsque, bravant tous les dangers, la mort même, vous avez fait dans les affaires où vous vous êtes montré, depuis le 3 jusqu'au 18 vendémiaire dernier, des prodiges de valeur. Vous avez reçu une blessure honorable et votre sang a coulé pour elle ; vous lui avez payé votre dette, je dois acquitter la sienne en vous annonçant que vos chefs vous ont distingué au milieu de vos braves camarades et qu'ils ont apprécié vos travaux. Je me plais à croire, citoyen, que vous recevrez ce témoignage de la satisfaction de votre général en chef avec autant d'intérêt qu'il met d'empressement à vous le décerner. »

MASSÉNA.

Morand au ministre de la guerre.

Bastia, le 20 décembre 1809.

« J'ai l'honneur de vous présenter pour commander le nouveau bataillon de la Méditerranée M. Dubalen, adjoint officier supérieur dans ma division, jeune et d'un physique imposant. Il a été fait chef de bataillon sur le champ de bataille et a reçu huit blessures honorables. »

MORAND.

A S. E. le duc de Feltre, ministre de la guerre.

Ajaccio, le 9 mai 1813.

« J'ai l'honneur de répondre à la lettre du 19 de V. E.

au sujet du commandement du dépôt des réfractaires à Bastia, que j'ai été obligé de désigner M. Dubalen, chef de bataillon attaché à l'état-major général, parce que ce dépôt avait besoin d'un officier ferme et instruit, etc. »

Le chef d'état-major général,
BARON DE FOURN.

Lettre de Dubalen au ministre.

Dubalen est nommé commandant de la citadelle d'Erfurt, *d'urgence*, le 20 octobre 1813. Il écrit au ministre :

Ajaccio, le 22 octobre 1813.

« J'ai l'honneur de prévenir V. E. que, après les plus vives sollicitations j'ai enfin obtenu la faveur d'être remplacé dans le commandement supérieur des camps de Sagone et de l'arrondissement de Vico et l'ordre d'embarquer comme passager sur la flûte de S. M., « La Salamandre », mouillée dans les eaux de Sagone, qui doit se rendre à Toulon.

« V. E. sera sans doute informée que j'éprouverai un retard de quinze jours par la quarantaine que je serai obligé de faire en arrivant dans le premier port du continent. »

DUBALEN.

Le commandant Dubalen était né le 6 mai 1773 à Saint-Sever. Il est mort le 3 novembre 1833, chef de bataillon en retraite. Il s'était marié en Corse avec Angélique Fabiani, de Monticello. Il n'a jamais voulu se rallier aux Bourbons. Belle vengeance tirée de tous ses ennemis de Corse.

Colonna d'Istria

(Ignace-Alexandre)

« Né à Ajaccio le 30 juillet 1782. Fit ses études de droit à Pise. Fut nommé par Napoléon Ier, le 24 janvier 1805, à peine âgé de 22 ans, procureur impérial près le tribunal de 1re instance d'Ajaccio (première faveur). Lors de la réorganisation des cours et tribunaux en 1811, Colonna d'Istria fut fait avocat général et, peu après, procureur général, quoiqu'il n'eût pas encore atteint sa trentième année, et contrairement à la loi toute récente du 20 avril 1810 qui régissait l'ordre judiciaire (seconde faveur). A la chute de l'Empire, il se rallia avec empressement aux Bourbons. L'armée anglaise étant venue occuper la Corse, et le général Montrésor, gouverneur général pour l'Angleterre, ayant pris un arrêté portant que la justice serait rendue au nom de Georges III, roi de la Grande-Bretagne, la Cour d'Ajaccio prit, le 7 mai 1814, sur le réquisitoire du procureur, une délibération unanime par laquelle elle déclarait « ne pouvoir rendre la justice qu'au nom de Louis XVIII, roi des Français. » Par un autre arrêté du 26 mai, le gouverneur anglais ayant nommé Colonna d'Istria, procureur général en la cour suprême, qu'il avait organisée à Bastia, il refusa cette place. Il fut maintenu dans ses fonctions par le gouvernement de la Restauration jusqu'en 1818; mais, à cette époque, à la suite d'une mesure qui tendait à écarter les corses de la magistrature et de l'administration, il fut attaché momentanément comme président à la cour royale de Nîmes. Peu d'années après, en 1823, le gouvernement revint sur sa détermination et Colonna fut promu premier président de la cour de Bastia. Il assista au sacre de

Charles X et reçut, à cette occasion, la confirmation du titre que portaient ses ancêtres (!). Enfin, le 20 juillet 1830, le collège du département de la Corse le choisit pour député par 24 voix sur 37 votants ; mais, l'élection ayant été annulée : « il ne voulut pas, dit un biographe (?) tenter de contrebalancer l'ascendant de la famille Sebastiani, et il s'effaça devant elle ». Il mourut, le 2 mars 1859, premier président honoraire de la cour de Bastia, et commandeur de la Légion d'honneur. »

(Dictionnaire des Parlementaires français.)

Comme Raphaël Casabianca, Colonna d'Istria eut une grande réputation en Corse. On l'y cite comme « l'honneur » de la magistrature insulaire. Il est cependant douteux que sa brochure *Ajaccio-Vindicata* lui soit comptée comme un acte honorable. Après avoir été l'objet, par deux fois, d'une faveur insigne de Napoléon, Colonna d'Istria fut cependant, des premiers, à l'abandonner en 1814, et, loin de le diminuer, cet abandon lui valut un surcroît d'estime dans « un pays généreux, où l'on n'abandonne jamais son bienfaiteur ! » En effet, après avoir fait partie de toutes les délégations envoyées à l'empereur par Ajaccio, il fit encore partie de toutes celles qui furent envoyées à Louis XVIII et à Charles X. Quant à la place de procureur général qui lui fut offerte par les Anglais en 1814, Renucci ne rapporte pas qu'elle fut refusée par Colonna d'Istria. Ce silence appuierait la version que le général britannique n'aurait pas conféré une haute magistrature à un titulaire dont il ne se serait pas, à l'avance, assuré, tout au moins, le consentement. Enfin la délibération de la cour d'Ajaccio, prise à l'effet « de ne vouloir rendre la justice qu'au nom — non de la France — mais de Louis XVIII, fut collective et, pourtant,

Colonna d'Istria en garda, seul, le mérite... et les bénéfices.

Il fallait que ces choses fussent dites au nom de l'histoire, qui finit toujours par maintenir ses droits... même dans les choses de Corse !

De la main de Bonaparte, 1er Consul.

« *Affaires d'Ajaccio.* — Le terrier de Corse demanderait pour la conduite des eaux de Canneto à Ajaccio, 360.000 francs environ. Des notables d'Ajaccio font la soumission de les conduire pour la somme de 150.000 francs. »

« A cet effet il faut déplacer le maire Stefanopoli (*sic*) et nommer à cette place François Levie, de feu Saint (*sic*). »

« Il faut encore changer le chef du génie. C'est l'ennemi d'Ajaccio. Il s'appelle *Modier*. »

« On demande des fonds pour le quai et pour achever la place Bonaparte, pour achever le Cours jusqu'à Sainte-Lucie où il faudrait établir la Barrière. »

11 ventôse an 13. (1)

Ces vœux ont vraisemblablement été destinés à Bourrienne qui, avec Fesch, a dû prendre les mesures nécessaires pour leur exécution, si l'on s'en rapporte à la correspondance qui suit au dossier. Ce document atteste combien, dans ses vertigineuses splendeurs, Napoléon restait attaché à sa ville natale, malgré qu'elle se fut déjà montrée bien indigne !

---

(1) *Arch. nat.* AF ɪv 1054.

Pétition à S. A. Madame Mère.

Pierre-Chatel, 28 février 1811.

Madame !

« François Levie, Joseph Antoine Caparelli, Clément Padovani, Etienne Durazzi, tous habitants domiciliés du département du Liamone, ont l'honneur d'exposer à V. A. que, n'ayant eu aucun succès de deux différentes suppliques qu'ils vous ont adressées, l'une le 5 septembre dernier, et l'autre le mois d'octobre, par l'intermédiaire de M. Faure, conseiller d'Etat, chargé de l'inspection de cette maison, ils viennent de nouveau implorer vos sollicitudes, et votre intercession auprès de S.M. l'empereur et roi, afin d'obtenir une faveur spéciale, qui est celle de leur permettre de faire entendre devant un tribunal, fut-il le plus redoutable, les témoignages qu'ils offrent pour leur justification contre la fatale accusation dont on les a accablés. Par ce moyen, ils parviendraient à se laver de l'horrible tache dont ils se trouvent souillés, et l'on dévoilerait aux yeux de la nation entière, l'odieux machiavélisme de quelques calomniateurs qui, sous prétexte d'une conspiration chimérique, et leurs serments parjures, sur ce fondement établis, ont fait frapper impunément les exposants du glaive des lois. Les pétitionnaires ont également exercé différents recours pour obtenir la cassation ou bien la révision de leur procès, mais encore aucune de leurs réclamations n'a été exaucée. De même, M. Levie, maire d'Ajaccio, a consacré un long séjour dans la capitale, uniquement pour faire décider l'affaire des exposants. Mais les sollicitudes et intercessions de ce magistrat n'ont produit aucun résultat. Pas moins lorsque l'innocence souffre dans les fers, un gouvernement bienfaisant et réparateur ne saurait mettre trop d'activité à l'en délivrer. La situation des exposants devient de jour en jour plus malheureuse, leurs familles sont dans une complète désolation, et les ressources d'icelles s'épuisent en sacrifices. De plus, l'honnête société aujourd'hui détrompée, regrette des membres que la calomnie et l'injustice lui ont ravis. Que V. A. daigne jeter un œil propice sur le sort des exposants qui viennent se jeter à vos pieds, en vous suppliant de leur accorder vos sollicitudes et votre protection. Daignez, Madame, les honorer de vos soins, vous êtes la plus puissante médiatrice pour leur obtenir la faveur qu'ils réclament de sa Majesté. Ce sera un bienfait, dont eux, ainsi que leurs familles, vous seront éternellement redevables, et, en reconnaissance, ils ne cessent de faire des vœux pour la prospérité de l'Etat, ainsi que pour la conservation de vos jours, de sa personne sacrée, et de son illustre postérité (1).

(Signatures).

---

1) AF iv 3277.

Lettre de Mazel

au duc de Rovigo, ministre de la police générale.

La Force, 13 juillet 1810.

Monseigneur !

« Ne serez-vous pas enfin obsédé par la fréquence de mes
demandes, en voulant trop souvent appeler votre attention
sur mes malheurs aussi grands que peu mérités !

« Les vrais héros sont passionnés pour la justice et la générosité, autant que pour la gloire. V. E. ne peut donc qu'é-
couter favorablement la voix plaintive de l'innocence dans
les fers. Il y a près d'un an que je fus ignominieusement
arrêté, traduit de Bastia à Paris et précipité dans le *tombeau de la Force*. Depuis trois mois on m'assure que le
rapport de mon affaire est sous les yeux de l'empereur. Si
l'impartialité en a dicté le contenu, il est démontré qu'au
lieu de m'être rendu répréhensible, j'ai bien mérité de mon
souverain. Pourquoi donc me laisser pourrir dans les ténèbres des coupables ? J'ai fait parvenir jusqu'aux pieds
du trône l'expression de mes réclamations respectueuses ;
mais hélas ! elles n'ont eu pour réponse qu'un silence profond, et l'oubli continu de ma personne et de mes droits.

« De deux choses l'une : ou ce rapport, le fondement de
mes espérances, n'a pas été envoyé au grand Napoléon, ou
bien il s'est égaré avant qu'il en ait pris connaissance.

« Dans cette hypothèse, je ne puis, Monseigneur, qu'avoir

recours à V. E. pour vous supplier de faire sortir des cartons l'original de ce rapport, et d'en soumettre une nouvelle copie à S. M. Elle est trop jalouse du bonheur de ses innombrables sujets, pour ne pas ordonner que celui qui l'a servie avec zèle, soit, sur-le-champ, rendu à la liberté et à la vie près de lui échapper sous l'énorme poids de ses souffrances ».

Mazel (1).

______

(1) *Arch. nat.* F 7, 8764. Mazel était originaire de Mende. A sa sortie de la Force il fut recueilli par Morand et il resta à Boisjoly, dans la propriété du général, jusqu'à sa mort qui survint en 1816.

Requête de Bonhomme à l'empereur.

(sans date).

Sire !

« Un officier, vindicativement accusé, a l'honneur d'exposer à V. M. I. et R. que par suite d'une conspiration découverte à Ajaccio, et reconnue par le jugement du 20 juillet
1809 (que V. M. a eu la sagesse de confirmer), il a été traduit dans cette capitale où il gémit dans les fers. Il est
d'autant plus étonné d'une pareille injustice, ouvrage de la
plus atroce calomnie, qu'il croyait s'être acquis, en révélant ce complot, des droits à la bienveillance du gouvernement. Et on l'a privé de sa liberté et de son emploi pour
reconnaître son dévouement ! Depuis le moment de sa détention il n'a cessé de réclamer la justice qui lui est due.
Mais sa voix s'est perdue dans le désert. C'est pourquoi
il ose, Sire, se permettre d'avoir recours à votre magnani-
me autorité pour l'obtenir. Espérant que V. M. sacrée, qui
ne cesse d'encourager le zèle et le mérite, ne tardera pas à
faire briser ses fers, il fait des vœux bien sincères pour l'é-
ternelle prospérité et la durable existence de votre glorieux
règne ».

    Bonhomme, instituteur public, lieutenant quartier-
        maître au 4ᵉ bataillon de chasseurs corses sta-
        tionné à Livourne (1).

---

(1) *Arch. nat.* F 7 8764.

Bonelli (François)

ancien chef de bataillon de chasseurs corses.

né le 17 janvier 1760, à Bocognano

Aux états de services de cet officier on lit cette note :

« Le commandant Bonelli s'est livré à l'agriculture depuis sa rentrée chez lui. Entre autres améliorations notables, on cite le domaine *de la Pianiccia* créé en quelque sorte par lui sur les bords de la Gravona, près de la grand'route. C'était principalement des terres couvertes de maquis et de cailloux roulés par le torrent. Aujourd'hui l'on y remarque des vignes, les premières qui aient été plantées dans la commune de Bocognano, des arbres fruitiers, les premiers qu'on y ait vus (avant, le chataignier seul y était connu), des plantations d'oliviers, des étables pour le bétail dont la laine est devenue meilleure. Bocognano placée dans la principale gorge entre le deçà et le delà des monts, inquiétait anciennement l'autorité parce que ses habitants ne s'adonnaient pas au travail. Le général Sionville qui s'y fixait souvent, disait aux paysans : « Vous n'avez rien à faire? Détruisez donc vos murs et rebâtissez-les ». Depuis l'exemple donné par les Bonelli, l'agriculture a beaucoup gagné dans cette commune, une des plus considérables de la Corse ».

Le 16 mai 1808, Bonelli demande à faire partie des promotions de chevaliers de la légion d'honneur. Le général Morand apostille sa lettre :

« Le général commandant en chef la 23ᵉ division se plaît à faire connaître au gouvernement, que le chef de bataillon Bonelli n'a cessé de rendre des services dans le poste qu'il occupe, et qu'il a rempli avec autant de zèle, que d'intelligence et de dévouement toutes les missions délicates qu'il lui a confiées. A ce titre il réclame la bienveillance de S. M. en sa faveur ».

Morand (1).

---

(1) Guerre. *Arch. hist.* Bonelli se rallia à Louis XVIII en 1814.

Lettre du général GENTILI (Antoine)

Saint-Florent, 2ᵉ jour de la 1ʳᵉ décade du 3ᵉ mois de l'an II.

Citoyen ministre,
« Antoine Gentili, général de brigade, employé en Corse,
au ministre de la guerre.
« Je viens d'accepter les fonctions de général de brigade
que m'ont confiées les représentants du peuple aux départements méridionaux. J'ai déjà défendu, vous savez, ma
patrie, contre l'attaque combinée des Anglais et des rebelles;
je désire que nos ennemis reviennent à la charge, et je
promets qu'ils ne souilleront pas le territoire de la liberté.
Ils n'oseront peut-être pas, parce qu'ils savent qu'ici
existent encore les hommes du 1ᵉʳ octobre. »
« J'ai nommé pour mon aide de camp le citoyen de
Franceschi, capitaine au 16ᵉ bataillon d'infanterie légère.
Cet officier s'est distingué par son zèle, son courage et son
civisme dans toutes les attaques des ennemis. Je vous prie
de vouloir bien me faire expédier son brevet et de me
l'adresser. »

Le général de brigade
GENTILI.

30 germinal an V. — Général de division, par arrêté du
représentant du peuple Lacombe Saint-Michel, approuvé
par les représentants du peuple près l'armée d'Italie.

BELGRAND de VAUBOIS (Claude, Henri, comte)

Né le 1 octobre 1748, à Clairvaux; décédé le 5 novembre 1839, à Paris.
Général de division le 19 floréal an IV

Au Ministre de la guerre,

Bastia, le 29 germinal an VI.

« Vous sentez, citoyen ministre, toutes les fatigues que j'ai dû éprouver depuis que je suis ici. Si je n'y ai pas fait du bien, du moins j'y ai évité du mal, mais continuellement en butte aux haines d'un petit nombre, en vérité, aurais-je le bonheur de triompher de la calomnie?

« Arena me poursuit maintenant, Arena qui n'est plus appelé ici que « le roi de la Balagne » pour que rien ne puisse résister à sa volonté; il a été patriote en France et du bon côté, à la législature, il faut donc que je prouve que son patriotisme en France a dégénéré ici et que jamais *vizir* n'a porté l'insolence et l'injustice plus loin. C'est ce que j'ai cherché à prouver dans la lettre que je vous ai écrite et dont Galleazini s'est chargé. Je suis vrai comme les droits de l'homme et si on balance à me croire, c'est que je n'aurais pas réussi à présenter la vérité telle qu'elle est. Jugez si je désire abandonner un pays où je suis si tourmenté. Il n'y a que l'intérêt que vous voudrez bien prendre à moi qui m'en tirera. » (1)

Lettre de Vaubois au ministre de la guerre,

Château de Corte, le 18 pluviôse an VI.

« Il y a huit ans que je suis absent, je ne dirai pas de chez moi (autrefois j'en avais un, aujourd'hui je n'en ai plus). Je n'ai pas un denier de revenus. J'ai une femme et

---

(1) Guerre, *Arch. hist.*

un enfant manquant du nécessaire, je demande donc avec instance un commandement dans l'intérieur, si l'on croit que je le mérite, mais je ne puis plus rester. Il faut plus de talent que je n'en ai, il faut être plus en méfiance que je ne le suis. Chez un peuple où l'on est entouré de gens qui cherchent à vous tromper, il faut un homme qui ait une fermeté qui aille jusqu'à la dureté. »

Il est rappelé le 23 pluviôse an VI, nommé gouverneur de Malte où il est remplacé, le 13 floréal an 7, par le général Cambray. (2)

Rapport du général Vaubois, commandant en chef en Corse, au ministre de la guerre.

Quartier général de Bastia, 23 germinal an VI.

« Tout le monde me répète que la partie dissidente a fabriqué contre moi un procès-verbal rempli d'imputations calomnieuses, mais je suis, à ce sujet, sans inquiétudes. J'ai pour moi le témoignage des bons citoyens et de mes frères d'armes. C'est de ceux-là seuls que je suis jaloux. Je sais d'ailleurs que la fausseté ne peut se faire jour auprès du gouvernement. Je signale la famille Arena comme détenant en Corse une puissance pernicieuse. Les calomnies dirigées contre moi viennent de ce que je n'ai pas voulu reconnaître son autorité. » (3)

---

(1) Guerre, *Arch. adm.*
(2) Guerre, *Arch. hist.*
(3) *Arch. nat.* F 1 C iii 2.

Notes inédites sur MIOT

Rapport au Premier Consul :

Ajaccio, 5 nivôse an X.

« ...Il fallait quelques prétextes pour m'attaquer près de vous, pour affaiblir votre confiance en moi, seule force par laquelle je pouvais agir et l'on a exagéré et peut-être même suscité des délits privés pour atteindre ce but. Du reste c'est un malheur, vous le savez mieux que moi, attaché aux gouvernants : la plainte seule leur parvient. L'homme tranquille et satisfait n'écrit pas pour dire qu'il est tranquille et satisfait. » (1)

Extrait d'un autre rapport au Premier Consul :

Ajaccio, 30 nivôse an X.

« Il serait nécessaire d'avoir ici un plus grand nombre de troupes. Il n'existe actuellement dans l'île que 1491 hommes de troupes de ligne et 290 canonniers. C'est à peine l'indispensable nécessaire pour la garde des places et des batteries. » (2)

Miot est le premier qui ait proposé au gouvernement de ne faire qu'un seul département de l'île de Corse :

(1-2) *Arch. nat.* AF IV, 1054.

Ajaccio, le 7 fructidor an X.

« ...Je propose la suppression des deux préfectures de la Corse. Ç'est un luxe trop coûteux. Le pays est trop pauvre et ne mérite pas ces frais. Je serais d'avis de créer un préfet-général avec des sous-préfets à Ajaccio, Bastia, Corte, Calvi, Sartène, Vico, Porto-Ferrajo et Capraja. (Ces deux îles étaient alors réunies politiquement à la Corse.) Quant au Jury il ne pourra être rétabli que dans quinze ans ! » (1)

A la suite de ce rapport que nous ne faisons que résumer et qui signale aussi les abus militaires, le Premier Consul supprime les commissions militaires instituées pour suivre les colonnes et qui, composées de trois officiers, rendaient des jugements par trop sommaires dans les cas de flagrants délits.

Bienfaits de Miot :

Ajaccio.

« La ville d'Ajaccio fut embellie et agrandie ; d'anciennes fortifications furent abattues et un quartier nouveau s'éleva sur leur emplacement. La bibliothèque que j'avais établie dans l'ancienne maison des Jésuites fut ouvertes aux habitants. L'imprimerie fut montée et rivalisa avec celle qui se trouvait à Bastia, la seule qui jusqu'alors existât en Corse. Un terrain appartenant à l'Etat, à l'ouest d'Ajaccio, fut consacré à former un jardin botanique où toutes les graines ainsi que les plantes qu'on m'avait remises à Paris avaient généralement réussi. J'avais fait reconnaître des eaux qu'on pouvait amener dans la ville et dont un canal devait être dérivé pour le service du jardin des plantes. Ces utiles et paisibles conquêtes de l'industrie sur la nature furent pour moi une agréable distraction et une véritable consolation des soucis dont j'étais habituellement tourmenté. » (2)

---

(1) *Arch. nat.* A F iv, 1054.
(2) *Mémoires.*

Lettres du général BERTHIER

Berthier au ministre de la guerre :

Ajaccio, le 26 août 1811.

« Je suis arrivé avant-hier à Sagone. Les travaux des batteries vont aussi vite que possible et en raison des outils que nous avons et que je fais fabriquer tous les jours. Le terrain a offert quelques difficultés pour leur donner le développement nécessaire. J'ai arrêté définitivement les lieux-mêmes, la forme des batteries et l'emplacement des pièces qui, étant sur des affûts de côtes, se dirigeront sur tous les points à défendre. »

« Le bois de Vizzavona est très beau et d'excellente espèce. J'ai fait couper deux arbres qui ont chacun 120 pieds de long et 35 pouces de diamètre. Et je me propose de les faire transporter à Ajaccio par la route neuve, avec des bras, ce qui ne sera pas difficile en descendant toujours. Je les ferai parvenir par mer à Sagone, d'où je les expédierai à Toulon comme échantillons. »

Comte BERTHIER.

Au général Dupont, ministre de la guerre.

Ajaccio 5 juillet 1814.

Monsieur le Comte,

« Permettez-moi de me rappeler à votre souvenir et de vous prier de me faire connaître les intentions de Sa Majesté à mon égard; je suis dans une position bien pénible comme celle de tous les français qui sont ici. Mon traitement de gouverneur était de cent mille francs. Depuis quatre mois je ne reçois plus rien et je fais des dépenses très fortes dans les circonstances où se trouve la Corse ; n'existant plus aucun fonds dans les caisses depuis cinq mois, j'ai dû, de ma poche et de mes économies, fournir à toutes les dépenses et prêter à des officiers qui mouraient de faim, et actuellement pour payer les gens du pays employés pour maintenir la tranquillité, nous en sommes à vendre nos effets.

« Daignez venir à notre secours et me faire connaître le sort de la Corse ; elle est tellement montée en faveur des Anglais que le parti français est presque anéanti et que nous sommes nous-mêmes très exposés. Votre Excellence en jugera par mes rapports ; il est possible que je sois même forcé de quitter l'île, au premier moment, les troupes qui restent ne sont point françaises, elles ne sont pas payées et elles sont influencées par l'Angleterre ; elles sont plutôt contre nous.

« Quant à moi, je désire connaître mon sort. J'ai besoin de servir, je n'ai quitté notre [malheureux Louis XVI qu'à sa mort et je servirai Louis XVIII avec le même zèle et la même fidélité ; la race des Bourbons a toujours été dans mon cœur. Je n'ai point de fortune, je n'ai que mes appointements et j'ai bien servi.

« Veuillez avoir la bonté de penser à moi, je me recommande à votre amitié et à vos bontés.

« Daignez recevoir l'hommage de la grande considération avec laquelle j'ai l'honneur d'être, Excellence, votre très humble et très obéissant serviteur. »

Comte César BERTHIER. »

Nota. — Le général Berthier ne s'est rallié à Louis XVIII qu'après le préfet Arrighi et le maire Levie, parents de l'empereur !...

PRO DOMO

Roland et Victor Bonaparte ont recueilli, un jour, les calomnies que la malignité corse dirigeait contre moi. A chacune de mes candidatures, leurs agents recevaient ordre de s'en servir pour me combattre. Je ne vis d'autre moyen pour me défendre — et après avoir vainement réclamé soit un jury d'honneur, soit un tribunal correctionnel (1) — que d'en appeler aux ajacciens qui m'ont personnellement connu. Leur témoignage, s'il n'allait pas être tenu pour probant, devait du moins, à mes yeux, contrebalancer l'influence des propos vomis par mes calomniateurs. Dix-neuf ajacciens attestèrent loyalement mon honorabilité. Plusieurs d'entre eux m'avaient écrit, ou m'écrivirent à cette occasion, des lettres affectueuses. Que devais-je faire de cette attestation ? Je lui fis suivre la voix déjà suivie par la calomnie, avec mission de la neutraliser. Mon droit et la raison étaient d'accord pour légitimer mon acte.

Mis au courant par *moi-même* de mon système de défense, mes amis prirent *deux mois* pour s'en alarmer. N'ont-ils pas été, pendant ce temps, travaillés, excités, trompés ? Quand ils furent mûrs pour une mauvaise action on la leur fit commettre. Un rédacteur perfide, leur a présenté un texte à signer, et ces malheureux, sans prendre garde, la plupart, au fiel dont il était souillé, signèrent. Quelques-uns, même, en faisant cela, ont dû se persuader qu'ils allaient ramener l'Empire ! Ce texte était le désaveu de mon amitié et de leur premier témoignage. Trois seulement

(1) J'ai tiré les oreilles à M.-G., avocat, et souffleté P.-C., député. Ces deux calomniateurs corses se sont bien gardés de me poursuivre ou de m'envoyer des témoins.

flairèrent le piège tendu à leur bonne foi et s'abstinrent d'y donner.

Il est dit dans ce document, désormais mémorable, « que les signataires de la première adresse « avaient obéi aux instances de ma mère *âgée de 85 ans* ». Ces gens-là n'ont pas craint d'exagérer l'âge de ma mère pour fortifier un déjugement qu'ils sentaient chancelant. La vérité est que nul d'entre eux n'a vu ma mère à cette occasion. Ils n'ont eu de rapports qu'avec sa domestique. C'était bien assez pour eux ! Les signataires disent encore « que ma vie privée n'a pas été répréhensible pendant que j'étais archiviste ! » *Hic jacet lepus !* C'est là surtout que git le fiel ! J'ai été archiviste pendant près de six ans. J'ai été révoqué cinq fois et chaque fois, il faut le dire, pour mon dévouement aux Pugliesi, car, pour mon malheur, je m'enrôlai dans leur clan. Je fus *toujours réintégré*. Mon très modique traitement n'a jamais été supprimé, sauf cependant un an (1893-94) où il a été suspendu par le préfet Lutaud. Mais il m'a été rendu par un rappel de solde voté par le Conseil municipal (1895), approuvé par le préfet Bonhoure, et confirmé par un jugement du tribunal (1896). Ce traitement (avec le produit de quelques leçons et de collaborations de presse) a toujours suffi à mon existence sobre, désintéressée et laborieuse. On peut consulter les budgets communaux. Mon crédit figure d'abord sous la rubrique : « Appointements de l'archiviste ». En 1895, *sur ma demande*, le maire Petreto voulut bien le mentionner ainsi : « Conservation des Archives ». Cette substitution avait pour but de me faire échapper aux rigueurs préfectorales au cas où la politique les provoquerait à nouveau. On sait que cela ne servit à rien et que le préfet Boudier, en 1897, sut m'atteindre encore pour punir, — de complicité avec le maire Pugliesi qui songeait à caser son gendre Giocanti,

canti,— mon livre *les Ephémérides,* tant regretté et expié. (1)
La mauvaise foi de ce maire a tramé, sur cet objet, une savante machination, qu'il importe dès maintenant de dévoiler, en attendant mieux. Ce maire était en 1896, au moment de ma disgrâce, mon débiteur d'une gratification qu'il m'avait souscrite en 1892, pour me faire entreprendre dans le *Drapeau* une campagne contre l'administration du préfet Bonnefoy-Sibour. Lorsque, dénué de ressources, après ma mise à pied de 1897, je réclamai le paiement de cette gratification *personnelle,* ce maire perfide et avare, *que je venais de ramener à la mairie,* méconnut ses engagements et noya mes justes revendications dans une œuvre abominable de déconsidération qu'il fit diriger contre moi. C'est ce Saturnino Pugliesi qui inventa cette situation « d'archiviste provisoire » que Bodoy, plus tard, accrédita avec tant de complaisance pour son prédécesseur et maître. Chacun fut dupe de cette noirceur. Nul ne songea à contrôler les propos de Pugliesi. On n'avait cependant qu'à consulter soit les budgets, soit même le registre des délibérations où, en décembre 1896, est mentionnée une augmentation de traitement votée *spontanément* à l'archiviste pour reconnaître le mérite de ses travaux. Je venais en effet de publier, à mes frais, *l'Inventaire des Archives anciennes* et de mériter les éloges de M. Prost, inspecteur des Archives nationales, dans un rapport qu'il adressa au ministre. Mais cette récompense ne me profita pas. Un successeur fut assez heureux pour recueillir et le fruit de mes travaux et la récompense qu'ils m'avaient value.

« Je déclare que je ne saurais être frappé par un acte d'i-

---

(1) Regretté, parce que j'y ai défendu des gens dignes de mépris ; expié, parce que ces gens se joignirent lâchement à mes ennemis pour me persécuter.

nouïe malveillance commis par *deux ajacciens* et sotte-
ment contresignée par quatorze inconscients. Si je voulais
être méchant, je relèverais parmi eux des condamnations
à la prison, ce qui semblerait singulier chez des gens qui
jugent l'honorabilité de celui qui les a absous! Mais de
cette mauvaise action, je ne veux retenir que le but vers
lequel elle a été dirigée et qui ne peut être atteint ni en
droit, ni en fait. A ceux qui croiraient qu'il y a dans ce
factum un jugement me condamnant, je répondrai par cette
pensée d'un grand philosophe qui fut, à son temps,
l'ami des corses et qui, à cette heure, se fait contre eux
mon avocat.

« Jamais un homme sage et ami de la justice, quelque
preuve qu'il croie avoir, ne condamne un autre homme
sans l'entendre ou le mettre à portée d'être entendu. Sans
cette loi, la première et la plus sacrée du droit naturel, la
société, sapée par ses fondements, ne serait qu'un brigan-,
dage affreux où l'innocence et la vérité sans défense seraient en proie à l'erreur et à l'imposture ». (*J.-J. Rousseau*
lettre à du Peyron, 1771).

Pour terminer, je fais une dernière tentative à l'effet de
porter devant un jury les démêlés que le sort me réservait
avec Saturnino Pugliesi, le plus fourbe des ajacciens. *J'ac-*
cuse publiquement ce maire d'avoir commis, à mon préju-
dice, le crime de forfaiture et de faux en écritures publi-
ques.

« Si le protecteur de Secchi, si le hideux héros de l'affaire
Chiarisoli ne répond pas au défi que je lui jette à la face,
c'est que vraiment il n'a pas le courage de porter le débat
devant l'opinion et alors ne suis-je pas en droit d'espérer
que les ajacciens éclairés, doivent tenir pour suspects les
propos de ce malfaiteur à mon endroit.

« Entre moi qui réclame la libre discussion et celui qui la refuse, la raison et le droit ne sauraient balancer en face du *pilori*.

CÉLESTIN BOSC,
ancien archiviste d'Ajaccio.

Paris, 21 juin 1905. 73, Rue de Cléry.

Cette circulaire, distribuée à *tout Ajaccio*, en juillet dernier, ne fut pas relevée par le Pugliesi (Prudence est mère de sûreté) ! Néanmoins, la calomnie reste. Les hommes, même les plus éclairés, en sont dupes. Il faut les plaindre !

Attestation

« Nous soussignés, domiciliés à Ajaccio depuis plus de dix ans, attestons que *M. Célestin Bosc*, qui fut archiviste de cette ville, nous est connu comme une personne honorable, dont les travaux historiques et patriotiques sont communément appréciés. Mêlé aux luttes de la politique à un moment où elles prirent un caractère d'acuité excessif, il se pourrait que *M. Célestin Bosc* ait eu à souffrir de calomnies qui l'auraient atteint dans sa vie privée. Mais on ne saurait s'arrêter à des propos nés de la fièvre électorale et nous reconnaissons volontiers à l'ancien archiviste d'Ajaccio des droits incontestés à notre affectueuse estime. »

Signé : NIGOLI, STEPHANOPOLI, POGGIOLI, PORCIOLI-CONTI, BODOY, ALESSANDRI, BROCA, POMPEANI, ARRIGHI, LÉONARDI, LANFRANCHI, PENZINI, GIOVANNOLI, CASALONGA, COSTA, TAVERA, PETRETO, PORTE. »

Protestation de Judas

« Sur les instances de *Madame Veuve Bosc*, agée de 85 ans, les soussignés ont consenti à attester que *M. Célestin Bosc*, son fils, leur était connu comme un homme honorable.

« En signant cette attestation, ils ont voulu se borner à déclarer que les actes de la vie privée de *M. Célestin Bosc*, pendant qu'il était archiviste de la ville d'Ajaccio, n'ont pas été répréhensibles, mais ils n'ont nullement entendu s'associer à des attaques personnelles, dirigées contre des personnalités politiques, dans un manifeste qu'ils réprouvent.

« Ils protestent donc contre cette publication et ils interdisent à *M. Bosc* de se servir à l'avenir de leur signature. »

Signé : LES MÊMES, sauf MM. CASALONGA, COSTA et TAVERA, qui n'ont pas voulu s'associer à une manifestation bonapartiste. »

A Monsieur Célestin Bosc, ancien archiviste d'Ajaccio.

Paris, le 14 janvier 1905.

Monsieur,

« Par votre lettre du 11 janvier, vous m'avez exprimé le désir d'obtenir communication d'un rapport de M: Prost, inspecteur général des Archives, sur la situation des archives communales d'Ajaccio lors de la tournée qu'il a faite en Corse, en 1896-97, c'est-à-dire à une époque où vous étiez conservateur de ce dépôt.

« Si les règles administratives ne me permettent pas de faire droit à votre demande, rien ne s'oppose, du moins, à ce que vous sachiez que, dans ce rapport, M. Prost louait votre zèle, l'ensemble de vos travaux et en particulier la réorganisation faite par vous des archives anciennes de cette ville. Il ajoutait que, si pour l'inventaire que vous en aviez dressé et publié, vous aviez adopté le format réglementaire, ce catalogue aurait tenu un rang honorable dans la collection des inventaires sommaires, publiée sous la direction du Ministère de l'Instruction publique. Tels sont, Monsieur, les renseignements que je suis à même de vous donner pour répondre à votre désir.

Recevez, Monsieur, l'assurance de ma considération très distinguée. »

Le Directeur des Archives nationales,
E. DEJEAN.

Paris, le 2 juillet 1905

Cher Monsieur Bosc,

« J'ai lu avec l'intérêt que vous savez le document que vous me communiquez, intitulé : « Aux Ajacciens. » Je ne puis, en la circonstance, qu'approuver votre attitude. J'estime que lorsqu'un homme *de votre trempe* a été méconnu, je dirai plus, volontairement écarté, il a le droit de se défendre, mieux encore, de prouver qu'on a fait fausse route en salissant sa vie privée. J'estime qu'en politique, — la hideuse politique, — on emploie toutes sortes de moyens pour couler un homme; mais je flétris ceux qui consistent à attenter à la vie privée.

« Aussi je m'intéresse beaucoup à votre cause. J'estime que les protestataires d'Ajaccio auraient dû se borner à déclarer ceci : « Nous avons donné une attestation d'honorabilité à un homme sali par d'autres et nous n'avons pas à rechercher le mobile de leur action. » Voilà tout.

« Je félicite de leur abstention les trois ajacciens que vous signalez.

« **Ma** situation dans le parti bonapartiste ne m'empêche pas de vous estimer ; mes amis le savent. Je regrette même de ne pas vous avoir connu plus tôt, car mon jugement, vis à vis de vous en 1902, alors que les Comités vous exclurent, au lieu d'être une prudente abstention se fut traduit par un vote en votre faveur. Je n'hésite pas à le dire *hautement*, aujourd'hui que je vous connais. Je ne suis pas de ceux qui, de parti-pris, vous condamnent. Vous ne méritez aucune condamnation de votre parti, qui est aussi le mien.

Bien cordialement à vous. »

J. Hubert
Président du Comité plébiscitaire du
2e arrondissement de Paris
11, rue de Mulhouse.

— 337 —

Paris, 5 mai 1905.

Mon cher ami,

« …Vous savez que je vous ai jugé comme un homme
de cœur, un peu violent peut-être, mais dont la violence
même accuse les sentiments nobles et généreux, Notre
siècle d'avortons n'est pas fait pour vous. Je ne suis pas
de ceux qui ont peur qu'on publie leurs lettres. Croyez
toujours à mes sincères sentiments. »

Paul WATRIN,
Avocat à la Cour, 326 rue Saint-Jacques.

Briançon, 21 avril 1905

« …Jamais personne ne m'a incité contre vous. Nul ne
vous connaît plus que moi et n'a pu mieux juger de votre
nature parfois fantasque, mais toujours droite et à coup sûr. »

Jules CARBONE (d'Ajaccio)
Sous-préfet de Briançon.

Ajaccio, 25 août 1905.

« …Vos énergies ne sauraient s'alarmer de ces nouveaux
tourments. Personne à Ajaccio n'a entendu vous retirer
son estime. Si vous n'aviez pas attaqué une famille chère
aux ajacciens (les Bonapartes (!)) nul n'aurait songé à vous
retirer le témoignage qu'il vous avait donné. »

PERETTI.
Vicaire **général** d'Ajaccio.

Létra (Rhône).

« …Je comprends vos misères, vos souffrances doivent
être grandes. En quel mépris ne devez-vous pas tenir les
hommes ! »

ABBÉ AUJOGNE-BARON.

11.

Beaune (Côte-d'Or).

«... Aussi le sort vous venge bien ! Voyez donc cet Otta...
élu vice-président du comité général!... et la mort de Syve-
ton et ce désastre matrimonial de Bruxelles. Si vous aviez
été le maître, eussiez-vous pris de plus cruelles représailles ? »

MAURICE LETELLIER.

Nous aurions voulu reproduire d'autres lettres de Bodoy,
de Nicoli, de Porcioli-Conti, de Pugliesi-Conti, d'Alessandri, de Pompeani, etc., accusant leur lâche trahison. Mais
elles n'intéresseraient pas le lecteur ici. Nous les réservons
pour une autre publication avec les commentaires que de
droit. A chaque jour sa peine !

Conclusion

*La Cour d'Assises de la Seine, le
12 avril 1906 acquitta Célestin Bose
à l'unanimité et sans discussion
du crime de tentative de meurtre
perpétré sur la personne de
Pugliesi-Conti, Député de la Seine,
son calomniateur.*

DU MÊME AUTEUR :

1. Histoire des Armoiries communales. . . . . . .   1 »
2. Inventaire sommaire des archives anciennes de la
    ville d'Ajaccio (Librairie de Peretti, Ajaccio).   6 »
3. Les Ephémérides ajacciennes id . . . .   5 »
4. Hymne du retour d'Egypte, œuvre lyrique, mu-
    sique de Th. Sari, id 1.75
5. La Mère des Rois ou Madame Mère (Per-Lamm,
    édit., 7, rue de Lille, Paris) 3.50
6. Le Centenaire du Consulat (chez l'auteur, 73, rue
    de Cléry . . . .   2 »
7. Le parti Bonapartiste en 1902 . . . .   1 50

EN PRÉPARATION :

La Restauration en Corse.
Gênes-Ajaccio-Napoléon (étude ethnographique).

CARTES POSTALES :

Napoléon en ballade (série de 12 cartes en couleurs). .   0 30
Les deux Consuls (les 12) 0 30
Les deux Prétendants (les 12). 0 30
    (En vente chez l'auteur, 73, rue de Cléry.)

ERRATA

Nous signalons quelques-unes des coquilles, des plus importantes, qui se sont glissées dans la composition :

A la page 194, ligne 6, lire :   9 septembre 1809.
—   id.   —   33, —   découragés.
—   205,   —   3, —   14 septembre 1809.
—   204,   —   14, —   eu pour eux.
—   208,   —   25, —   avoir *vu* réussir.
—   230,   —   10, —   1ᵉʳ mai 1810.

TABLE

Paris. — Impr. A. Malverge, 171, rue St-Denis

GÉNÉALOGIE de Célestin BOSC

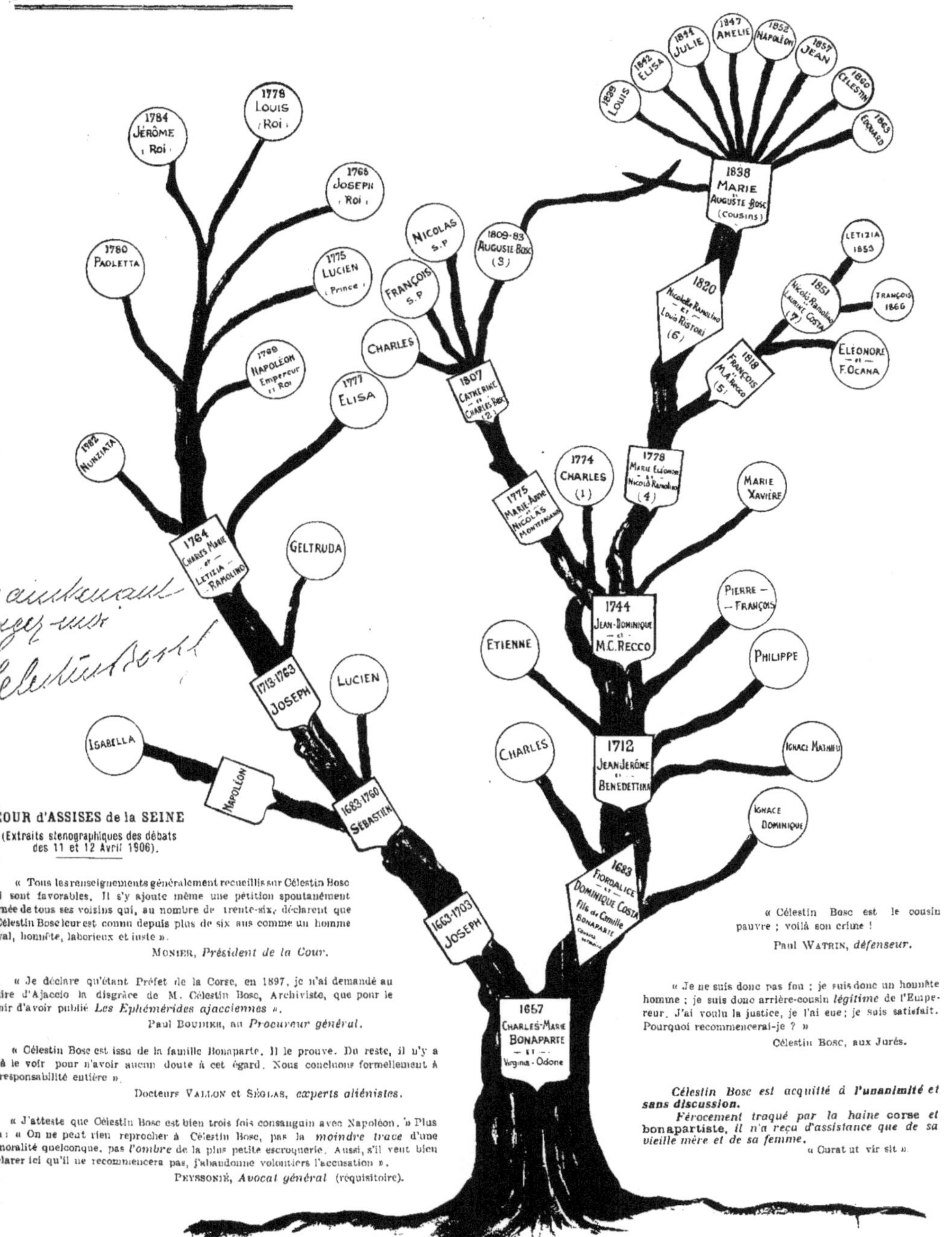

1. Capitaine de cavalerie, tué à l'armée d'Italie, 1796. — 2. Receveur des contributions, à Ajaccio, 1804. — 3. Médecin-pharmacien militaire ; docteur en pharmacie, (Montpellier, 31 Janvier 1844). — 4. Disparu dans un voyage aux Indes. — 5. Officier grièvement blessé à Austerlitz. Retraité à 23 ans. Receveur des postes, à Ajaccio. — 6. Capitaine commandant la place de Saint-Florent. Six blessures de guerre, dont la plus grave à la Moskowa. Fit partie du *Bataillon sacré.* — 7. — Fait Comte de Coll'Alto, par Napoléon III.

BIBLIOTHEQUE NATIONALE DE FRANCE
3 7531 04147509 7